깨어난
포스

남자는 힘이다
두 번째 이야기

깨어난 포스

ⓒ 맛스타드림 2018

1판 1쇄 발행 2018년 8월 7일
1판 3쇄 발행 2018년 10월 10일

지은이 맛스타드림
펴낸이 정윤성
펴낸곳 도서출판 북치고

책임 편집 박선미
일러스트 김태은

등록 2018년 1월 19일(제2018-000019호)
주소 경기도 고양시 덕양구 용현로 20
전화 031-813-4818
팩스 031-813-4819
전자우편 bookchigo@bookchigo.com

ISBN 979-11-964001-2-5 13690

이 도서의 국립중앙도서관 출판예정도서목록(CIP)은 서지정보유통지원시스템
홈페이지(http://seoji.nl.go.kr)와 국가자료공동목록시스템(http://www.nl.go.kr/kolisnet)에서
이용하실 수 있습니다. (CIP제어번호: CIP2018022438)

남자는 힘이다
두 번째 이야기

깨어난
포스

—— 맛스타드림 지음

The
Force
Awakens

북치

—

필자보다 100배는 더 운동에 열정적이었던
동생에게 이 책을 바칩니다.

"네가 있어 이 책이 가능했다. 잘 가. 바오로!"

—

"쉬운 것이 옳은 것이다"

류시화 씨 책에서 본 장자의 이 말은 인생의 기로에 설 때마다 햇불이 되어준 금언이다.

생소한 분야나 전혀 모르는 일에 맞닥뜨렸을 땐 언제나 더 쉬운 쪽을 택했고 그 결과는 항상 옳았다. 쉬운 것이 왜 옳을까?

어떤 분야든 헤매고 있을 땐 어려워 보인다. 파도 파도 끝이 없고 온전히 이해하는 덴 평생이 걸려도 모자랄 것 같다.

이 수준에서 아는 걸 전달하려면 당연히 말이 복잡해지고 현란해진다. 이때 주로 동원되는 게 '업계 전문용어'와 '화려한 수사'. 전자는 자기를 속이는 데, 후자는 남을 속이는 데 각각 사용된다.

반대로 본질에 다다른 사람은 모든 게 쉽다. 아무리 신기해 보이는 마술도 그 답이 공개되면 어처구니없이 단순하듯, 알고 나면 어떻게든 쉽게 말할 수 있다. 그래서 진정한 고수는 쉬운 표현을 넘어 오히려 저속한 저잣거리 단어로도 설명이 가능하다.

돌이켜보니, 지금의 필자가 있게 한 가장 큰 원동력도 '쉬운 답'을 찾고픈 자그만 호기심에 다름 아니었던 것 같다.

모두 자기가 몸담은 스포츠가 체력 향상에는 최고라는데 왜 그런지에 대한 대답엔 어려운 운동 용어 몇 개 나열하는 수준에 머물고,

자기 취미가 건강에는 더할 나위 없다고 호들갑이면서도 근거라곤 유산소, 무산소, 밸런스, 스태미나, 유연성 등 알고 있는 좋은 말 다 갖다 붙이는 데 그쳤으며,

운동생리학이나 해부학 같은 용어를 빌려와 "이러이러한 체력들이 좋아진다" 하며 전문가다운 목소리를 내는 사람들의 이야기도 정작 따져보면 그 복잡한 단어들 사이에 논리적 인과관계는 보이지 않았다.

"어떤 체력이 가장 근본이자 코어일까?"

"우리가 만능 스포츠맨이라 부르는 '애슬릿' 체력의 진짜 본질이 뭘까?"

아무도 이 간단한 질문에 '누.구.나. 알.아.들.을. 수. 있.는. 쉬.운. 말.'로 속 시원하게 설명해주지 못했다.

"목마른 자가 우물을 판다"고 직접 찾아 나섰고, 고수와는 한참 거리가 있는 필자인지라, '맨땅에 헤딩'과 '몸빵'에 기대어 여기까지 왔다.

혼란과 헤맴 끝에 내린 결론은,

"유연성(음)을 담보로 한 스트렝스(양)".

짧게는 "유연한 힘".

알다시피 1권에서 이미 밝힌 내용이며, 2권도 여전히 이 틀 안에서 이야기가 진행될 것이다. '진리가 바뀔 순 없으니'

다만 한 걸음 더 나아가 이 기본 토대 위에 피트니스 전체 그림을 그려주려 한다.

'스트렝스(힘)'와 '스피드 앤 파워'의 상관관계를 확인하고, 'MAD 5대 체력'을 통해 다른 체력과의 연관성도 파악하게 될 것이다.

이것을 알고 나면 기존 스포츠는 물론, 새로운 운동법을 보더라도 어디에 왜 좋은지 금방 알 수 있고, 또 그것을 잘하기 위해서는 어떻게 훈련해야 하는지도 어렵지 않게 간파할 것으로 확신한다.

이 책의 제목은 '깨어난 포스'다.

오리지널 3부작을 매끄럽게 이으며 안정된 속편이라 평가받는 〈스타워즈〉 일곱 편의 길을 그대로 가고픈 마음에다, 필자의 운동철학인 '힘'이 '우주에너지', '행운' 등의 의미로도 확장되는 '포스'라는 매력적인 단어를 여러분의 가슴에 일깨워주고픈 바람을 담았다.

《남자는 힘이다》가 2011년에 출판됐으니 무려 7년 만에 나온 후속편이다. 예전에 이미 발표된 내용이 꽤 차지하는 점에서 보면 정말 긴 시간이다. 개인적인 대소사가 많았고 이 길이 가야 할 길이 맞는지에 대한 고민도 길었다.

'그냥 하고 싶은 말 하자'라는 가벼움에 꾸준히 지지하고 격려해준 이들의 응원이 더해져 이 책을 마무리할 수 있었다고 본다.

믿고 기다려준 모두에게 감사할 따름이다.

마지막으로 바쁘다는 핑계로 메일에 일일이 답변해주지 못했던 독자분들께 이 자리를 빌려 한마디 하려 한다.

이 '험난한 운동의 길'을 묵.묵.히. 걸어가는 여러분의 삶에,

진정, "포스가, 함께, 하기를".

CHAPTER 1

비기닝

위대한 운동

오롯이 나쁘기만 한 운동은 없다.

세상 모든 것에는 장단점이 공존하는바 어떤 운동도 장점을 잘 살려 활용한다면 좋은 결과를 얻을 수 있다. 스미스머신 스쿼트처럼 누가 봐도 쓰레기인 운동도 가동 범위를 최소화해서 무겁게 하면 '전혀 훈련하지 않는 것'보다는 훨씬 낫다. 당장 죽을 사람이 아니라면 구부정한 나쁜 자세로라도 걷는 것이 하루 종일 집에 누워 있는 것보다 백번 낫듯.

하지만 'Everything is Nothing'.

'모든 운동과 훈련에는 각기 장점이 있으니 다 좋다'라고 말하면 아무런 말도 하지 않는 것과 같다. 아무 운동이나 마음대로 해도 상관이 없다는 의미니까.

빌 펄의 《Keys to the INNER Universe》라는 책에는 다양한 기구와 맨몸을 이용한 운동법이 무려 1,200가지 이상이나 담겨 있으며, 부위별 운동만 몇백 개씩이 나와 있다고 한다. 이런 백과사전식 모음집을 머리맡에 두면 뭔지 모를 뿌듯함과 만족감은 느낄지 모르지만 실제 훈련에선 선택장애만 일으킬 뿐이다. 어차피 평생 동안 한다 해도 그 책에 있는 운동은 다 하지도 못할 텐데 운동의 개수가 많은 게 뭐가 중요한가?

'모든 운동은 다 가치 있다', '좋은 게 좋다'식의 평등과 박애 정신은 위와 같은 백과사전식 책 한 권 사서 자위하는 것으로 끝내고, 지금부터는 '좀 더 나은 운동', '적은 시간을 투입하고도 큰 효과를 낼 수 있는 운동', '애슬릿이 되기 위해 기초 체력을 키워주는 최적의 운동' 등을 찾는 데 주력한다.

분명 다른 운동에 비해 월등히 효과적인 운동이 있는가 하면, 굳이 하지 않아도 대세에 지장이 없는 운동도 있다. 시간이 무한하지 않기 때문이기도 하고, 동일한 시간에 더 나은 결과를 얻으려면 당연히 효과가 앞서는 운동 위주로 하는 것이 효율적이기 때문이기도 하다.

어떤 운동이 더 중요하고, 덜 중요한지, 또 무엇이 그 기준이 되는지, '쓰러스터'를 제물(?) 삼아 우선순위를 밝혀보도록 하겠다.

——— 기본적인 그러나 위대한

'쓰러스터'는 모션상 '프론트 스콰트'와 '푸시 프레스'를 합쳐놓은 동작 (23쪽 일러스트 참조)이다. 미국의 모 커뮤니티에서 이 운동과 키핑(배치기) 턱걸이를 서킷으로 돌리는 워크아웃을 탄생시킴으로써 쓰러스터의 인기가 시작됐다. 장점을 잘 활용하면 나쁜 운동이 없듯이 이 운동도 컨디셔닝으로 사용하면 좋다. 다만 이 운동의 사용처가 컨디셔닝 운동으로 한정되고, 또 대단히 뛰어난 컨디셔닝 운동도 아니라는 점이 함정이라면 함정이다. 한때 쓰러스터는 '스쾃트'와 '푸시 프레스' 동작이 포함되었다는 이유로 그 각각의 동작들에 버금가는 운동인 양 포장되고 심지어 그 둘의 장점을 합쳐놓은 더 나은 운동인 양 떠들어대는 사람도 있었다.

'더 화려한 것', '더 많은 것', ' 더 복잡한 것' = '더 좋은 것'이라는 공식이 일반인에겐 무의식적으로 작동한다는 관점에서 보면 스쾃트와 푸시 프레스라는 좋은 운동이 한 동작에 다 들어가니 더 나은 운동으로 보일 수도 있다.

하지만 스쾃트와 푸시 프레스 각각은 1900년대 초중반부터 수많은 장사(壯士)를 키웠고 이후에도 오랜 기간 동안 검증을 거쳐 그 효과와 효능이 인정된 말 그대로 '위대한 운동'이다. 스쾃트와 감히 비교 선상에 올릴 수도 없을 정도이며 푸시 프레스 하나만으로도 쓰러스터를 발라버린다.

심플하고 단순한 것은 완벽하다. 거기에 뭔가를 더하면 풍족해지는 것이 아니라 오히려 궁색해진다. 이미 완벽한 데다 사족을 더하면 오히려 기존 장점이 퇴색되면서 전체적으로 마이너스가 되는 것이다. 그래서(이후 자세히 살펴보겠지만) 쓰러스터처럼 여러 동작을 합친 '결합 운동'은 위대한 운동이 되기 어렵다.

"완벽함이란 보탤 것이 없을 때가 아니라 뺄 것이 없을 때 이루어진다"는 생텍쥐페리의 말처럼, 스쾃트나 푸시 프레스같이 더 이상 뺄 것 없는 '단일 운동'이 위대한 운동의 자격을 가진다.

빅머슬 7과 빅바디 7, 역도성 운동(스내치, 클린, 저크, 파워 스내치, 행 파워 스내치, 푸시 프레스 등)이 대표적으로 여기에 해당한다.

푸시 프레스

'위대한 운동'이라고 하면 뭔가 대단하게 들리나, 보다시피 특별함과 새로움이라고는 1도 없는 오래전부터 내려온 기본적인 운동이다.

'위대한 운동＝기본적인 운동'인 것이다.

기본이라고 하면 뭔가 초보자의 것이 아닐까 하는 생각이 들 텐데 사실이 아니다. 기본은 근본 토대이고 가장 중요한 것의 다른 이름이다. 기본적 운동은 초보자는 물론이요 월드 클래스 선수에게서도 코어 요소다. 월드 클래스에서도 기본적 운동을 누가 잘하느냐에 따라 등수가 결정 나는 것이다.

어떤 분야를 막론하고 처음 입문자들에게 스승이 강조하는 얘기니 이 간단한 사실을 모르는 사람은 아무도 없다. 문제는 처음에 이 말을 잘 따랐어도 시간이 지날수록 변질되거나 아예 사라져 점차 군더더기투성이가 되어버린다는 것. 뭔가 특별한 게 있지 않을까 하는 욕심에, 겉멋이 들거나 판단 착오 때문에, 또는 상업적 피트니스 시장에 속아서……, 어떤 이유든 상관없다. **알 수 없는 문제가 생길 때마다 기본적인 위대한 운동으로 돌아가라.** 그리고 그것에 충실하라. 그러면 해결된다.

──────── 결합 운동의 한계

'쓸데없는 군더더기 동작이 붙어 완벽성을 해친다는 건 이해하지만, 그래도 위대한 운동과 위대한 운동끼리 결합하면 위대한 운동 하나보단 낫진 않을까?' 하는 생각이 들 수도 있다. 이미 완벽한 위대한 운동을 합하면 어떤 문제가 발생하는지 자세히 알아보자.

운동을 결합하는 방식은 크게 세 가지 형태로 나뉜다.

❶ **콤비네이션(combination)**
❷ **하이브리드(hybrid)**
❸ **콤플렉스(complex)**

첫 번째 콤비네이션은 가장 간단한 방식으로 그냥 두 가지 이상의 운동을 연달아 하는 것이다. 각각 고유의 운동 형태를 유지하고 운동 사이사이에 약간의 쉬는 텀만 주는 결합법이다. '백 스쾃트 앤 굿모닝', '풀오버 앤 스컬 크러쉬' 등이 여기에 해당한다. 역도 종목이기도 한 '클린 앤 저크'가 가장 유명할 것이다.

두 번째 하이브리드는 운동과 운동 사이를 쉼 없이 하나의 운동처럼 이어 붙여 새로운 운동으로 재탄생되는 것을 말한다. '런지'를 하는 동시에 상체는 '아놀드 프레스'를 하는 동작, 덤벨을 양손에 들고 스쾃트를 하면서 동시에 '컬'을 하는 동작, 쓰러스터처럼 프론트 스콰트를 빠르게 시행하면서 중간에 멈춤 없이 '푸시 프레스'를 하는 동작 등이 이에 해당되며, 단순히 구성된 운동들의 이름을 이어 붙여 사용하거나 새 이름을 붙이기도 한다.

세 번째 콤플렉스는 몇 개의 운동을 이어서 하는 일종의 훈련 방식이기에 결합 방식으로는 가장 광범위하게 쓸 수 있다. 즉 콤비네이션과 하이브리드 운동을 각각 콤플렉스 방식으로 훈련할 수 있다. 콤플렉스는 시대마다 이름이 조금씩 다르고 스타일도 약간 다르게 행해졌지만 오래전부터 있어온 훈련 방식이며, 이를 콤플렉스라는 이름으로 정형화한 사람은 이슈트반 자보레크다.

각 동작을 1회씩 하고 다음 동작으로 넘어가는 콤비네이션이나 하이브리드와는 달리 콤플렉스는 한 동작을 여러 횟수 반복하고 그다음 동작으로 넘어간다.

'자보레크 바벨 콤플렉스' 중 하나를 보면 이에 대해 쉽게 이해할 수 있을 것이다.

❶ 바벨 업라이트 로우 6회
❷ 바벨 하이 풀 스내치 6회
❸ 바벨 비하인드 헤드 스콰트 앤 프레스 6회
❹ 바벨 비하인드 헤드 굿모닝 6회
❺ 바벨 벤트 오버 로우 6회

형태에서 알 수 있듯이 웨이트를 사용한 서킷 방식으로 이해해도 무방하다. 자보레크 바벨 콤플렉스처럼 여러 가지 운동을 이어서 할 수도 있고, 두 가지 운동을 몇 번씩 번갈아 하는 것도 넓게는 콤플렉스로 볼 수 있다. 그렇다면 이 같은 결합 운동의 문제점은 뭘까? 예를 하나 들어보자.

프론트 스쾃트

프론트 스쾃트를 훈련할 때는 스쾃트 랙이나 파워 랙을 사용한다. 이런 도구가 없다면 어쩔 수 없이 '파워 클린'을 먼저 하고 프론트 스쾃트를 하는 방식을 택하기도 한다. **사실 이는 '파워 클린 앤 프론트 스쾃트'라는 콤비네이션에 다름 아니다.** 이 방법으로 훈련을 해본 사람은 잘 안다. 이것이 얼마나 비효율적인 방법인지를.

우선 파워 클린 무게에 프론트 스쾃트 무게가 한정된다. 아무리 프론트 스쾃트 무게를 올리고 싶다고 해도 파워 클린을 할 수 있는 최대 무게가 그다음 운동의 최대 무게에 제한을 건다.

그리고 파워 클린 최대 무게로만 연습하더라도 아무런 힘 낭비 없이 랙에서 바를 빼내어 프론트 스콰트를 훈련하는 사람과, 파워 클린으로 힘이 낭비되고 난 뒤 프론트 스콰트를 훈련하는 사람은 이후 프론트 스콰트의 성장에서 현저한 차이를 보이게 된다.

모르는 사람이 볼 때는 파워 클린 앤 프론트 스콰트가 프론트 스콰트 하나만 하는 것보다 신체적으로 더 많은 부위를 자극하고 숨이 더 차니 더 나은 운동으로 생각할 수 있다. 하지만 그건 한 개의 운동과 두 개의 결합된 운동을 단순 비교하는 데서 오는 착각일 뿐, 실제로 두 개의 단일 운동을 각각 훈련한다면 훨씬 더 좋은 결과를 가져온다는 점을 망각한 것이다.

카디오 효과를 원한다면 파워 클린을 열심히 반복하면 되고, 스트렝스를 원하면 군더더기 동작으로 힘 빼는 동작을 할 것이 아니라 프론트 스콰트에만 집중해서 무게를 올려나가는 게 더 좋다. **즉 각각의 단일 운동을 따로 떼내어 각각 연습하는 것이 훨씬 더 효율적이며 효과적이다.**

심지어 콤비네이션에서 운동 구성을 잘못하면 득보다 실이 많다. 클린 앤 저크처럼 그나마 궁합이 잘 맞는 운동끼리는 가끔씩 사용할 수 있으나 프론트 스콰트 이후에 하는 '바벨 로우' 같은 운동은 사용할 일이 거의 없다.

사실 클린 앤 저크마저도 웨이트를 머리 위에 올리는 역도라는 룰 때문에 일종의 강박(?)으로 붙여서 하는 경우가 많지, 같이 했을 때 이득이 없다면 굳이 붙여서 할 필요가 없다.

그나마 세 가지 운동 결합 방식 중에서는 콤비네이션이 좀 나은 편이다. 잘 어울리는 운동끼리만 조합한다면 각 단일 운동의 효능 손실은 줄일 수 있기 때문이다.

쓰러스터

하이브리드와 콤플렉스는 더 문제가 된다. 하이브리드 대표 주자(?) 쓰러스터를 예로 들어보자.

프론트 스쾃트와 푸시 프레스를 각각 열심히 한 사람이라면 누구나 안다. 두 운동의 그립이 다르다는 점을. 프론트 스쾃트는 팔꿈치를 위로 많이 올리는 반면 푸시 프레스는 나중에 수직으로 팔을 뻗어야 하기에 팔꿈치가 더 아래로 향한다. 그러므로 역도 경기에서는 클린이 끝난 뒤에 어깨를 튕기면서 다시 그립을 고쳐 잡는 경우가 많다. 심지어 클린 후 그립 간격을 고치는 사람도 있다.

억지로 같은 모양을 하면서 버틸 순 있겠지만 **최상의 성과를 위해서라면 그립이 달라야 한다.** 그렇지 않으면 각 단일 운동들의 역량이 희생된다.

상이한 그립을 억지스럽게 결합했을 때 가장 큰 문제가 되는 것은 자세가 흐트러지고 중량이 떨어진다는 점이다. 프론트 스쿼트 그립으로는 그다음 푸시 프레스 동작이 어렵기 때문에 밑으로 내려갈 때부터 푸시 프레스에 가깝게 그립을 잡게 되고 이는 자세를 엉거주춤하게 만든다.

반대로 프론트 스쿼트에 가깝게 그립을 잡으면 올라오면서 팔꿈치 각도를 조정하게 되고 이는 중간 자세를 미묘하게 변화시키면서 결국 사용 중량에 제한을 가한다.

프론트 스쿼트 후 그립을 수정해서 탄탄히 거머쥐어야 푸시 프레스/저크에서 100% 역량을 발휘할 수 있는데, 각각의 베스트 그립을 쥐지 못하니 기존 운동의 장점을 희생시킬 수밖에 없다.

문제는 여기서 그치지 않는다. **여러 운동을 결합하고 반복을 더하는 훈련은 체력 훈련 형태까지 제한시킨다.** 단기 지구력에 가까운 컨디셔닝 및 근지구력 운동에 적합한 운동으로 변모하게 만든다. 어떠한 운동이라도 딱 한 가지 체력에만 적용되는 경우는 없고 각각의 체력에 조금씩 걸쳐 있다. 완전 초보자는 자전거만 타도 스트렝스가 증가하니까. 하지만 장기적으로는 각 훈련 방법마다 메인 체력 성과물이 확연히 구별되기 때문에, 초반부터 어떤 체력을 중점적으로 단련시킬 것인지를 잘 따져보고 훈련법을 택해야 한다. 처음에는 자전거가 '스트렝스'와 '카디오'에 모두 좋은 운동이지만 갈수록 스트렝스 훈련으로는 좋지 않은 운동이 되는 것처럼.

콤플렉스나 하이브리드도 처음에는 다양한 운동 능력 상승에 기여하지만 시간이 지날수록 컨디셔닝 같은 단기 지구력 운동에 한정되므로 스트렝스 운동으론 적합하지 않다.

스쿼트는 천천히 할 수 있지만 쓰러스터는 그렇지 않다. 굳이 느리게 하고 싶다면 프론트 스콰트를 한 후 프레스를 하는 '프론트 스콰트 앤 프레스' 같은 콤비네이션으로 바꿔야 하지만 이것도 두 운동을 따로 했을 때보다 스트렝스 훈련으로 나을 게 없다는 문제가 여전히 남는다.

그렇다고 최대 파워 출력을 위해 스피드 훈련으로 사용하기엔 앞에서 말한 그립으로 인한 중량 문제가 여전히 남아 있다. **스트렝스 훈련으론 부적합하고 스피드나 파워 훈련으론 비효율적이다.** 이것이 쓰러스터가 고반복해주는 컨디셔닝으로 주로 사용되는 이유다.

———— 위대한 운동의 힘

반대로 효과적인 단일 운동이자 기본 운동인 '위대한 운동'에서 먼저 최고치의 능력을 만들어놓으면, 비효율적인 결합 운동마저도 그것만 훈련한 사람보단 훨씬 더 잘할 수 있다.

쓰러스터만 훈련해서는 100kg 이상을 넘긴다는 게 '넘사벽'이지만, 스콰트와 푸시 프레스를 따로 훈련하면 쓰러스터 100kg 이상을 성공시키는 것이 상대적으로 쉽다. 쓰러스터 연습을 해본 적이 없는 역도 선수가 거의 200kg에 가까운 쓰러스터를 성공하는 사례가 이를 잘 증명한다. **이게 바로 위대한 운동의 힘이다.**

그러므로 쓰러스터라는 운동으로 게임을 해야 하는 사람이 아니라면 이 운동에 전념하기보단 위대한 운동인 스콰트와 푸시 프레스의 무게를 우직하게 올려나가는 편이 좋다. 그렇게 했을 때 나중에 어떤 스포츠나 게임을 하더라도 더 큰 성과를 올릴 수 있다.

심지어 쓰러스터로 고반복 게임에 참가하게 되더라도 기본적인 운

푸시 저크

동에 먼저 투자하고 나중에 필자가 강추하는 컨디셔닝 운동들을 하면 쓰러스터만 연습한 사람보다 훨씬 더 좋은 성적을 낼 수 있다.

즉 쓰러스터처럼 몇 개 운동이 결합된 복잡한 동작으로 게임을 해야 하는 사람일지라도 **평소에 그 동작과 관련된 위대한 운동으로 체력을 만 들어놓고 나중에 그 결합 동작을 연습함으로써 더 쉽게 고수의 반열에 오 를 수 있다는 의미다.**

뿐만 아니라 기본적인 운동을 잘하는 사람은 상상력만 발휘하면 결 합 운동을 '만드는 것'도 어렵지 않다. 가령 클린과 프론트 스콰트를 이 용한다 치자. '파워 클린+행 파워 클린+프론트 스콰트'를 해도 되고, '파 워 클린+행 파워 클린+스콰트 클린+프론트 스콰트'를 해도 된다. 1회씩 만 하는 게 아니라 어떤 운동은 2회, 어떤 운동은 3회씩으로, 각 운동들 의 횟수만 조금씩 바꾸면 그 조합을 엄청나게 늘릴 수 있다.

물론 환경의 제약과 몸의 불균형에 따른 다양한 컨디셔닝 운동이 필요할 때 혹은 역도 스킬을 익힐 때 등 결합 운동의 필요성 또한 분명 있으니 이를 훈련에서 완전히 배제할 필요는 없다. 다만 **기본적인 위대한 운동을 잘하는 것이 몇 배는 더 중요하고 어떨 땐 그것의 활용만으로 충분하다는 것**, 그리고 유행에 휩쓸려 위대한 운동을 등한시하거나 한다 해도 완전히 집중하지 못하고 딴 데다 에너지를 낭비한다면 평생 하수의 수준을 벗어나지 못한다는 것을 명심해야 한다.

——— 마무리하며

예전에 KBS 〈인간극장〉이라는 프로그램에서 복싱 챔피언 박종팔 씨가 제자로 보이는 학생에게 복싱을 코칭하는 장면을 본 적이 있다. 8개월쯤 배웠다는 학생은 우리가 알 만한 복싱 기술은 다 습득한 파릇파릇하고 생기 넘치는 젊은이였다.

제자의 펀치가 한심했는지 박종팔 씨가 내기를 제안했다. 서로에게 잽을 다섯 번 맞히는 것이었는데 그 제자는 한 대도 맞히지 못했던 반면 박종팔은 잽 다섯 번 모두를 제자 얼굴에 적중시켰다.

어떤 무술이든 처음 입문하는 초보자들은 아주 희귀하고 고급스런, 숨겨진 비급을 배우고 싶어 한다. 그것만 빨리 습득하면 상대방을 쉽게 제압할 수 있으리라 꿈꾸며. 하지만 제아무리 셔블 훅이니 어깨치기 같은 특수한 복싱 기술을 배운다 해도 원투 하나 제대로 치는 사람을 이기지 못한다. 무도인 최배달이 (화려한 뒤돌려차기니 덤블링 후 발차기가 아니라) 가장 기본이 되는 정권치기가 제일 어렵고 또 실전에서도 가장 유용했다고 말한 것도 같은 맥락이다.

위대한 운동, 즉 기본적인 운동으로 돌아가라.

기본적인 운동은 이미 완전하므로 복잡한 운동까지 잘하게 만들어 주는 토대가 된다.

기본에 100% 집중하면 나중에 어떤 것을 하더라도 성공할 것이다.

스콰트 VS 역도

누가 더 잘났는지 구경하는 건 언제나 즐겁다. 싸움 구경만큼 재밌는 일이 없으니. 요즘엔 가수나 댄서처럼 예술 분야에서도 아마추어와 프로를 가리지 않고 경쟁시켜 순위를 징하는 프로그램이 줄을 잇고 있다. 사람마다 '개취'라는 게 있고 아티스트의 순위를 따지는 것이 합당한가 생각하는 사람도 있겠으나 누가 더 나은지 궁금해하는 건 인지상정이다. 또 어느 분야에나 암묵적으로 동의되는 순위라는 게 있다. 수많은 위대한 뮤지션들 중 하나를 꼽으라면 대다수 전문가들이 비틀즈를 선택하듯이.

그래서 마련했다. '스콰트vs역도'. 피트니스 세계에선 초절정 고수라 불리는 위대한 운동들이다. 둘 다 너무 막강하고 장점 또한 각각 책한 권씩은 될 정도로 거뜬해서 우열을 가리기가 쉽지는 않다. 쉽지 않다고 어찌 이 재밌는 대결을 포기하겠는가. 이런 고수들의 싸움일수록 배울 게 더 많은 법이다.

다음 세 가지 질문을 통해 그 답을 풀어보도록 하자.

❶ 인간의 근원적이고 원초적인 자연스런 움직임에 더 가까운 게 무엇인가?
❷ 완벽한 대체 운동이 있는가?
❸ 서로의 퍼포먼스 향상에 미치는 영향력이 더 큰 게 무엇인가?

결론부터 말하면 승자는 스쿼트다. 상식을 깨는 대답에 아마 놀랐을 거다.

"아니, 역도가 더 좋은 운동 아니었어요?"

"초보자들이 스쿼트를 하다가 중급 이상 가면 역도를 배우는 것 아닌가요?"

"역도를 하면 스쿼트는 안 해도 되지 않나요?"

"스쿼트도 좋지만 역도가 움직임이 크고 더 많은 근육을 쓰니 더 좋지 않을까요?"

스쿼트라는 답을 주면 대체로 위와 같은 반응이 돌아온다.

다양한 움직임과 하이 테크닉이 필요한 역도가 분명 더 어려운 운동인 것은 맞지만 더 어려운 운동이 곧 더 나은 운동을 의미하지는 않는다. 자세히 알아보자.

─────── 스쾃트 vs 역도에 관한 세 가지 질문

스쾃트

첫째, 인간의 근원적이고 원초적인 자연스런 움직임에 더 가까운 게 무엇인가?

초창기 기공은 원시적 움직임을 넘어 심지어 야생동물의 동작과 호흡을 본떠서 만든 동작이다. 그렇게 나온 움직임들이 그들에게 건강과 활력을 가져다주어 비전(祕傳)으로 구전됐으며, 발전을 거듭해 몇천 년을 내려온 것이다.

자연스런 움직임이 몸에 더 좋다는 건 웨이트 트레이닝만 오랜 기간 해봐도 알 수 있다. 머신보다 프리 웨이트가 낫고 '덤벨 플라이'보다 '벤치 프레스'가 더 많은 사이즈와 힘을 가져다준다. **오래전부터 장사를 만**

들고 약물 없이 최대치 근육을 키워준 위대한 운동 또한 죄다 인간의 자연스런 움직임을 닮아 있다.

1권에서도 밝힌 바 있는, 폴첵이 제시한 직립보행 인간의 '원초적인 일곱 가지 기본 움직임'은 다음과 같다.

sqautting(스콰트)	pulling(당기기)
lunging(런지)	twisting(비틀기)
bending(구부리기)	gait : walking/jogging/running
pushing(밀기)	(걷기/조깅/달리기)

일상생활을 할 때 인간 몸에서 자연스럽게 나오는 움직임을 군더더기 없이 잘 보여주는 동작들이다. 여기에 역도 동작은 없다. 스콰트 같은 원초적 움직임에 비해서는 상대적으로 복잡한 움직임이기 때문이다.

단순히 앉고 일어나는 건 타고난 움직임에 속하지만 물건을 들고 빠르게 가슴이나 머리 위까지 올리는 동작을 제대로 하려면 학습이 필요하다. 물건을 땅에서 들어 올리는 모션만 비교해도 역도보다 '데드리프트'가 더 자연스럽다. 어깨에 매더라도 주로 데드리프트 후 몸 반동으로 올리지 역도처럼 한 큐에 올리는 동작을 잘 취하진 않는다.

심지어 스콰트는 데드리프트보다 더 원시적이다. 막 직립이 가능해진 3, 4세 유아들이 물건을 드는 걸 살펴보면 아주 재밌는 점을 발견할 수 있다(어린이의 발달 과정은 인간의 진화 과정을 닮아 있다). 풀 스콰트 자세로 앉아서 물건을 집고 일어나는 것이다. 들려고 하는 물건의 가로 넓이가 양쪽 다리 폭보다 길어 물리적으로 더 쪼그려 앉을 수 없는 경우가 아니고서는 절대 데드리프트 자세처럼 들지 않는다. 풀 스쿼트로 깊이 앉은 뒤 물건을 잡고 다리 힘으로 일어난다. **누구에게도 배운 적이 없지만 태어나면서부터 가장 안전한 방식으로 최대치로 힘쓰는 법을 자연스레 습득하고 있다.** 스쿼트는 그 자연스런 움직임의 정점에 있는 동작이다.

둘째, 완벽한 대체 운동이 있는가?

대체 운동이 없다는 말은 그 운동을 무조건 해야 한다는 의미다. '이 여자(혹은 이 남자) 아니면 어느 누구로도 안 된다.' 뭐 이런 느낌이라고나 할까.

뭘 해도 그것의 부족함을 채울 수 없으니, 대체 운동이 없다면 매우 중요한 운동이라고 할 수밖에 없다. **본디 군더더기 동작을 빼고 또 빼서 완전함에 가까워지면 온전히 대체할 수 있는 동작이 없어진다.** 근원적인 움직임에 접근하기 때문이다.

대체 운동이라는 게 단순히 일대일 대응만을 말하진 않는다. 몇 가지 운동을 같이 한다고 해도 그 하나의 운동이 가지는 고유 가치 및 역량을 재현해낼 수 없다는 의미다. 단순히 앉았다 일어나는 스쿼트의 동작에서 나오는 근육의 움직임과 강도는 그 어떤 운동들을 끌어와서 합쳐도 그 역량을 재현할 수가 없다. **풀 스쿼트에서 오는 자극은 진정 대체가 불가능하다.**

"스쿼트를 제외한 모든 운동을 합친 것보다 스쿼트 하나로 얻을 수 있는 근육이 더 많다"라는 오래된 아이언(iron) 세계의 격언 또한 이 같은 맥락에서 나왔다고 본다.

참고로 스쿼트보다 덜 원초적인 데드리프트는 대체 운동이 많다. '스쿼트+무게 턱걸이'면 근육 발달에서든, 스트렝스 발달에서든 데드리프트 본래의 장점을 모두 압도할 수 있다.

데드리프트

　데드리프트는 팔을 굽히는 동작이 없어서 팔과 등을 완전히 자극할 수 없기 때문에 오히려 '스쿼트+무게 턱걸이'로 더 많은 효과를 얻는다.

　굳이 밑에서 위로 잡아당기는 동작을 하고 싶다면, 바벨 로우나 뉴츄럴 업라이트 로우를 스쿼트와 함께 하면 된다(챕터 1 '웨이트 트레이닝, 바벨 그리고 오버로드' 참조).

　사실 데드리프트로는 '스쿼트+바벨 로우'만큼의 효과도 얻기 어렵다.

　데드리프트는 그렇다 쳐도 역도 대체 운동에 대해서는 의문을 가질 수도 있을 것이다. 한때 필자 또한 역도 역시 대체 불가인 운동이라고 생각한 적이 있었다. 하지만 결국에는 역도가 웨이트로 하는 플라이오메트릭과 매한가지라는 사실을 깨닫게 됐다. 그래서 역도를 대체할 수 있는 훈련은 제법 있다. 강도 및 난이도를 올려 맨몸을 이용하는 플라이오메트릭을 하거나, 기본적인 플라이오메트릭에 웨이트를 장착하고 '오버로드'하면 역도의 빈자리를 충분히 커버할 수 있다.

셋째, 서로의 퍼포먼스 향상에 미치는 영향력이 더 큰 게 무엇인가?

A와 B라는 운동이 있다. A를 잘하면 B에 도움이 되는데, B를 잘한다고 해서 A의 능력이 올라가지 않거나, 도움을 받더라도 반대 상황보다 도움량이 적을 때 A가 더 근간이 되는 운동이자 필수 운동이라고 할 수 있다.

그렇다면 스쿼트를 잘하면 역도를 잘할 수 있는가? 답은 YES다. 그렇기 때문에 역도 선수들은 훈련할 때 필수적으로 스쿼트를 한다.

역도 동작에 스쿼트처럼 앉는 동작이 있고, 역도 훈련에서도 스쿼트가 항상 등장하니 무의식적으로 스쿼트가 역도에 속하는 운동이라 생각하는데 이건 큰 착각이다. 역도는 스내치와 클린 앤 저크가 전부이며, 스쿼트는 역도 운동에 종속되지 않는다. 역도에서 앉는 동작이 스쿼트와 같다고 해서 그 부분 동작으로 보아서는 안 된다(파워 클린, 푸시 프레스 같은 역도성 운동들과 비교하면 스쿼트의 독립성이 더 드러난다).

스쿼트는 스쿼트 랙을 이용해서 하기 때문에 바닥에서 시작하는 역도처럼 초반 힘 낭비가 없고, 또한 천천히 리프팅할 수 있어서 훈련의 결과물도 완전히 다르다(챕터 1 '위대한 운동' 참조). **스쿼트는 그 자체로 완전하고 모든 스포츠에 도움이 되는 운동이기에, 오히려 역도가 메인 훈련 도구로 모셔다(?) 쓰는 것이다.** 그래서 스쿼트를 하지 않고 역도만 줄기차게 하는 역도 선수는 한 명도 없다. 그 역할을 대신할 수 있는 운동은 스쿼트 말고는 없으니까.

반대의 경우를 보자. 역도를 잘하면 스쿼트를 잘할까? 답은 NO다.

역도처럼 빠른 동작이 스쿼트 같은 스트렝스 상승에 다소 효과는 있어도 그 상승 효과의 한계는 명확하다.

점프 스콰트

빠르게 하는 운동은 신경 시스템을 자극하므로 근육 발달과 스트렝스 발달에 더 좋다고 설파하는 외국 유명 코치들이 상당수 있다. 그들은 역도처럼 태생적으로 빠른 운동뿐만 아니라 모든 운동을 최대한 빠르게 반복하라고 권한다. 이론 안에서만 놀고 있는 거다. 사실 어떤 이론도 반박하는 반대 진영 과학 데이터가 그와 대등할 정도로 수없이 많다. 실제 경험에 기반해야 한다.

점프 스콰트 백날 해봐라. 스트렝스를 어디까지 올릴 수 있는지?

풀 스콰트처럼 완전히 앉은 뒤 뛰더라도, 그것이 어떻게 온몸을 집중하고 힘을 넣어 우직하게 바벨을 들어 올리는 스콰트 훈련을 대체할 수 있겠는가?

스콰트는 스콰트 고유의 루틴(부분 동작 훈련 포함)으로 가장 많은 성장을 맛본다. 반대로 느리게 하면서 힘을 키우는 스콰트 같은 스트렝스 운동을 기반으로 삼으면 스피디한 운동도 잘할 수 있게 된다. 반동 없는 정자세 턱걸이의 스트렝스를 올린 후에는 배치기 턱걸이는 거저먹는 것이나 마찬가지고, 정자세 푸시업 스트렝스를 올린 후에는 박수 푸시업도 장난이다.

느린 스트렝스 훈련은 기본으로 하고, 그 운동을 빠르게 하는 훈련은 이후 파워를 더 올릴 필요가 있을 때 추가해서 쓰도록 한다.

———— 마무리하며

위에서 세 가지 질문을 통해 더 원초적이고 대체 불가인 스쿼트가 역도보다 더 앞선다는 사실을 확인했다.

사실 세 번째 질문은 스트렝스 훈련이 스피드 훈련보다 먼저라는 걸 달리 물어본 것이었으므로 이 질문만 잘 따져보았어도 생각보다 쉬운 싸움이었다(챕터 1 '스피드 앤 파워' 참조).

스트렝스 훈련 이후 스피디한 운동을 해야 빛을 발하지 그런 기반 없이 뛰어들면 제아무리 하이테크 할아버지 운동을 데려와도 밑으로 내려앉는다.

점프 스쿼트보다는 그냥 스쿼트, 푸시 프레스보다는 밀리터리 프레스, 배치기 턱걸이보다는 무반동 턱걸이에 먼저 에너지를 충분히 투입하라. 그다음 스피디한 빠른 운동을 추가한다. 그래야 가장 빨리 궁극의 파워를 가질 수 있다.

스내치
....

웨이트 트레이닝,
바벨 그리고 오버로드

앞으로 다양한 체력 훈련 방법들을 논할 것이다. 그 훈련을 효과적으로 할 수 있는 주요한 '원칙 및 툴'을 소개한다. 아래 세 가지 개념을 잘 잡고 있으면 상업적으로 과대평가된 방법론에 속아 시간낭비하는 상황에 처하지 않게 되고, 전체적인 체력 훈련에 대한 안목도 높일 수 있게 될 것이다.

- 웨이트 트레이닝
- 바벨
- 오버로드

— 웨이트 트레이닝은 피트니스 향상에 최고의 훈련법이고,

— 바벨은 웨이트 트레이닝을 실행하는 데 최고의 툴이며,

— 오버로드는 바벨이 가지는 최고의 장점이다.

이 관계를 잘 숙지하고 시작해보자.

──────── 웨이트 트레이닝

전문가들마다 웨이트 트레이닝을 정의하는 데 약간씩 차이가 있다. 하도 광범위한 분야라 큰 그림을 보지 못하고 각자의 관점에서 부분적으로만 해석하기 때문이다. 여기에 가짜 전문가까지 끼어들어 '스트렝스(근력) 및 보디빌딩 훈련'을 '웨이트 트레이닝'과 등가해서 부름으로써 혼란이 더 커졌다.

웨이트 트레이닝은 도구적 의미의 정의로서 스트렝스, 보디빌딩은 물론 스피드, 컨디셔닝, 유산소 지구력 등의 훈련도 포함하는 아주 큰 개념이다.

즉 바벨, 덤벨(플레이트 포함)을 필두로 그러한 것들의 작용을 카피한 도구 및 각종 머신에다 광의적으로는 스트롱맨 대회 기구들(로그, 케틀벨, 드럼통, 스톤, 쇠사슬, 앵커 등)까지 포함된, 중량 있는 외부 물건을 이용해서 몸에 저항을 주는 총체적인 훈련을 지칭한다.

따라서 맨몸 운동 그리고 고무밴드, 앱스휠, 스위스볼 등을 이용한 훈련은 웨이트 트레이닝에서 제외된다.

클린 앤 저크

하지만 협소하게 '바벨과 덤벨의 훈련'으로만 규정해도 웨이트 트레이닝의 가치는 크게 퇴색하지 않는다. 3차원 궤적을 그리는 동시에 웨이트 트레이닝의 가장 큰 장점인 오버로드를 제일 손쉽게 할 수 있는 웨이트가 바벨과 덤벨이기 때문이다.

그렇다면 세상의 수없이 많은 훈련법 가운데 웨이트 트레이닝을 최고로 치는 이유는 뭘까?

바로 '오버로드가 쉽고 계량적 분석을 통한 주기화 훈련이 가능'
해서다.

예를 들어 영화 〈록키〉에서처럼 통나무를 등에 지고 눈 덮인 산을 돌
아다니는 훈련을 한다 치자. 비주얼로는 최고 간지를 보여주지만 어제
보다 오늘 얼마나 더 강하게(혹은 약하게) 훈련했는지는 정확히 알 수가
없다. 산의 특성상 길의 난이도는 매번 바뀌고, 눈의 양도 그날그날 달
라지고, 심지어 통나무로는 오버로드조차 쉽지 않다. 다음 날 몸에서 나
타나는 증후로 판단하기엔 모호하고, 당일의 컨디션 및 지난날의 축적
된 피로감까지 따지면 단순한 시간 외의 것으로는 발달 추이를 체크하
기가 쉽지 않다.

(스킬 컨디셔닝을 하는게 아닌) 타 스포츠를 통해 체력 훈련을 해도 마
찬가지다. 배드민턴이 힘든 운동이니 이를 체력 훈련용으로 사용한다고
가정해보자. '동일한 시간 내 얼마나 뛰어다녔는지', '최대 스윙 횟수가
몇 번인지' 그리고 그 최대치라는 것도 '90%인지, 95%인지' 모든 게 정
확하지가 않다. 리프레쉬 차원에서 보조적 훈련으론 가능해도 근본적인
메인 훈련으론 부적합하다.

반면에 웨이트 트레이닝은 초보자든 프로든, 얼마만큼 성장했는지
정확하게 알 수 있다. 단 몇 그램이라도 무게를 올렸다면 강도가 올라간
것이고, 단 1회라도 더 했으면 볼륨이 올라간 것이다. **언제 얼마만큼 '강
도 및 볼륨'을 올렸고, 또 언제 얼마만큼 그것을 내렸는지 숫자로 정확하
게 알 수 있어서 계량적 분석이 가능하다.**

물론 웨이트 트레이닝도 매번 똑같은 환경에서 할 수는 없다. 날씨,
가정 문제, 심리 상태 등 훈련에 영향을 미치는 요소는 항상 존재한다.
하지만 불완전한 인간의 삶을 감안했을 때 이만큼 분석 가능한 훈련법

은 없다.

이러한 웨이트 트레이닝의 장점을 살리기 위해서라도, 평소에 통제 가능한 요소의 편차를 줄이기 위해 최선을 다해야 한다. '정확한 자세를 취하고', '템포를 일정하게 하며', '치팅을 배제해서' 수치의 정확도를 올려야 한다. 그렇게 최대한 똑같은 환경을 만드는 데 노력해야 진짜로 발달했는지, 꼼수로 올라갔는지 알 수 있으니까.

웨이트 트레이닝이 스트렝스/보디빌딩에 국한되지 않고 컨디셔닝이나 근지구력 같은 훈련을 하게 하듯, 거꾸로 스트렝스와 보디빌딩 훈련 도구 또한 웨이트 트레이닝에 한정되진 않는다. 맨몸 운동은 물론이요 밴드나 앱스휠 같은 것을 이용한 훈련도 스트렝스/보디빌딩 훈련이 된다. 힘을 키우거나 근육을 키울 수 있는 훈련이라면 무엇이든 가능하다. **다만 웨이트 트레이닝만큼 편리하고 안전하게 포텐 100% 스트렝스와 근육을 만들어내는 훈련법은 존재하지 않는다.**

중량의 상한선 제약 없이 정확한 오버로드가 가능한 웨이트 트레이닝이야말로 스트렝스/보디빌딩 훈련의 코어다.

톱 애슬릿이 되기 위해선 무조건 웨이트 트레이닝을 해야 한다.

——— **바벨**

웨이트 트레이닝이 피트니스 훈련법으로 최고라면 웨이트 트레이닝의 최고 툴은 단연코 바벨이다.

필자는 오래전에 **"바벨은 피트니스가 아닌 전체 인류 역사의 10대 발명품에 들어가도 지나치지 않다"**라는 주장의 글을 쓴 적이 있다. 모든 웨이트 트레이닝 기구들을 다 합쳐도 바벨 하나와 바꾸지 않을 만큼 바벨은 인류의 유산이자 웨이트 트레이닝의 백미다. 다음과 같은 장점 때문이다.

- 아주 작은 무게부터 아주 큰 무게까지 원하는 만큼 로딩이 가능하다.
- 항상 똑같은 그립을 쥘 수 있으며 바 양쪽에 균등한 웨이트를 로딩해서 밸런스를 맞출 수 있다.
- 세계 어디를 가든 똑같은 기준이다.

스쿼트

첫 번째는 바벨의 가장 강력한 장점이다. 웨이트 트레이닝이라 함은 말 그대로 웨이트를 다루는 훈련인데, 바벨처럼 빈 바(10kg, 20kg)부터 몇백 kg까지 쉽게 장착할 수 있는 도구는 없다. 가벼운 플레이트를 사용하면 0.5kg도 올릴 수 있으니 아무리 미세한 부분이라도 측정 가능하다.

두 번째도 다른 훈련 도구에선 쉽사리 찾아볼 수 없는 장점이다. 아무리 무거운 무게를 들더라도 손으로 쉽게 잡을 수 있고, 또 양쪽에 균등한 무게가 로딩되기 때문에 편리하고 안전하게 웨이트 트레이닝 훈련을 할 수 있다.

필자도 한때 잡기 편안한 그립이 실생활 도구를 그대로 카피하지 못했다는 이유로 안 좋은 방향으로만 해석한 적이 있다. 그래서 이를 극복(?)한 스트롱맨 훈련을 최고로 보기도 했고. 하지만 시간이 지나면서 확인됐다. **실생활에 근접한 힘쓰기를 배우는 데 스트롱맨 훈련이 좋은 건 맞지만 그 이전에 근간이 될 기초 체력을 쌓는 데는 바벨이 훨씬 좋다는 것을.**

벤치 프레스를 할 때 가슴에 열심히 미는 행위에만 집중할 수 있는 이유도, 역도에서 그 어떤 무게를 로딩해도 똑같이 스피디하게 파워를 폭발시킬 수 있는 것도 그립을 쉽게 잡을 수 있는 바벨만의 특성 덕분이다. 손으로 잡기 쉽고, 오버로드도 편리한 바벨 훈련이 바탕이 되면 나중에 스트롱맨 훈련도 잘할 수 있다.

그 반대는 어렵다. 즉 **바벨로 스트렝스를 쌓은 뒤 실전으로 나가기 전 원하는 '스포츠 및 퍼포먼스'에 가장 알맞은 스트롱맨 훈련을 선택해서 플러스를 해주는 게 가장 이상적인 프로세스다**(챕터 4 '스트롱맨 훈련' 참조).

요즘은 일부러 바벨 양쪽을 불균형하게 로딩해서 어렵게 리프팅하는 걸 더 좋은 훈련법인 양 선전하는 데도 있다. 더 어렵고 더 힘들다는 것이 곧 더 좋은 것을 의미하지는 않는다. 바벨의 장점을 없애버린 바보 같은 훈련법이다. 훈련 단계에서는 컨트롤 가능한 도구가 훨씬 좋다.

불균형 도구들은 넘쳐나지만 바벨처럼 균형적인 툴은 드물다. 무게 중심이 가운데 있기 때문에 에너지 낭비 없이 하고자 하는 훈련에 집중할 수 있다. 양쪽에 다른 무게를 로딩하고 스쿼트를 한다고 생각해보자. 중심을 잡을 수 없으니 제대로 된 훈련을 할 수가 없다. 적은 중량에 머물 수밖에 없어서 중급 이상 단계로 올라설 수가 없다.

덤벨은 바벨을 축소한 '스몰 바벨'로 보면 이해하기 편하다. 덤벨의 단점은 스몰 바벨이라는 이름에서 쉽게 유추할 수 있다. 아주 높게 무게를 올릴 수 없으므로 스쿼트나 데드리프트 같은 주요 훈련을 하기에 좋은 도구가 아니다. 이러한 단점이 너무 치명적이라 피트니스 세계에서 바벨의 위상을 따라올 순 없으나 '바벨의 빈 바도 버거운 사람이 사용할 수 있다는 점'과 '한 손 운동이 쉽다'는 점은 덤벨만의 큰 장점이다. 바벨이 메인으로 가장 큰 영역을 차지하고 나머지 틈새는 스몰 바벨인 덤벨로 채운다고 보면 간단하다.

그래서 웨이트 트레이닝의 협의적 의미를 줄이고 줄여 가장 최소화한다면, '바벨을 가지고 하는 훈련'으로 볼 수도 있겠다.

───── 오버로드

웨이트 트레이닝에서 가장 중요한 툴이 바벨이라면, 가장 중요한 원칙은 강도(무게)를 점차적으로 올린다는 의미의 '프로그레시브 오버로드(progressive overload)', 짧게는 그냥 '오버로드'다.

광의적으로 강도(무게)뿐만 아니라 볼륨까지 포함해서 보는 사람도 있으나 강도만 올리는 것으로 보아도 무방하다. 이것만으로도 장점이 너무 커서 이미 끝난 이야기이기 때문이다.

단점이 많아도 그나마 오버로드가 손쉽기 때문에 머신이 보디빌딩에 사용되며, 바벨과 덤벨이 다른 툴들에 비해 월등히 뛰어난 이유도 바로 이 오버로드의 편리성 덕분이다.

요즘 유행하는 케틀벨도 좋은 툴이긴 하지만 이 오버로드의 한계(그리고 균형감) 때문에 바벨/덤벨에는 미치지 못하는 것이다.

오버로드는 웨이트 트레이닝을 떠나 모든 것에 적용되는 원칙이다. 새로운 취미를 배우는 것에서 심리학에서 무서움을 극복할 때도…….

과거와 똑같다면 할 필요가 없다.

뭔가 발전이 있어야 한다.

과거보다 더 나은 것, 그것이 바로 오버로드다.

예전보다 더 높은 강도를 적용한다는 의미에선 심플한 명제지만 실제로 이 오버로드를 계속 해나가는 건 쉽지 않다. 초보자일 때 어느 기간까지는 어렵지 않은데 수준이 올라갈수록 계속 오버로드를 한다는 건 쉽지 않은 일이다. 적기에 적정한 로드를 올리고, 또 적기에 적정한 로드를 내리는 지혜를 가질 때만이 지속적 오버로드가 가능하다.

결국 이 오버로드를 가장 잘할 수 있는 다양한 경험과 방법론을 가진 사람이 스트렝스/보디빌딩에서 전문가가 될 자격을 가진다고 할 수 있다.

바벨로 꾸준히 오버로드하면서 웨이트 트레이닝을 하라. 정확한 자세, 하드 워크, 식이요법이 동원된다면 당신이 원하는 그 어떤 것도 쟁취할 수 있다.

웨이트 트레이닝 기본 동작과 '대표 운동 8'

'웨이트 트레이닝, 바벨, 오버로드'에 대해 알아봤으니, 마지막 실사판으로 웨이트 트레이닝의 기본 움직임 및 그것을 잘 구현해낸 여덟 가지 대표 운동에 대해 알아보자. 이 기본 동작을 잘 이해해서 운동하면 웨이트 트레이닝에 대한 이해도 상승은 물론이요, 고급 운동과 응용편에도 어렵지 않게 접근할 수 있을 것이다.

웨이트 트레이닝으로 할 수 있는 동작은 굉장히 많지만 이 모든 것들을 다 알 필요는 없다. 다음의 기본 여덟 가지 움직임만 기억하면 웨이트 트레이닝의 모든 동작이 손에 잡히기 때문이다.

'하체 밀당 2개 동작+상체 밀당 6개 동작'.

상체는 옆에서 본 팔과 몸통의 각도에 따라 크게 0도, 90도 180도 세 가지로 나눌 수 있기에 밀고 당기는 동작이 6개가 나온다.

바벨로 충분한 역할을 할 수 있는 건 바벨 운동으로 하고(무게 푸시업 → 벤치 프레스), 턱걸이처럼 바벨로 흉내 낼 수 없는 동작은 바벨/덤벨 플레이트로 맨몸에 로딩해서 한다면(무게 턱걸이), 다음과 같은 여덟 가지 대표 운동이 나온다.

웨이트 트레이닝 대표 운동 8

❶ 스쾃트(서기/하체 밀기)
❷ 웨이티드(무게) 글루 햄 레이즈(하체 당기기)
❸ 밀리터리 프레스(상체 밀기 180도)

❹ 무게 턱걸이(상체 당기기 180도)

❺ 벤치 프레스(상체 밀기 90도)

❻ 바벨 로우(상체 당기기 90도)

❼ 무게 딥(상체 밀기 0도)

❽ (뉴츄럴) 업라이트 로우(상체 당기기 0도)

웨이티드 글루 햄 레이즈

밀당의 각도를 조금 변경하거나(예 : 인클라인 벤치 프레스), 저항의 도구를 바꾸거나, 두 팔 두 다리를 한 팔 한 다리로 하는 등등 **그 어떤 운동도 결국 이 여덟 가지 운동의 변용 및 결합에 불과하다.** 역도 같은 하이테크 운동도 이 기본 동작이 선행되어야 할 수 있다.

그런데 빅머슬 7에는 없는 두 가지 운동이 눈에 띈다. 바로 '웨이티드 글루 햄 레이즈'와 '(뉴츄럴) 업라이트 로우'다.

하체는 스쿼트 하나로 대부분을 커버한다. 굳이 모자라는 부분이라면 종아리 정도다. 그래서 강백호 프로젝트에서 어시스트 빅 3 안에 '카프 레이즈'를 포함시켰다. 다만 스포츠 특성에 따라 햄스트링 자극이 더

뉴츄럴 업라이트 로우

필요한 경우가 있다. 이럴 땐 하체의 당기는 운동인 웨이티드 글루 햄 레이즈를 더한다.

앞의 그림에서 보는 것처럼 웨이트를 가슴에 들고, 다리 힘을 이용해서 몸을 당기는 동작이다. 비슷한 운동으로 머신 라잉 레그 컬이 생각날 수 있겠으나 완전히 다르다. '풀 다운'이 '무게 턱걸이'를 따라올 수 없듯, 머신의 웨이트를 당기는 것이 아니라 맨몸을 당기는 글루 햄 레이즈가 훨씬 우세하다. 처음엔 맨몸으로 하다가 점차 무게를 올려가며 웨이티드(무게) 글루 햄 레이즈로 발전시켜야 한다.

업라이트 로우는 많은 사람들에게 버림(?)을 받은 운동이다. 부상을 가져온다느니, 특출한 효과가 없다느니, 씹을 운동이 필요할 때마다 소환되던 불쌍한(?) 운동이다. 사실 운동 자체보다는 올바르지 않은 자세의 문제라, 업라이트 로우 입장에서는 다소 억울한 측면이 있다. **업라이**

트 로우를 올바르게 한다면 부상은커녕 무게 턱걸이와 바벨 로우에서 못다 한 근자극도 더해줄 수 있다.

손등이 앞으로 향하는 업라이트 로우는 그립 간격과 가동 범위가 제대로 되지 않으면 나쁜 자세가 나오기 쉽기 때문에 안전하고 효율적인 뉴츄럴 버전을 먼저 추천한다(가동 범위가 무리하게 크지 않고 자세만 올바르면 그냥 일반적인 업라이트 로우를 해도 전혀 문제 없다).

어렵지 않다. 트랩바(혹은 덤벨)를 들고 서서, 딥의 반대로 하면 된다. 밑으로 내려가서 미는 딥 동작과 반대로 아래에서 위로 당기는 동작을 만든다. 무서운 무게를 로딩시킬 수 있고, 팔꿈치도 굽힐 수 있기 때문에 등 및 승모근과 이두를 자극하는 데 아주 좋은 운동이다.

이상으로 '웨이트 트레이닝 대표 운동 8'에 대해서 알아보았다. 이 여덟 가지 운동은 웨이트 트레이닝 기본 움직임을 잘 담았기에 스트렝스는 물론 근육을 만드는 데도 메인 역할을 하는 대표 운동들이다.

이 여덟 가지 운동을 잘 연구하고 실행한다면 신체의 움직임 및 근육 쓰임을 이해하는 데는 물론 새로운 운동의 실제 역량과 거품을 구분하는 데도 큰 도움을 받을 것이다.

뿐만 아니라 피트니스, 건강, 몸매라는 이름으로 과대광고를 하는 잡스런 운동들은 쳐다보지도 않게 되고, 트렌드에 쉽게 흔들리지 않는, 기본이 탄탄한 훈련자로 자리매김하게 될 것이다.

스피드 앤 파워

비기닝 챕터의 마지막이다. 이후로 'MAD 5대 체력'(영어 필명 Master Dream에서 앞의 ma와 뒤의 d를 따온 것)의 순서에 맞게 카테고리화해서 이야기를 진행할 예정이다(유연성은 3권에서 다룰 것이므로 빼기로 한다).

MAD 5대 체력은 이 책을 한 줄로 꿰는 핵심 주제인 만큼 1권《남자는 힘이다》에서 다루었지만 다시 리뷰해보고, 1권에 설명이 없었던 '스트렝스'와 '스피드 앤 파워'의 관계에 대해서도 알아보도록 하겠다.

피트니스 설계도 : MAD 5대 체력

1권에서 다양한 피트니스 분야들을 소개했다. 악력, 스트롱맨, 역도, 파워리프팅, 보디빌딩, 맨몸 운동, 아이소메트릭 등. 이것은 물론이요 일반인들이 잘 아는 유명 스포츠(축구, 야구, 풋볼) 및 올림픽 종목(트랙 앤 필드, 레슬링, 마라톤 등)의 기초 토대가 되는 동시에 실력을 상승시키는 촉매제 역할을 하는 '체력'은 스트렝스라고 1권에서 밝혔다. 월드 클래스로 나가는 데 필요한 공통분모 체력이 스트렝스인 것이다. 스트렝스의 이 같은 특성 때문에 스트렝스 자체를 단순히 체력의 한 분야로만 보지 않고, 다른 체력들을 담는 그릇으로 비유하기도 한다. **즉 스트렝스를 키워서 그릇이 커지면 다른 체력들은 쉽게 주워 담을 수 있다는 의미다.**

그렇다면 스트렝스 훈련만 하면 모든 게 해결될까? 당연히 아니다. 가장 먼저 선행되어야 하고, 가장 핵심적인 역할을 한다는 말이 나머지 모든 것을 다 해결해준다는 의미로 연결되어선 안 된다. 애초에 그런 건 존재하지 않는다. 스트렝스만으로 해결되는 스포츠도 있긴 하지만 대체로 각 스포츠의 성격과 목표에 따라 몇 가지 체력 훈련을 덧붙여야 한다. 일반적으로 스피드 훈련은 기본으로 더하고, 거기에 스포츠 특성에 맞는 단기 지구력 또는 장기 지구력 훈련을 더해야 한다. 이를 설명한 것이 바로 1권에서 소개한 MAD 5대 체력이다.

MAD 5대 체력

❶ 유연성
❷ 스트렝스

❸ 스피드
❹ 단기 지구력(컨디셔닝, 근지구력)
❺ 장기 지구력

이는 '유연한 힘'을 기초로 해서 스피드 훈련을 하고 그다음 단기 지구력(컨디셔닝 및 근지구력) 및 장기 지구력으로 나가라는 메시지를 담고 있다. 이렇게 다양한 체력 훈련 중 '의미 있는 구분'을 위해 다섯 가지로 나누고 또 그 다섯 가지의 우선순위를 그려놓았다.

MAD 5대 체력을 완벽히 이해하면 모든 훈련과 운동이 한눈에 들어올 뿐만 아니라, 순서상 앞서 있는 것일수록 나머지 체력의 근간이 되기 때문에 어떤 체력 훈련을 우선적으로 해야 하는지도 쉽게 알 수 있다. **피트니스라는 전체 건물의 설계도인 것이다.** 이 블루프린트를 완벽히 이해한다면 어떤 운동이나 훈련을 만나더라도 그 위치를 곧바로 확인할 수 있고, 상업적 트렌드 훈련의 본질도 쉽게 간파할 수 있다.

MAD 5대 체력에서 유연성과 스트렝스 훈련의 의미는 어느 정도 파악했다고 해도 스피드 훈련의 역할은 모호할 수 있다. 그리고 파워 훈련은 도대체 언제 하는지도 궁금할 테고. 이제부터 이러한 것들을 자세히 알아보도록 하자.

───── 스피드 앤 파워

스피드는 일상용어로는 누구나 사용하고 알아듣는 쉬운 단어지만, 피트니스 안에서는 정의하기 굉장히 어렵다. 스피드 자체에 좀 더 자세히 들어가면 '스피드(speed), 퀵니스(quickness), 어질리티(agility)'로 모호하게 나눠지기도 하고, 심지어 물리학 개념까지 적용되면 과연 스피드라는 게 실제로 이 세상에 존재하는지에 대한 의심마저도 드는 게 사실이다.

외국의 유명 피트니스 서적은 물론이요, 스포츠과학 전문서적들에서도 스피드와 파워에 대한 구분이 제각각이다. 큰 맥락만 같을 뿐 조금만 깊이 들어가면 이론적으로 불일치하고, 이것을 실제 운동에 적용하면 논리적으로 잘못된 상황까지도 간다.

스프린트

해석도 제각각인 이 단어에다 스트렝스와 파워까지 끌고 와 두 단어를 스펙트럼 양쪽에 두고 스트렝스—스피드, 스피드—스트렝스, 스트렝스—파워, 파워—스트렝스 등 혼합된 개념으로 발전시키면 그 복잡함은 한층 심해진다. 전문적으로 공부하는 사람은 한숨부터 나오고, 취미로 공부하는 사람은 전문가만 알 수 있는 일이라 여기며 포기해버리기 일쑤다.

걱정할 필요 없다. **이론적으로 디테일하게 분석하는 것과 훈련 프로그램을 더 잘 만드는 것과는 아무 관계가 없다.** 이론을 몰라도, 아니 오히려 그걸 무시하고 단순화해야 더 찰지고 효과 높은 프로그램을 만들 수 있다.

사실 쪼개고 나누는 건 어렵지 않다. 스트렝스와 스피드 훈련을 양극단에 두고, '중량 1RM(RM은 Repetition Maximum의 약자)의 몇 %'냐에 따라 그 사이 한 지점을 찍어 새로운 이름을 붙이면 체력 훈련은 끝없이 만들어낼 수 있다. 실질적으로 도움이 되는 훈련 프로그램을 만들 수 있는 '의미 있는 구분'인지, 아닌지가 본질이다.

파워＝스트렝스×스피드

여러분이 잘 아는 파워 공식이다. 이 간단해 보이는 공식도 앞서 말했듯 고급 물리학을 적용하면 상상을 초월할 정도로 어려워진다. 하지만 또 그걸 다 이해했다고 해서 실질적 프로그램에 도움이 되는 건 아니라고 했으니 이론에 매몰되지는 말고 '훈련 관점'에서 중요한 의미만 도출해보도록 하자. 공식을 보면 한 가지 사실은 명확하게 알 수 있다. 스트렝스와 스피드의 수치를 곱한 값이 파워이므로, **스트렝스와 스피드 중 하나만 커지면 파워가 커진다는 말이다.**

스트렝스를 올려도 파워가 올라가고, 스피드를 올려도 파워가 올라가니, **스트렝스 훈련과 스피드 훈련은 실상 다 파워 훈련에 다름 아님을 알 수 있다.** 즉 스트렝스 훈련, 스피드 훈련, 파워 훈련 세 가지로 구분하는 게 무색하다.

그래서 MAD 5대 체력 훈련 요소에서는 '파워'라는 단어가 빠졌다. **스트렝스와 스피드 훈련이 어차피 다 파워 훈련이고 그 둘을 키우면 저절로 파워가 따라오니까.** 종속(?) 결과물인 파워를 앞에 내세우면 오히려 더 헷갈리니까. 3개로 나눌 수 없는 걸 억지로 나누려 했으니, 피트니스 책과 운동 사이트를 더 많이 보고 더 공부할수록 오히려 더 미궁에 빠졌던 것이다.

모두 다 파워 훈련이니 '파워'라는 단어만 쓰면 좋지 않겠느냐고 생각할 수 있으나 그렇지 않다. 오히려 너무 광범위한 단어라 이 단어를 중심으로 쓰면 실질적 훈련 방향이 모호해진다. '체력'이라는 거대 단어를 썼을 때 그 아래 구분되는 어떤 단어도 쓸 필요가 없어지는 것처럼.

'의미 있는 구분'이란 표현을 쓰는 이유도 이 때문이다. 너무 세심하게 나눠서도 안 되고, 너무 뭉뚱그려 나눠서도 안 된다. 파워라는 단어는 일상에서 말할 때나 이야기를 풀어나가는 용도로 주로 사용하고, 명확한 체력 훈련을 말할 땐 '스트렝스 훈련'인지, '스피드 훈련'인지를 구분토록 한다.

문제는 여기서 그치지 않는다. 평소에 쉽다고 생각했던 '스트렝스 훈련'과 '스피드 훈련'마저도 막상 구분하려면 명확하지 못할 때가 있다. 파워와의 잘못된 관계망으로 인해 그 의미가 머릿속에 대충 자리 잡고 있었기 때문이다.

간단하게 정리해주겠다. '등속'을 기준점으로 보면 된다. **등속 이하면 스트렝스 훈련, 그것을 초과하는 '가속'이면 스피드 훈련이다.**

즉 ○○○는 스트렝스 운동, ○○○는 스피드 운동 하는 식으로 못 박혀 불변하는 것이 아니고 얼마만큼 빨리 리프팅하느냐에 따라 체력 훈련이 달라진다. 스쾃트나 데드리프트를 무겁게 해서 천천히 리프팅하면 스

스콰트

트렝스 훈련이 되고, 가볍게 해서 빠르게 리프팅하면 스피드 훈련이 된다.

물론 스트렝스 훈련에 용이한 운동과 스피드 훈련에 용이한 운동은 따로 있다. 역도나 플라이오메트릭처럼 태생적으로 빨리 할 수밖에 없는 운동은 스피드 훈련에 적합하듯이.

어쨌든 스피드와 파워는 '훈련' 관점에서 볼 것인가, 그 훈련의 '결과물' 관점에서 볼 것인가에 따라 그 대표 단어가 바뀔 수 있다. **훈련 관점에서는 스피드 안에 파워를 포함시켜 '스피드 훈련'으로 통칭하고, 결과물 관점에서는 파워 안에 스피드를 포함시켜 '파워'로 통칭할 수 있다.**

이 내용을 이해하는 가장 쉬운 방법은 지금까지 스트렝스 훈련으로 알고 있던 건 그대로 '스트렝스 훈련'으로 보고, 파워 훈련과 스피드 훈련으로 알았던 모든 훈련은 '스피드 훈련'으로 통쳐서 보는 것이다.

피트니스 궁극의 목적: 파워

스포츠는 파워 게임이다. 파워를 얼마나 더 강하게, 그리고 그 강한 파워를 얼마나 더 오래 유지하느냐의 싸움과 다름없다. 그리고 기술은 이 파워를 효과적으로 키워주는 것이고.

파워가 좋아야 더 높이, 더 빨리 뛰고, 더 멀리 던질 수 있으며, 태클과 업어치기도 잘할 수 있다.

"더 높이, 더 멀리, 더 힘차게"라는 올림픽 모토대로라면 **올림픽이라는 건 결국 '파워 좋은 놈 뽑기'인 셈이다.** 스포츠라고 하는 것이 스킬과 파워라는 두 바퀴의 협동이라 말해도 지나치지 않은 이유다.

따라서 MAD 5대 체력도 크게 반으로 나눌 수 있다. '유연성에서 스피드'까지와 '단기 지구력에서 장기 지구력'까지다. **이는 스피드 훈련까지 해서 생긴 파워를 더 오랜 기간 사용하기 위해 지구력 훈련을 덧붙인다는 의미로 보아도 된다.**

궁극의 목적이 파워이고, 그 파워를 키우는 것이 스트렝스 및 스피드 훈련이라면 왜 1권에서는 군이 스트렝스에 방점을 뒀을까? 어차피 스트렝스 훈련이 파워 생성에 가장 많은 영향을 미치기에 '스트렝스 훈련=파워 훈련'으로 보아도 무방했기 때문이다(1권 'MAD 5대 체력'에서 궁극 목표는 파워라고 실퍽 스포일러를 하긴 했다).

스피드는 후천적으로 발달시킬 여지가 많지 않다. 훈련을 통해 무게를 두 배 올리는 건 가능해도, 리프팅 속도를 두 배로 하는 건 쉽지 않다. 궁극 목표인 파워 상승에 결정적인 영향을 미치는 건 스트렝스 훈련이다. 그리고 훈련 관점에서도 스트렝스와 스피드의 복합물인 파워를 파고들어서는 헛손질을 하기가 쉽다. 손에 잡히는 스트렝스 훈련을 타깃으로 해야 한다. 서두에 밝힌 '유연한 힘'의 중요성이 여전히 유효한 이유다. **어차피 파워를 단순화한 것이 스트렝스니까.**

물론 이제껏 스트렝스 훈련을 열심히 해온 사람이거나 아주 작은 차이로도 승부가 갈리는 엘리트를 꿈꾸는 사람이라면, 앞으로는 스피드 훈련도 덧붙여 그 조금의 여지(파워)라도 끌어올리도록 해야 한다.

——————— 마무리하며

MAD 5대 체력은 먼저 유연성과 스트렝스, 즉 유연한 힘을 키워 이를 토대로, 이후 원하는 스포츠 및 퍼포먼스에 필요한 체력 훈련을 취사선택하는 데 도움을 주는 가이드다.

이 의미를 최대한 여러분께 일깨워주고 싶어서 《깨어난 포스》 책 전체를 아예 MAD 5대 체력에 맞게 카테고리를 구성했다. 카테고리의 내용량을 적절히 분배하기가 쉽지 않아 다소 무리를 해서 끼워 넣은 부분도 있으나(예 : 빠른 동작이 있다는 이유만으로 스피드 카테고리에 스트롱맨이나 골프 등을 포함시켰다) 큰 틀에서 보면 이해가 되리라 본다(자세한 스피드 훈련은 3권에서 알아보겠다).

보디빌딩은 스트렝스 다음에 배치했다. 사실 보디빌딩은 체력이 아니기 때문에 MAD 5대 체력과 동일 선상에 둘 수는 없다. MAD 5대 체력 전부가 보디빌딩 훈련 방법이 될 수 있기에, 제대로 하려면 보디빌딩 내용을 훈련 성격에 따라 배분해서 그와 일치하는 MAD 5대 체력 카테고리에 각각 넣는 것이 옳다.

하지만 일관성 있게 한눈에 볼 수 있어 편안하다는 장점과, '**유연한**

힘'을 바탕으로 하는 보디빌딩이 '실패를 최소화하는 클린한 방법론'이라는 필자의 평소 지론에 따라 보디빌딩을 스트렝스 카테고리 다음에 위치시켰으니 이 점 참고하기 바란다.

이상으로 MAD 5대 체력이 피트니스에서 갖는 의미, 그리고 이 시스템의 정점에 있는 '스트렝스, 스피드, 파워'의 관계망에 대해서도 알아보았다.

전체적인 맥락을 잡았으니 이제 본격적인 피트니스 여행을 떠나 보도록 하자. MAD 5대 체력을 방향키로 삼고 나간다면, 이 길에서 헤매게 되는 일은 절대 없을 것이다.

CHAPTER 2

스트렝스

강백호 프로젝트

만화《슬램덩크》의 주인공인 '강백호' 만들기 프로젝트다. 비록 만화 캐릭터이긴 해도 이 매력 덩어리 빨강 머리 원숭이를 스트렝스의 장에 등장시킨 데는 이유가 있다. 강백호는 그 어떤 인물보다 '포스 근육(sarco-meric)'을 설명하는 데 적합할뿐더러, 스트렝스 혜택으로 탄생할 수 있는 원형을 그가 보유하고 있기 때문이다.

《슬램덩크》를 처음 주목하게 된 이유는 단순했다. 예쁜 여후배 말이라면 무조건 진리로 여기던 대학 시절, 하나같이 '서태웅'이라는 캐릭터가 멋지다며 이 만화를 적극 추천했다.

재밌는 점은 그가 주인공이 아니라는 사실. 정작 주인공은 이상하다는 말만 되풀이하던 여후배들은 이 만화를 거듭 추천했고, 필자는 상식을 깨는 만화라는 데 끌려 정주행을 시작했다. 이후의 스토리는 다들 짐작할 것이다. 주인공 강백호는 남성들에게 최고의 로망으로 등극했고, 지금도 이 캐릭터 이상 가는 녀석을 만나기 어려울 정도다.

한때 수영 선수 박태환까지 강백호를 본떠 머리를 붉게 물들이고 나올 정도였으니……. 무식이 하늘을 찌르지만 어떤 스포츠에건 손만 대면 빵빵 터트리는 강백호. 결국 소연이로 인해 농구부를 택하긴 했지만 타 스포츠 주장들도 목숨 걸고 빼내가려고 호시탐탐 기회를 노리게 만들던 괴물.

수컷이라면 누군들 싸움에서까지 괴력을 발휘하는 그를 닮고 싶지 않으랴? 이런 인기맨인데도 어느 누구도 그가 왜 그렇게 강한지 이유를 알지 못했다.

그는 타.고.난. 힘.센.놈.이었던 것이다.

힘이 좋으니 스피드와 점프력이 좋고, 농구면 농구, 유도면 유도, 모든 스포츠에서 실력 상승 속도가 남들을 앞질렀다. 미모를 타고난 사람, 예술 감각을 타고난 사람이 존재하는 것처럼 타고난 힘을 가진 사람들이 있다. 이런 사람들은 스트렝스 훈련이 뭔지도 모르면서 웨이트 훈련은 물론 다양한 스포츠에서 두각을 나타낸다. 사실 이렇게 타고난 사람들은 분석가들에게는 아주 골칫거리다. 잘하게 된 이유를 찾아야 하는데 훈련상 딱히 남들과 다른 점이 없다. 뭔가 드라마틱한 것이라도 나와주면 좋으련만 그게 없으니 보통은 훈련에 쏟는 시간, 즉 훈련량에서 그 답을 찾으려 한다. 하지만 그보다 더 많은 시간을 투자하고도 그 위치에 오르지 못하는 수많은 사람들을 어떻게 설명할 것이며, 밤새워 연습량을 늘리면 메달을 딸 수 있다고 누가 보장할 수 있을까? 오히려 그렇게 밤샘 연습을 해도 강자의 위치는커녕 하위에서만 맴도는 사람들

오버헤드 스콰트

이 허다하다.

챔피언과 똑같이 훈련한다고 그들처럼 되지는 않는다. 분명 타고난 것이 존재하고, **그렇지 못한 사람은 훈련량을 늘릴 게 아니라 타고난 그들과는 '다른 방법'을 써서 자신의 모자라는 면을 채워나가야 한다.** 초짜 코치들 또한 이런 사람들 때문에 최적의 체력 향상 방법론에서 실수를 하곤 한다. 웨이트 훈련이라곤 해본 적도 없는 사람이 필드에서 방방 날아다니니, 그것만 보고 지레짐작으로 웨이트 훈련 무용론이라는 결론을 도출하는 것이다(잘못된 웨이트 훈련 방법은 논외로 한다).

태생적 미모가 없다면 성형을 하든, 몸매를 가꾸든 후천적인 노력으로 충분히 커버할 수 있다. **마찬가지로 힘을 타고나지 못했다면 후천적으로라도 웨이트 및 맨몸을 이용해서 스트렝스를 키워주어야 한다.** 친한 동료는 그런 훈련 없이도 잘한다고 해서 당신도 똑같이 해선 안 된다. 당신은 다른 접근 방법이 필요한 사람이니까.

힘을 기르고 나서는, 하고 싶은 스포츠를 아무거나 골라서 한다. 레슬링을 해도 되고, 럭비를 해도 되고, 농구를 해도 되고, 보디빌딩을 해도 된다. 손대는 족족 실력이 상승할 것이다.

심지어 목숨을 건 결투에서도 살인의 의지(?)만 있다면 힘 있는 놈이 이길 가능성이 크다. 액션 영화를 보면 주인공은 꼭 막판에 상대방 나이프를 얼굴 바로 앞에 마주하는 어처구니없는 상황에 처하곤 한다. 각종 신음 소리가 서라운드로 들리고 옥신각신하다가, 결국 그 나이프를 적에게 되돌려주고 영화는 엔딩을 맞는다. 이때 주인공이 이길 수 있었던 이유는? 힘이 좋아서다. 정의의 편에 서 있어서가 아니다. 나이프 하나를 둘이 잡은 채 서로 잡고 밀고 당길 때 힘이 더 센 놈이 이기는 건 당연하다.

현대 종합격투기에서 가장 효과를 발휘하는 레슬링도 상당한 '기술' 스포츠이기는 하나, '힘'이 기반이 되지 않으면 그 기술의 의미가 바랜다. 사실 기술이라는 것도 레버리지를 높여 작은 힘을 큰 힘으로 키우거나 남의 힘을 이용하는 것이다. **그래서 힘 차이가 너무 나면 기술도 잘 먹히지 않는다.** 기본 기술을 잘 습득한 뒤 고급자로 상승하려면 스트렝스 훈련이 필수다.

올드타이머, 즉 옛날 장사들은 웨이트 리프팅만 한 게 아니라 주로 레슬링과 병행한 경우가 많았다. 힘 좋은 녀석들이 레슬링을 잘했기 때문이다.

다시 강백호 프로젝트로 돌아와서, 앞으로 이 강백호라는 인물을 투영해서 스트렝스를 쌓는 방법들을 차근차근 알아보려 한다. 이번 편은 그 개론 격이며, 다음 편부터 본격적 포스 근육 발달을 위한 스트렝스 훈련 및 정체기 타파 그리고 스포츠에의 적용 방법 등에 대해 다룰 것이다.

구체적 루틴까지 알려줄 텐데 강백호 초, 중, 고급 프로그램으로 나뉘며, 고급으로 가게 되면 그를 능가하는 몸과 힘을 가질 수 있다(중, 고급 프로그램은 3권에 등장할 예정이다). 이 프로그램들은 스테로이드 시절 이전에 수많은 장사들이 사용했던 방법론에서 엑기스만 뽑아내어 추린 것이다. **올드타이머들의 훈련은 현대의 그 어떤 것보다 진실에 기반한 올바른 훈련 방법이다.** 이에 발맞춰 직접 훈련하다 보면, 상업성과 약물에 가리어 잘 드러나지 않던 현대의 웨이트 훈련에 어떤 허와 실이 있는지를 꿰뚫어 보는 눈도 가지게 될 것이다.

──────── 강백호 스트렝스의 비밀

일단 덩치가 크면 작은 것보다는 힘쓰기가 유리하다. 매스가 크니 포스가 커지는 건 당연하다. 그러나 흔히 덩칫값도 못 한다고 말하듯이 큰 덩치에 비해 힘을 쓰지 못하는 경우도 있다. 이는 상대(적) 스트렝스의 부족 때문이다. '상대 스트렝스', 이것이 강백호를 설명할 수 있는 가장 핵심 단어다(상대 스트렝스에 대해서는 챕터 2 '맨몸 스트렝스 훈련 그리고 갤리모레스'에서도 반복해서 설명할 예정이다. 이유는? 너무너무 중요하니까).

상대 스트렝스란 몸무게에 비해 힘이 좋은 걸 의미한다. 즉 똑같이 100kg을 리프팅하더라도 A라는 사람의 몸무게는 50kg이고, B라는 사람의 몸무게는 100kg이라면 A가 상대적 스트렝스가 뛰어난 것이다. A는 자기 몸무게의 두 배를 들었고 B는 자기 몸무게의 한 배를 들었으니까. 파워리프터들의 목적은 스쿼트, 벤치 프레스, 데드리프트 세 가지 운동의 무게 합계를 올리기 위한 것이기 때문에 무제한급에서는 상대 스트렝스에 크게 신경 쓰지 않아도 된다. 하지만 강백호처럼 다양한 스포츠에 적용시키길 원하는 사람이라면 본인의 상대 스트렝스가 어떻게 변동하는지 주시해야만 한다. 그리고 상대 스트렝스를 위해 몸무게를 줄일 경우 지방 대신 근육이 감소하지 않도록 조심해야 한다. 스트렝스를 키우다 보면 자연히 근육이 커져서 몸무게가 늘어날 수 있는데, 체지방을 줄이거나 늘어난 몸무게에 비례해서 힘을 더 키워야지, 근육을 희생시키면 거꾸로 가는 것이다.

이 때문이라도 주로 근세포 주위의 단백질 구조를 둘러싸고 있는 공간을 키우는 펌핑 근육(sarcoplasmic)보다는 실제 근섬유를 성장시키는 포스 근육이 더 중요하다는 것을 알 수 있다.

강백호는 힘을 타고났다지만, 그렇지 못한 우리는 스트렝스 훈련을 하면 된다. 스트렝스의 가장 좋은 점이 바로 후천적으로도 많이 키울 수 있다는 것이다. **스트렝스가 기반이 되고 그 운동에 적합한 '스피드 훈련'만 갖춰지면 모든 스포츠에서 톱 자리에 오를 수 있는 근간 파워를 얻는다.** 물론 타고난 데다 제대로 스트렝스 훈련까지 한 사람과 세계적 경기에서 경쟁하기란 쉬운 일은 아니다. 하지만 일반적으로 스트렝스를 효과적으로 훈련하는 사람들은 아주 소수에 불과하기 때문에, 올바르게만 훈련한다면 타고난 것만 믿고 스트렝스 훈련을 도외시하는 대부분을 제압할 수 있다.

강백호 프로젝트의 목표는 간단하다. 가장 효율적 방법으로 스트렝스를 쌓고, 또 최소한의 시간만 투자해서 그 스트렝스를 유지하면서, 남는 시간엔 자신이 하고픈 다른 스포츠에 전념할 수 있는 전천후 '애슬릿' 만들기다. 즉 모든 스포츠에서 탐낼 만한 기초 역량 및 탄탄한 몸을 가진 사람으로 성장시켜주는 프로젝트다. 다른 웨이트 훈련과의 주된 차이점이라면 '최소한의 시간 투자'다. 스트렝스 훈련에는 수많은 방법들이 존재하고, 그 각각의 방법들은 특수 상황에 따라 필요성을 가진다. 오랜 시간을 체육관에서 보내는 방법도 있으나 특별한 경우가 아니면 지양하는 것이 좋다. 애슬릿이 되고자 하는 사람은 체육관에서의 시간을 최소화할 필요가 있다. 나머지 시간엔 해당 스포츠를 연습해야 하니까. **1주일에 두세 시간만 투자해서 스트렝스를 키우고 나면 강백호처럼 단단한 포스 근육을 지닌 자가 될 수 있다.** 그다음엔 당신이 무엇을 선택하든 상관없다. 이도 저도 아니라면 강백호처럼 소연이 같은 예쁜 여성만 쫓아다녀도 좋다.

약물 없이 최대한 근육을 키우려는 '클린 보디빌딩'을 원하는 사람도 이 시리즈를 주목하라. 스트렝스를 키우고 나면 보디빌딩도 어렵지 않게 쟁취할 수 있다. 특히 스트렝스 훈련 시간이 적게 들기 때문에 나머지 시간에 회복력에 맞춰 다양한 펌핑 근육 훈련 방법을 덧붙이면 된다(챕터 3 '큰 팔을 만들어주마' 참조).

강백호 프로젝트 서론을 정리해보자. 강백호는 타고난 힘센 놈이며, 그처럼 타고나지 못한 사람들은 강백호가 되기 위한 스트렝스 훈련이 필요하다. 그래서 강백호 프로젝트는 '후천적 스트렝스 훈련을 통해 타고난 힘센 놈처럼 만들기'를 목표로 한다. 농구 또는 원하는 스포츠를 지속하게 해주는 컨디셔닝은 그 운동을 하면서 자연스레 쌓을 수 있으니 지금은 크게 걱정할 필요가 없다(챕터 5 '체력의 다른 이름 '컨디셔닝'' 중 '스킬 컨디셔닝' 참조).

일단 스트렝스를 키워라. 특히 상대적 스트렝스에 주목하면서 힘을 키워라. 거기서 각자의 스포츠에 맞는 몇 가지 MSG만 조금 뿌려주면 모든 게 저절로 해결된다. 강백호가 그랬듯.

강백호 초급자 프로그램

앞서 '강백호 프로젝트'에서 강백호처럼 모든 스포츠에 만능으로 능력을 발휘하려면 '상대 스트렝스'가 기반이 되어야 한다고 했다. 지금부터는 본격적으로 '강백호 초급자 프로그램'(이하:강초프)에 대해 알아보기로 하자.

운동이라곤 평생 해본 적이 없는 '완전 초보자'(이하 완초)라도 처음부터 강초프에 도전할 수 있다. 그러나 장기적 성장이라는 큰 고기를 잡고 싶은 사람이라면 이제부터 설명하는 5단계를 하나씩 밟아 올라가도록 한다.

- ●기초를 다져나갈 수 있고,
- ●고볼륨에 오랜 기간 노출될 때의 문제점을 몸으로 체득할 수 있으며,

●강초프를 발전시켜나가는 데 필요한 응용력을 키우는 등

다양한 혜택을 얻을 수 있기 때문이다.

─────── **1단계**

'유연성 운동+빅머슬 7 운동 자세 배우기'다.

　최고치의 근육과 스트렝스를 가져다주는 빅머슬 7 운동의 자세를 배우는 것은 모든 스트렝스와 보디빌딩 훈련의 기본이 되며, 평생 운동을 할 사람들에게는 필수다.

　첫 단추가 중요한 법이다. 급한 마음에 (유연성 및) 빅머슬 7에 대한 올바른 자세 연습 없이 곧바로 중량 올리기부터 달려들면, 초창기에는 남들보다 앞서서 올라가는 무게에 한껏 뿌듯하긴 하겠으나, 결정적 순간에 부상이나 정체기를 맞아 오히려 뒤로 처지게 된다.

　타고난 운동감각 덕분에 무난히 지나가는 사람들도 더러 있으나, 평범한 대부분의 사람들에게는 좋은 코치(또는 실력 있는 선임자)를 통해 올바른 빅머슬 7 자세를 익혀나가는 것이 선행되어야 한다.

　유연성 훈련은 올바른 운동 자세에 필요한 가동 범위를 확보하기 위해, 그리고 스트렝스 훈련으로는 고칠 수 없는 불균형을 잡아줘 부상을 방지하는 데 아주 중요하다. 그러므로 웨이트 훈련 시작과 병행해 평생 하도록 한다. **상황에 맞는 다양한 유연성 운동이 있으나, 가장 쉬운 방법은 태양예배 자세부터 마스터하는 것이다.** 이미 많이 알려진 요가 동작이라서 유튜브로 찾아보기 쉽고, 따라 하는 데도 큰 어려움이 없는 단순

한 동작이기 때문이다.

    1단계에서는 세트/횟수에 너무 연연해하지 않는다. 자세에 유의하면서 힘들어질 때까지 천천히 반복하면 된다. 체력에 맞게 이 시퀀스를 몇 번 더 반복한다. **이 단계에서는 자세 연습, 그 자체가 바로 체력 향상을 가져다준다.**

벤치 프레스

━━━━━ 2단계

'빅머슬 7/5×5 시스템'을 이용한 서킷 훈련이다. 각 운동의 모든 세트를 끝내고 넘어가는 방식이 아니라, 전체 운동을 한 세트씩 돌리고 그다음 약간의 휴식 후 다음 세트를 돌리는 방법이다. 미국의 유명한 미식축구 코치이자 피트니스 전문가 빌스타도 처음엔 빅 3(파워 클린, 벤치 프레스, 스쿼트)를 5세트×5회로 서킷 훈련에 적용했다. 빅머슬 7개 운동을 5세트×5회 서킷으로 돌리면 시간도 적게 걸릴뿐더러 완초들은 따로 카디오 훈련 없이도 심폐기능을 향상시킬 수 있어 일석이조다. 별도로 카디오 훈련을 하는 사람들은 이 2단계를 뛰어넘어 바로 3단계로 갈 수 있다.

———— 3단계

가장 일반적인 훈련 방법인 '스트레이트 세트'다. 즉 서킷처럼 한 세드만 하고 다른 운동으로 넘어가는 것이 아니라 한 운동의 모든 세트를 끝내고 다음 운동으로 넘어가는 방식이다. 휴식 없이 다양한 운동을 한꺼번에 반복하는 서킷 방식은, 컨디셔닝에는 좋으나 스트렝스 향상에는 한계가 있다. 힘이 약한 초반기에만 스트렝스 향상에 도움이 될 뿐, 스트렝스가 점차 발달할수록 힘 쌓는 훈련과는 거리가 멀어지고 지나치게 되면 오히려 방해하는 수준이 되어버린다. **원하는 스포츠로 넘어가는 시기쯤에는 그 시기에 맞는 컨디셔닝 운동을 적극 포함시켜야 하나, 엘리트 체력을 꿈꾸는 사람들은 초반에 너무 컨디셔닝 방식에 집중해서 장기적 실력 향상이 저해되지 않도록 조심한다.**

운동 초반에는 스트렝스 훈련을 메인으로 삼고 컨디셔닝 또는 가벼운 유산소 운동은 건강 유지를 위해 살짝 보충으로만 포함시켜야 톱 애슬릿 반열에 빨리 다다를 수 있다. 빅머슬 7으로 5×5 시스템을 스트레이트 세트로 할 때 주당 최대 훈련일은 3일을 넘기지 않도록 한다.

'빅머슬 7, 5×5 시스템, 1주일 3일 모두 강하게 훈련'은 절대 만만치 않은 강도와 볼륨이다. 리프팅 무게가 높지 않은 초보자들이나 견딜 수 있지 그 이상 되는 실력자들은 회복력에 문제가 생기게 된다. 따라서 강도와 볼륨 조절이 필요한 다음 단계로 가야 한다.

━━━━━━━ **4단계**

3단계에서 정체기가 오면 4단계로 넘어간다. 무게를 개선하다 보면 어느 순간 무게를 올리기 힘든 때가 온다. 이때는 1주일 3일 '운동 강도' 모두를 '강, 강, 강'으로 진행하는 방식을 조정해야 한다.

실질적으로 무게를 올리는 '강'으로 훈련하는 날은 줄여야 하고, 회복과 발달의 미묘한 선을 가지고 있는 '중' 강도로 훈련하는 날의 빈도수도 조절해야 한다. 다양한 방법론이 있는데 여기서는 세 가지 정도를 알아보기로 하자.

먼저 ❶ '강, 약, 중' 방법을 사용한다. 1주일에 '강'하게 훈련하는 날 한 번만 무게를 올리는 것이다. '빌스타 빅 3' 프로그램 후반부에도 이 방법이 동원되었을 만큼 효과적이며 또 광범위하게 쓰인다. 이 첫 번째 방법으로도 회복이 어렵거나, 또 실력이 상승해서 더 많은 휴식이 필요한 시점이 오면 '중' 강도를 모두 다 '약'으로 바꾼 ❷ '강, 약, 약, 강, 약, 약' 방법을 쓴다. 이후 더 많은 회복이 필요하게 되면 ❸ '강, 약, 중, 약, 강, 약, 중, 약'처럼 '강', '중' 사이에 모두 '약'을 집어넣어 강하게 훈련하는 날의 빈도수를 더욱더 줄인다.

무조건 맥스에 가깝게 강하게만 때려주는 훈련만 해온 사람은 일주일에 3일, 그것마저 약하게 훈련하는 날을 집어넣으라는 충고에 주저할 수도 있다. 많은 이들이 운동 초기에 좋은 성장을 가져다줬다는 이유로 그 후에도 계속 그 방법만 고수하는 경향이 있으니 이해 못할 바는 아니다.

하지만 운동 초기에는 어떤 방법을 쓰든 열심히만 하면 성장한다는 사실을 잊지 말아야 한다. 그 달콤함 때문에 현재 정체기 또는 실패를 겪고 있는데도 불구하고 과거 방식을 맴돌아선 절대 안 된다.

중요한 건 지속적인 미래 성장이니.

새로운 방식에 익숙하지 않은 초기에는 후퇴하는 것 같은 느낌이 들 수도 있으나 나중에는 분명히 더 큰 성장을 이뤄낼 것이다. 너무 겁내지 말고 꼭 앞의 방법에 도전해보라. 새로운 세계가 열리게 된다.

——————— 5단계

'세트/횟수'를 줄이거나 '운동 가짓수'를 줄여서(혹은 둘 다 줄여서) 운동 강도를 더 높일 수 있게 만드는 단계다. 결국 이 또한 회복력을 높이기 위한 방안이므로 4단계와 혼합해서 쓸 수 있다.

세트/횟수와 운동 가짓수 중 하나 또는 둘 다를 줄이는 방법(볼륨 조절)을 단독으로 쓰거나, 4단계에서 말한 것처럼 '강, 약, 중' 등의 강도 조절 방법과 같이 사용하는 것이다.

세트/횟수를 줄이는 방법 가운데 가장 간단한 것은 성장이 둔화될 때마다 세트 수를 1~2씩 줄이는 것이다. 즉 5세트×5회를 하다가 힘들어지는 시점이 오면, 4세트×5회 → 3세트×5회 → 2세트×5회 → 1세트×5회식으로 줄여나간다.

1세트×5회를 우습게 보는 사람도 있으나, 무게가 엄청나게 올라가면 절대 쉬운 루틴이 아니다. 당연히 필요 이상의 볼륨을 때려 넣는 루틴보다 효과도 훨씬 크다. 많이 하려고만 하지 말고 자기 회복력에 맞는 적절한 강도/볼륨을 찾아서 최적의 루틴을 만들도록 한다(운동 가짓수를 줄이는 방법은 1권에서 집중적으로 다루었으니 2권에서는 여기까지만 설명한다).

앞서 말한 단계는 초보자들이 따라 하기 쉽고 전체적 맥락을 잡을 수 있게 순서대로 나누었으나, 상황에 따라 순서를 적절히 혼합해서 쓰면 더 다양한 처방전이 나온다.

예를 들어 서킷 방법에서 스트레이트 세트로 단계를 뛰어넘었더라도, '1주일에 3일 훈련 중 2일은 스트레이트 세트, 1일은 서킷' 등과 같이 각 방법들을 섞어 쓸 수 있다. 그리고 위 단계를 다 거친 후 더 높은 단계로 간 사람일지라도 필요에 따라 아래 단계의 원리를 응용 및 사용한다면 정체기가 왔을 때 적절한 극복 방안도 찾게 될 것이다.

앞서 말한 단계별 훈련들을 잘 이해했다면, 이제 강초프에 입문하기로 한다.

· 강백호 초급자 프로그램 ·

워크아웃 A

스쿼트
벤치 프레스
바벨 로우
카프 레이즈
복근/악력 훈련
(저녁에 따로 훈련 가능)

워크아웃 B

데드리프트
밀리터리 프레스
무게 턱걸이
무게 딥
바벨 컬
복근/악력 훈련
(저녁에 따로 훈련 가능)

5단계에서 빅머슬 7 운동을 하다가 정체되면 운동 수를 줄여나간다고 했는데, 이와 더불어 함께 사용할 수 있는 방법이 있다. 빅머슬을 반 또는 그 이상으로 쪼개어 워크아웃마다 돌아가며 하는 것이다. 이렇게 나누어 다른 날에 하면 각각의 빅머슬 운동 훈련은 빈도수가 줄어드니 회복력을 높일 수 있다. 실력이 증가할수록 빅머슬 7 운동 수를 줄이는 방법과 쪼개는 방법이 함께 사용된다. 즉 쪼개고 난 뒤라도 회복이 어려우면 다시 운동 수를 줄이고, 적어진 운동 수를 또다시 쪼개어 상당히 고강도로 훈련할 수 있게 만들어준다. 이는 고급자들도 사용할 수 있는 굉장히 효과적인 방법이다.

또 처음에 줄이는 단계에서 배제된 운동일지라도, 나중에 주기화에 따라 다시 복귀시킬 수 있다. 보다시피 강초프는 빅머슬 7을 '워크아웃 A'와 '워크아웃 B' 2개로 나눈 루틴으로, 훈련 빈도일은 1주일에 2~3일이다. 1주일에 3일 한다면 월 : 워크아웃 A, 수 : 워크아웃 B, 금 : 워크아웃 A, 다음 주 월요일 : 워크아웃 B 하는 식이다. 2일을 한다면 월 : 워크아웃 A, 목 : 워크아웃 B가 된다. 사실 강초프를 처음 디자인할 때는 2일로 하려고 했다. 그것만 해도 문제가 없으니까.

하지만 앞서 설명한 훈련 단계를 거치지 않고 가는 사람들을 배려해서 해당 운동의 '자세 연습'을 좀 더 할 수 있도록 2~3일로 변경했다.

더 많이 하고 싶다면 4단계에서 설명했듯이 강도 조절을 해서 훈련일을 4일 정도는 늘릴 수 있다. 그러나 훈련 강도를 계속 줄여서 1주일에 5~6일을 훈련하는 것은 추천하지 않는다. **궁극적 목적은 성장이지 더 많은 훈련이 아니다.** 적은 시간을 들이고도 똑같은 결과를 얻을 수 있다면 훈련에 최대한 적은 시간을 투입하는 것이 정답이다.

웨이트 훈련에서 3일은 최소가 아니라 최대치라는 생각을 먼저 가지

밀리터리 프레스

도록 한다. 중급 이상에서 특수한 목적을 가지고 훈련일을 늘리는 경우를 제외하곤 3일 이상의 훈련일은 불필요하다. 강초프를 처음 시작할 땐 3일로 하다가도, 실력이 향상되면 2일로 줄이기를 권유한다. 고중량으로 인해 회복일이 더 필요하기 때문이다.

이렇게 말해도 '실력이 퇴보하지나 않을까' 하는 두려움(?)에 빈도 수를 감소시키지 못하는 사람들이 많은 걸 알기에 쉬운 예를 하나 들어 보겠다.

슈퍼 스콰트 프로그램에서 단지 슈퍼 스콰트 운동 하나(스콰트 1세트 ×20회)만 한다고 했을 때, 1주일에 과연 며칠 동안이나 이 운동을 할 수 있을까? 3일? 4일? 아니면 6일?

똑같은 무게로 매일 하는 것은 아무 의미가 없다는 걸 잘 알고 있을 것이다. 성장에 필수적인 무게 개선을 해내면서 며칠이나 할 수 있을지 각자 실험해보시길. 첫 주를 겨우 성공했다고 해도 그다음 주, 또 그다음 주도 가능할지 체크해보기 바란다. 낮은 강도로만 내리깔아서 매일 할 수 있게 만든 루틴에 따라서가 아니라 베스트 성장을 가져다주는 '진정한 하드 워크'가 필요한 프로그램대로 빡세게 한다면 아무리 자주 하라고 노래를 불러도 알아서 빈도수를 줄이게 된다.

스쿼트 랙이 없다면 슈퍼 삽질 근육 버전으로도 간단하게 실험 가능하다. '슈퍼 삽질 근육 버전 1'(1권)까지 갈 필요도 없다. 더 쉬운 '슈퍼 삽질 근육 버전 2'로도 충분하다.

· 슈퍼 삽질 근육 버전 2 ·

① **타바타 케틀벨 프론트 스쿼트 4분**
② ⓐ, ⓑ **번갈아가며 최대한 많이 반복하기**
　　ⓐ 무게 푸시업 60초×3세트
　　ⓑ 무게 바디 로우 60초×3세트　　/ or

① **타바타 케틀벨 프론트 스쿼트 4분**
② ⓐ, ⓑ **번갈아가며 최대한 많이 반복하기**
　　ⓐ 무게 푸시업 30초×6세트
　　ⓑ 무게 바디 로우 30초×6세트　　/ or

① **타바타 케틀벨 프론트 스쿼트 4분**
② ⓐ, ⓑ **번갈아가며 최대한 많이 반복하기**
　　ⓐ 무게 푸시업 15초×12세트
　　ⓑ 무게 바디 로우 15초×12세트

무게 바디 로우

처음에는 '무게'를 제외한 '푸시업'과 '바디 로우'로 시작한다. 맨몸으로 해도 푸시업과 바디 로우를 각각 60초씩 연속으로 할 수 있는 사람들은 많지 않다. 이것이 가능하다면 30초씩 6세트 혹은 15초씩 12세트로 서로 번갈아가며 한다. 단 10분에 지나지 않는 이 루틴을 1주일에 과연 며칠이나 할 수 있을까? 처음 하는 사람은 펌핑으로 온몸이 터져나가는 듯해서 하루 운동 후 최소 3일 이상은 쉬게 된다. 그 뒤 몸이 점차 적응하더라도 **무게와 횟수를 늘리다 보면 1주일에 2~3일도 굉장히 버겁다는 것을 알 수 있다.**

펌핑 근육을 중점으로 다룰 때 다시 이야기하겠지만 근육만 키우는 데는 많은 시간이 필요하지 않다. 그동안 스트렝스 훈련을 꾸준히 해온 사람들은 이 10분으로도 엄청나게 커진 근육에 놀라서 입을 다물지 못하게 된다. 1주일에 세 번 한다고 해도 30분에 지나지 않는다. 근육에 욕심이 있으나 시간이 많지 않다면 딴 루틴 없이 이 슈퍼 삽질 근육 버전 2만 1주일에 두 번 시도해보라. **올바른 식이요법을 병행한다면 '머슬지'에 나오는 웬만한 루틴보다 더 많은 근육을 키울 수 있다.**

케틀벨 프론트 스쿼트

'회복은 발전을 책임지는 가장 핵심 요소'라는 사실을 꼭 기억하자.

강초프에는 빅머슬 7 말고도 새로운 운동이 포함되어 있다는 것을 알 수 있다. 이러한 운동들은 빅머슬에 비해 사용되는 근육이 적고 근신경계에 미치는 영향도 적어서 회복에 큰 부담을 주지 않는 동시에 빅머슬에서 다 채우지 못한 부분들을 보충해준다. 여러 가지 보조 운동이 있으나 다음의 '어시스트 빅 3'를 중심으로 프로그램을 구성해보기로 하자.

어시스트 빅 3

❶ 카프 레이즈
❷ 쉬러그
❸ 컬

이는 보조를 위한 어시스트 운동이긴 하지만 각 운동들이 부상 방지와 기능성에서 중요한 역할을 담당한다. 서브로 분류하기엔 아쉬울 정도로 장점이 아주 많은 운동인데도 어시스트로 못 박는 데는 이유가 있다. 큰 근육 및 스트렝스를 만드는 데 실질적이며 주도적 역할을 하는 운동들과 구분하지 않으면 나중에 빅머슬과 주객이 전도되는 상황이 반드시 발생하기 때문이다.

스콰트 무게 올리는 것이 중요하다는 걸 잘 알고 있는데도, 머슬지들과 유명 운동 사이트의 현란한 기사들을 보다 보면 컬의 팔꿈치 각도 1~2도 차이에 큰 변화를 약속하는 사이비 기사들에 시나브로 빠져드는 것이 일반적이다.

이럴 때마다 어시스트 운동이라는 타이틀을 상기한다면, 빅머슬 7을 제쳐두고 보조 운동들에 필요 이상으로 치중하는 일은 없을 것이다. 또한 이 두 분류의 차이를 정확히 알고 있어야 전체 프로그램을 구성하고 해석하는 능력이 생겨나고, 주요 운동에 대한 집중력도 놓치지 않을 수 있기 때문에 이 프레임을 기억하는 건 필요한 일이다. 이 점만 주의한다면 어시스트 빅 3 운동을 열심히 하는 것은 큰 도움이 된다.

강초프에서는 카프 레이즈의 뀔 2개를 먼지 포함시켰다. 카프 레이즈는 가동 범위가 아주 짧기 때문에 머신을 이용해서 하면 좋고, 머신이 없다면 한 손으로 구조물을 잡고 다른 한 손으로는 무거운 덤벨을 잡고 한 다리로 카프 레이즈를 한다. 강초프부터는 별다른 언급이 없더라도 복근과 악력(전완근 훈련 포함) 훈련은 항상 포함시킨다. 초반엔 빅머슬 7만 열심히 해도 복근과 악력이 함께 단련되기 때문에 별도로 하지 않아도 무방하다. 또 개인의 신체 특성과 참가하는 스포츠의 특성에 따라서 생략할 수도 있다.

하지만 실력이 향상될수록 이 '복근'과 '악력'이라는 두 '스트렝스 증폭기'를 아낌없이 활용해야 한다. 메인 스트렝스 훈련 시간에 하거나 저녁 무렵에 따로 시간을 내어 해도 좋다.

다른 어떤 훈련보다 특화가 필요한 것이 악력이다. 만능이라고 포장하는 프로그램이 이것까지 알아서 커버해주리란 기대는 일찌감치 접는 게 좋다. 악력 훈련을 제대로 파고들면 분명 투자한 것 이상으로 그 보답을 받게 될 것이다.

마지막으로 세트와 횟수에 대해 알아보기로 하자. 이 강초프를 할 때 어떤 세트/횟수 시스템을 이용하는 것이 가장 좋을까?

5×5 시스템? 5/3/1 시스템? 그냥 3세트×10회?

모두 틀렸다. **프리레핀 차트가 진리다.** 8/6/4, 5×5, 3×3, 5/4/3/2/1 등 다양한 세트×횟수 방법들이 있지만 거기에 국한될 필요가 없다. 프리레핀 차트를 무기 삼는다면 그 누구보다 다양하게 실전적 세트×횟수 조합을 무궁무진 만들어낼 수 있다.

앞에서 말한 시스템도 이 세트에 입각해서 크게 보면 결국 프리레핀 차트를 벗어나지 못한다. 즉 앞의 세트/횟수 시스템들을 다 거부하고 새로운 것을 하라는 말이 아니라, 어느 하나의 시스템에 고착되지 말고 프리레핀 차트를 이용해서 본인의 단계와 각 사이클에 맞는 세트와 횟수를 찾아가라는 의미다.

다만 다양한 세트/횟수 조합을 만들 수 있다는 말을, 시도 때도 없이 세트/횟수를 바꾸라는 의미로 받아들여서는 안 된다. 하나를 선택했으면 발전이 유지될 때까지는 지속적으로 유지한다. 특히 초보자들에겐 운동 종류나 세트/횟수를 자주 바꾸는 것만큼 발전을 가로막는 일이 없다. 고급자가 되기 전까지는 기본적 운동과 프리레핀 차트를 기반으로 자신에게 맞는 몇 가지 세트/횟수에 집중하겠다고 마음먹어야 한다.

프리레핀 차트는 오랜 시간 수많은 경험치를 바탕으로 나온 결정체이므로, 감사(?)하는 마음으로 사용하도록 한다.

퍼센티지	세트당 횟수	적정 전체 횟수	가능한 볼륨 범위
55~65%	3~6	24	18~30
70~80%	3~6	18	12~24
80~90%	2~4	15	10~20
90~99%	1~2	7	4~10
100%	1	1~2	1~2

*1권의 '프리레핀 차트'에 관한 내용 참조

보너스로, 프리레핀 차트를 기준으로 하되 스트렝스를 키우면서 보디빌딩도 같이 하고픈 사람들을 위해 필사가 사용하는 방법 한 가지를 알려주겠다. 이 방법은 스트렝스 증가로 인해 세트가 점차 줄어들 때 사용하면 도움이 된다.

모든 세트/횟수에 적용이 가능한데 이해하기 쉽도록 5×5 시스템을 예로 들어보자. 프리레핀 차트에서도 알 수 있듯이 5×5 시스템은 볼륨이 많다. 그래서 실력이 늘면 5세트 모두를 본 세트로 하지 않고 다음과 같은 방법으로 한다.

❶ 워밍업 세트 2세트+본 세트 3세트
❷ 워밍업 세트 3세트+본 세트 2세트

이 두 가지 방법이 가장 많이 사용되는데 필자는 여기서 워밍업 세트 대신 백오프 세트를 집어넣어 '워밍업 세트+본 세트=5세트'를 '본 세트 +백오프 세트=5세트'로 변경한다(백오프 세트는 본 세트 후 무게를 낮춘 뒤 덧붙이는 세트를 말하며, '본 세트+백오프 세트' 방법을 쓰더라도 먼저 워밍 업 세트를 해서 점차 본 세트 무게에 도달하게 해야 한다). 쉬운 설명을 위해 세트 간의 합으로 표현했지만 실은 본 세트와 백오프 세트를 합한 횟수 가 25회가 되게 해주는 방식이다.

바벨 로우

예를 들어보자. 본 세트로 3세트×5회를 했다고 치자. 그러면 5세트 ×5회 전체 횟수가 25회이므로 10회(2세트)를 덜한 셈이다. 그렇다면 본 세트로 3세트×5회를 하고 그다음 무게를 낮추어 백오프 세트로 나머지 10회×1세트를 덧붙여준다. 실력이 증가해서 본 세트를 2세트×5회만 했다면 백오프 세트는 15회×1세트가 될 것이다. 실력이 더 늘어 1세트×5회만 하게 된다면, 백오프 세트는 20회×1세트가 된다. 20회처럼 횟수가 높을 때는 20회×1세트와 10회×2세트, 두 가지 방식을 돌아가며 사용할 수 있다. 이런 방법을 쓰면 본 세트를 통해 포스 근육, 그리고 백오프 세트를 통해 펌핑 근육을 자극하게 되어 스트렝스와 사이즈를 같이 증가시킬 수 있다. 이렇게 할 때는 나중에 본 세트의 무게를 올리는 데 방해가 되지 않는 선에서 잘 조절해야 한다.

이상으로 강초프에 대해 알아보았다. 앞으로 중급/고급 프로그램을 소개하겠지만 더 어려운 운동이 포함된다고 해서 무조건 더 좋은 프로그램은 아니다. 앞에서 설명한 단계별 내용들을 잘 응용해서 이 강초프의 무게만 꾸준히 올려도 누구도 넘볼 수 없는 스트렝스와 사이즈 수준에 다다를 수 있다. 제대로 운동을 시작했다면 '일정 기간 운동'이란 말은 존재하지 않는다는 것을 깨닫게 된다.

처음부터 너무 마음 급하게 먹지 말고 기초부터 탄탄히 쌓아가길 바란다.

강초프 CON

이쯤이면 또 잊게 되는, 그래서 무한정 반복이 필요한 강백호 체력의 시크릿. 바로 '상대 스트렝스'다.

윤대협 능남팀과 강백호 북산팀의 첫 연습 대결. 강백호는 그 특유의 터프함으로 두목 원숭이 변덕규 머리 위까지 점프해서 그의 얼굴을 몸으로 내리 찧으며 쌍코피를 터트린다. 상내 스트렝스냐. 바운드 후 상대편도 똑같이 공을 잡았지만 강백호가 공을 잡고 세차게 흔들어버리니 상대방이 나가떨어진다. 역시 상대 스트렝스다. 심지어 강백호는 윤대협의 높은 타점 슛을 뒤에서 걷어내는 괴력을 선보인다. 이 또한 당연히 상대 스트렝스다(점프 향상을 위해서는 스피드 훈련을 더해야 하지만 결국은 스트렝스가 기반이 되어야 가능하므로 러프하게 스트렝스의 힘으로 보아도 무

스쿼트

방하다. 챕터 1 '스피드 앤 파워' 참조).

이런 상대적 스트렝스를 키우기 위한 루틴으로 이미 강백호 초급자 프로그램(강초프)을 소개했다. 강초프를 지속적으로 하드 워크하면서 무게를 개선했다면 상당히 스트렝스가 증가했을 것이다. 이 운동을 올바르게 했다면 중량이 올라가는 즐거움, 몸이 강해지고 커지는 즐거움에 흠뻑 빠져 다른 것은 눈에 들어오지 않을 것이다.

특별히 스피드나 지구력성 훈련이 필요한 상황이 아니라면 다이어트에 신경 쓰면서 꿋꿋이 나아가면 된다. 강초프로 스트렝스 성장이 계속되면 굳이 다른 루틴으로 갈아탈 필요가 없다. 루틴을 많이 안다고 해서 더 빨리 근육이 커지거나 강해지는 것이 아니다. 흥미와 모티베이션 유지를 위해 여러 루틴을 기웃거리는 건 상관없지만 그런 데만 너무 중독되어 가장 중요한 '실천'을 놓쳐서는 안 된다. 더 좋은 루틴을 찾아 헤매면서 헛되이 시간을 보내는 사람들이 수없이 많다. **최고의 루틴은 이미 과거에 다 나왔다.** 혹시 조금 덜한 루틴을 선택했다고 해도 '하드 워크'가 '루틴'보다 더 중요하다. 하드 워크로 개선하면서 지속적으로 하는 것이, 최고의 루틴을 찾느라 이론적으로만 빠져들고 정작 훈련은 열심히 못 하는 것보다 훨씬 낫다.

——— 강초프 CON의 비밀

강초프와 관련된 새로운 프로그램을 하나 소개하려고 한다. 강초프를 한 번 해보고 싶기는 한데 정작 강백호처럼 특정 스포츠(농구, 테니스, 수영, 축구 등)를 하고 있지 않아서 스트렝스 이외의 다른 체력을 향상시키고자 고민하는 사람들을 위해서다.

스킬 컨디셔닝을 이용하면 자연스럽게 컨디셔닝 운동을 할 수 있고, 또한 이것이 가장 효율적인 방법인데(챕터 5 '체력의 다른 이름 '컨디셔닝'' 참조) 특별히 좋아하고 즐기는 스포츠가 없다 보니 스트렝스 훈련으로는 만족하지 못하는 사람들이 있다. 사실 모든 체력 훈련을 한꺼번에 하려고 하기보다는 스트렝스 사이클을 몇 번 하고 난 뒤에 나중에 포함시키는 편이 좋다. 실제로 엘리트 애슬릿들도 오프 시즌에는 다른 체력 훈련은 거의 하지 않고 스트렝스를 키우는 데 우선한다.

다만 다른 운동은 전혀 하지 않는 일반인들에게는 심폐기능 향상이나 체지방 제거를 위해 컨디셔닝 훈련이 아주 효과적이기 때문에 현재 몸 상태를 잘 파악해서 다음 프로그램을 잘 활용하도록 한다(스피드 훈련은 고급 기술이니 나중에 실력이 좋아지면 하도록 하고, 일반적인 컨디셔닝 훈련만을 포함시킨 루틴을 소개한다).

프로그램 이름은 일명 '강백호 초급자 프로그램 컨디셔닝', 줄여서

'강초프 CON'이다. 새로 포함되는 운동의 특성을 고려해서 강초프에서 핵심 운동만을 선별했고, 여기에 컨디셔닝 운동을 합했기에 컨디셔닝의 줄임말을 붙여 강초프 CON이라 지었다.

강초프 CON의 유용성은 단순히 스킬 컨디셔닝을 하지 않는 사람에게 유용한 프로그램이라는 데 그치지 않는다. 욕심은 많은데 무슨 프로그램부터 할지 모르는 사람이라면 이 루틴부터 도전해보는 것이 좋다. 처음 운동을 시작하는 사람에게 운동의 결과로 무엇을 원하는지 물어보면 항상 다음과 같은 대답이 돌아온다. "근육도 키우고 싶고, 실전에도 통했으면 좋겠고, 심폐기능이 좋아져서 산을 타도 지치지 않기를……" 등등이다.

하나의 체력에 집중하는 것이 가장 빠른 길이라고 설명해도 쉽게 다른 걸 포기하지 못하는 초보자의 마음, 하루 이틀 본 것이 아니라서 잘 알고 있다. 강초프 CON은 이런 사람이 처음 시도해보기에 딱 좋은 프로그램이다.

어떤 루틴부터 해야 할지는 모르겠는데 근육은 물론 다양한 체력을 키웠으면 하고 퍼센티지로 정확하게 무게를 계산할 처지는 아니며 최소한의 운동으로만 구성된 프로그램이라 실천하기에도 어렵지 않았으면 하는 분들.

혹 위와 같은 생각을 가진 사람이 주위에 있다면 강초프 CON부터 시작하라고 친절히 설명해주시길. 처음엔 뭐가 뭔지 모르고 따라 했다가 나중에 실력이 향상되면 그 가치를 알고 평생을 고마워할 것이다. 그리고 '최소한의 운동으로 구성된 프로그램'은 강백호 프로젝트 시리즈의 지향점이기도 하다.

프로그램을 늘리기는 너무나 쉽다. 인터넷에 널린 좋은 운동들을 한

벤치 프레스

번씩 해보려면 평생이 걸려도 시간이 모자란다. **최소 운동으로 줄일 수 있어야 실력이다.** 효과는 그대로 가져가면서 운동을 최소한으로 줄이려면, 그야말로 핵심 뼈대를 구성하는 운동으로만 만들어야 한다. 이는 곧 이 운동들을 프로그램 중심에 놓고, 원하는 바에 따라 자신에게 필요한 보조 운동을 쉽게 덧붙일 수 있다는 의미다. 오리지널 프로그램 양이 너무 많으면 '하고 싶어 하는' 그리고 '약점이라서 꼭 필요한' 운동이 있다 해도 쉽게 끼워 넣을 수 없지만, 최소한의 프로그램으로 구성되어 있다면 자신이 하고 싶어서 하는 운동을 언제든지 같이 할 수 있다.

강초프 CON에서 최소한으로 줄여놓았으니 이 프로그램을 기반으로 자신에게 맞고 필요한 것들(악력, 맨몸 운동, 스프린트 등)을 붙여나가면 된다. **무게를 올리면서 강도 높게 강초프 CON 운동들만 한다고 해도 간지나는 근육에 무쇠 같은 체력을 얻는 데 아무런 문제가 없다.**

강초프 CON에 있는 세 가지 운동을 얼마나 잘하는가가 중요하지, 더 많은 운동을 포함시킨다고 해서 근육과 체력이 좋아지지는 않는다는 것을 꼭 기억한다.

> ## · 강초프 CON ·
>
> ① 스콰트 5세트×5회
> ② 벤치 프레스 5세트×5회
> ③ 휴식 5~10분
> ④ 원 암 케틀벨 스내치 5분 or 10분(최대한 많이 반복)

1주일에 이렇게 3일 운동한다. 실력이 증가하면 2일로 줄인다. 5세트×5회에 얽매이지 않고 프리레핀 차트를 참고해서 다양하게 변화시킬 수 있다. 너무 간단해서 우습게 보이는가? 필자로서는 더 이상 무슨 운동이 필요한지 모르겠다. 스콰트와 벤치 프레스. 이 둘은 많은 운동을 하지 않는다는 전제하에 (그리고 원 암 케틀벨 스내치를 덧붙이는 상황에서) 상하체 스트렝스와 사이즈를 키우는 환상의 운동 조합이다. 이 두 가지 운동의 무게를 올리는 것만으로도 당신이 하고픈 수많은 것들이 성취된다. 중량이 증가하면 숨도 차게 마련이니 처음 하는 사람에게는 호흡 운동도 된다.

그러나 이것으로 컨디셔닝을 완전히 대체하는 데는 부족함이 있다. 스킬 컨디셔닝을 하지 않는 사람들이 체육관에서 쉽게 할 수 있는 운동으로 필자가 추천하는 일반 컨디셔닝 운동은 '원 암 케틀벨 스내치'다. 이 운동 하나만 파라. 한 팔로 하는 케틀벨 스내치에 대한 자세한 내용은 챕터 5 '레벨 업 컨디셔닝 훈련'을 참고하고 여기서는 좀 다른 관점에서 설명하기로 하자.

원 암 케틀벨 스내치

원 암 케틀벨 스내치는 온몸 운동이며 그중에서도 등을 많이 자극한다. 그래서 스쾃트와 벤치로는 부족한 등의 자극에 많은 도움이 된다. 데드리프트, 바벨 로우, 무게 턱걸이같이 '무거운 무게'로 등을 자극하는 스트렝스 운동 없이 원 암 케틀벨 스내치로만 등을 자극하려니 많이 부족하지 않은가 생각할 수 있다. 하지만 스쾃트의 무게가 제대로 올라간다면 등 특화 운동 없이 원 암 케틀벨 스내치의 무게를 올리는 것만으로도 등 스트렝스를 유지(또는 발전)시킬 수 있다. 어떻게 이것이 기능할까? 필자의 경험으로 그 의문을 풀어주겠다.

예전에 스트렝스를 중심으로 일관성 있게 운동할 때는 32kg 케틀벨 2개를 가지고도 무리 없이 잘 다루었다. 그러다 호기심 및 테스트를 위해 일관성 없는 스트렝스 프로그램과 컨디셔닝 위주로 점철된 프로그램을 시도했다. 이후 어느 순간 케틀벨 32kg을 잡는데 뭔가 힘들고 컨트롤

당하는 느낌이 왔다. 자연스럽게 케틀벨을 잡고 싶기는커녕 쳐다보기도 싫어졌는데, 그 상태로 억지로 하니 당연히 운동이 제대로 될 리가 없었다. 이게 아니다 싶어 스쾃트를 메인으로 한 스트렝스 프로그램에 박차를 가했다. 데드리프트는 전혀 하지 않았으며, 다이렉트한 등 운동도 거의 하지 않았다. 스트렝스 운동을 하면서 케틀벨은 한 번도 잡아보지 않았는데 스쾃트 무게가 증가한 어느 날 32kg 케틀벨 2개를 들어 올리니 가뿐히 딸려 올라왔다. 편안해진 거다. 그때까지 컨디셔닝은 거의 하지 않았는데 스트렝스가 상승한 후 다시 컨디셔닝에 집중하니 초창기 얼마간은 좀 힘들었어도 금세 과거 능력 이상 증가했다.

그래서 스트렝스를 키우면 컨디셔닝이 쉬워진다고 말했던 거다. 등 다이렉트 스트렝스 운동 없이도 원 암 케틀벨 스내치가 쉬워졌다는 점에 주목해야 한다. 원 암 케틀벨 스내치를 하는 데 다리 힘이 큰 영향을 미치는 것도 한몫하지만, 스쾃트처럼 온몸에 힘을 주는 운동을 하면 (턱걸이 같은 운동을 완벽히 대체할 수는 없다 해도) 등 스트렝스에 많은 도움이 되는 것이다.

실제로 스쾃트만 하다가 데드리프트를 처음 시도해도 굉장한 무게를 드는 경우가 다반사나. 무거운 스쾃트 자체가 온몸 스트렝스에 도움을 주기 때문이다.

많은 운동을 하려고 해서는 안 된다. 강초프 CON에 데드리프트를 포함시켜도 상관없는 사람이 있는가 하면 데드리프트로 지친 허리에 원암 케틀벨 스내치를 더해서 허리에 무리가 가는 사람도 있다. 원 암 케틀벨 스내치만 해도 케틀벨 무게만 점차 올린다면 등의 스트렝스와 사이즈는 좋아진다(턱걸이는 운동의 동작 구조상 특이성이 있으니 따로 훈련하는 것이 좋다).

강초프 CON의 세 가지 운동만으로 원하는 모든 것을 얻을 수 있다, 스트렝스, 근육, 건강, 체지방 제거, 심폐기능 향상까지……. 이는 최소 조합으로 최고 효과를 가져오는 루틴 중 하나다. 나중에 실력이 향상되어 스쿼트와 벤치 프레스만으로도 지치면, 원 암 케틀벨 스내치는 따로 떼내어 다른 날에 해도 된다.

그리고 원 암 케틀벨 스내치를 5분만 하더라도 항상 최대치로 하게 되면, 나중에는 케틀벨 무게가 올라갈수록 몸에 쌓이는 데미지가 커져서, 스쿼트와 벤치 프레스를 한 날에는 같이 하기가 부담스러워진다. 그럴 때는 무거운 케틀벨로 5분 동안 최대한 많은 반복을 하는 것을 1주일에 3일 다 하기보다는 하루만 하고, 나머지 날은 자신의 능력에 비해 가벼운 케틀벨을 이용해서 10분 정도 길게 운동한다. 이틀 동안 가벼운 무게의 케틀벨로 10분을 할 때도 강도에 변화를 주어 하루는 좀 힘들게, 다른 하루는 좀 쉽게 가도록 한다. **스쿼트와 벤치 프레스 무게를 합해서 400kg(예: 스쿼트 240, 벤치 160 또는 스쿼트 220, 벤치 180 등)으로 잡고, 32kg 케틀벨 기준으로 한 팔 스내치를 5분 안에 100개 함으로써 전체 합을 '500'으로 만드는 것을 최종 목표로 삼는다.**

기존에 스트렝스 운동을 열심히 한 사람이 아니라면 처음부터 케틀벨 32kg을 사용할 수는 없을 테니 자신과 맞는 가벼운 무게를 선택한다. 가벼운 무게를 골랐다면 5분 안에 100개에 도전한다. 혹시나 체력이 약해서 100개를 못 채운다 해도 상관없다. 점차 개수를 늘리면 되고, 100개에 성공하면 그때 더 무거운 케틀벨로 옮겨간다. 앞서 설명했듯이 강초프 CON을 하면서 스쿼트 무게를 올려가다 보면 케틀벨 무게도 점차 늘어난다.

다시 강조하지만 새로운 운동을 더 해야 한다는 압박감에 시달리지 말 것. 앞서 설명한 무게/개수만큼만 늘린다면 이 운동만 해도 고급으로 갈 수 있다.

　중요한 건 운동량이 아니다. '기본적이며 중심적인 운동을 얼마나 잘하는가'가 키포인트다. 백 가지 천 가지 운동을 섞어서 어설프게 잘하기보다 강초프 CON에 나온 운동만 죽어라 하는 것이 더 낫다. 부디 강초프 CON 합계 500을 목표로 열심히 노력하길 바란다. 이와 함께 다이어트에도 신경 쓴다면 근육도 커진 '무적 바디'를 확보하게 될 것이다.

상체 스콰트 그리고
스콰트 대체 운동

스콰트는 모든 운동의 왕이다. 하드 워크로 제대로 스콰트를 해본 사람들은 이에 대해 이견이 없다. 어설프게 했거나 중간에 포기하는 사람들만 그 효과를 모를 뿐이다.

왕이란 이름에 걸맞게 스콰트는 몸 진체를 자극한다. 일견 하체만 스트레스를 주는 듯 보이나 바벨의 위치와 역학 구조상 전신 근육의 긴장이 필요한 운동이다. 스콰트는 '온몸 운동'이라고 해야 정답이겠으나 군이 상체 운동과 하체 운동 중 어느 것인지 골라야 한다면 후자다. 다리의 움직임이 주된 모션이기 때문이다.

여기서 궁금증이 생긴다. 이 최고의 하체 운동에 상응하는 상체 운동은 무엇일까? 사실 스콰트의 이미지가 워낙 강력하다 보니 '상체 스콰

무게 턱걸이

트'라는 단어는 이미 많은 사람들이 사용해왔다. 단지 통일되지 않은 채 서로 각기 다른 운동들을 말한다는 것이 문제일 뿐.

상체 운동 중에서는 스쾃트처럼 '확실하게 이거 하나면 다 된다' 하는 것이 없기는 하다. 즉 모든 상체를 완전히 커버하는 단독 상체 운동은 없다고 보아야 한다. 그럼에도 상체 스쾃트라 불려도 손색이 없을 만큼 강력한 운동이 있다면 무엇일지 여전히 궁금하다. '딥'이라고 말하는 보디빌더도 있고, '밀리터리 프레스'라고 말하는 애슬릿도 있으며, 그 유명한 아더 존슨은 '풀오버'라고 말하기도 했다.

그나마 잘 알려지고 일반적으로 많이 언급되는 것은 푸시 프레스다. 하지만 솔직히 푸시 프레스는 힙이 사용되어 하체의 움직임이 많이 개입되기에 상체 운동으로 분리하기엔 무리가 있다. 오로지 상체에 집중된, 또는 운동 자체를 서서 해야 하므로 하체의 아이소메트릭성 근긴장까지는 어쩔 수 없다 하더라도(예:밀리터리 프레스, 바벨 로우 등), 상체 전반에서 최고의 효과를 발휘하는 운동은 무엇일까? **필자가 생각하는 상체 스콰트는 '무게 턱걸이'다.**

그 이유를 자세히 알아보자.

스콰트라는 이름을 가져다 쓰려면 스콰트가 가져다주는 두 가지 큰 효용을 만족시킬 수 있어야 한다. 바로 근육과 퍼포먼스다.

─── 근육

스콰트는 근육 상승에서 그 어떤 운동보다 뛰어난 강점이 있다. 스테로이드 이전 시절 근육맨들의 넘버 1 운동이었고 슈퍼 스콰트만 해봐도 몸으로 체감할 수 있다. 스콰트가 근육 발달에 좋은 이유는 온몸을 자극해서 호르몬 작용을 이끌어내면서도, 우리 몸에서 근육이 가장 많은 하체 쪽 근육을 키워주기 때문이다.

그렇다면 그 하체를 제외한 상체 쪽에서 근육이 가장 많은 곳과 그것을 제일 크게 만들어주는 운동을 살펴보면 상체 스콰트 운동에 대한 감을 잡을 수 있을 것이다. 상체에서 가장 많은 근육이 있는 곳은 '등'이며, 이것을 가장 크게 키워주는 운동은 단연코 무게 턱걸이다.

턱걸이는 등 운동에만 그치지 않는다. 필자는 턱걸이가 '가슴 근육'과 '복근'에도 상당한 근비대를 가져온다는 것을 강조해왔다. 실제로 한 팔 턱걸이를 연습시키다 보면 오히려 등보다 복근이 먼저 아프다는 사람들을 많이 보게 된다. '한 팔 턱걸이'에서 오는 복근 자극이 굉장히 크기 때문이다.

턱걸이

마찬가지로 무게 턱걸이의 중량을 높일수록 복근의 자극은 계속 커져간다. 등, 가슴, 복근이 다 포함된다고 하는 것은 거의 상체 전반을 자극한다는 의미다. 여기서 중요한 포인트는 필자가 말하는 무게 턱걸이는 약간의 치팅을 허용하면서 '올라가는(up) 데 1초, 내려오는(down) 데 1초' 정도 소요되는 일반적인 턱걸이와는 완전히 다르다는 것이다. 다소 빠르게 오르락내리락하는 턱걸이는 근지구력 훈련을 위해서는 상관없으나(근지구력 훈련이라고 무조건 이렇게 하라는 것도 아니지만) 근육을 키우는 방식으로서는 효과가 많이 떨어진다.

필자가 추천하는 턱걸이는 올라가는 데 2~3초, 내려오는 데 2~3초 템포를 유지하며, 자극되는 근육을 하나하나 느끼면서 집중하는 턱걸이여야 한다. 근지구력을 위해 다소 빠르게 하는 '맨몸 스쿼트'와 근육 하나하나를 느끼며 천천히 반복하는 '바벨 스쿼트'와의 차이로 보면 된다.

무게 턱걸이로 가기 전에는 업/다운 각각 2~3초 템포로 맨몸 턱걸이에 성공해야 한다. 만약 5세트×5회를 쓴다고 가정했을 때 마지막 세트 5회를 2~3초 템포로 거뜬하게 할 정도가 아니라면 무게 달기는 미뤄도 된다.

맨몸 턱걸이가 부들거리는 정도라면 무게 턱걸이는커녕 먼저 (의자를 이용한) '서포트(보조) 턱걸이'를 2~3초 템포로 사용하고 점차 맨몸 턱걸이로 옮겨가는 게 훨씬 낫다. 템포를 늘리고 자세를 올바르게 하면 이미 해오던 턱걸이에 비해 개수가 상당히 줄어든다. 에고에 상처를 입을 수 있겠지만 필자가 말하는 무게 턱걸이의 모든 혜택을 받으려면 이렇게 해야만 한다. 생각해보면 스트렝스 향상이나 보디빌딩을 위해서라면 이런 방법을 쓰는 게 당연하다. **바벨 스콰트처럼 올바른 자세와 템포를 유지하면서 하드 워크를 하고 지속적으로 무게를 올려야 진정한 무게 턱걸이지, 일반적인 바벨 운동과 다른 방법을 사용한다는 것이 오히려 더 이상한 일이다.**

그래서 앞뒤 몸을 흔들며 반동의 힘으로 오르고 내리는 '키핑(배치기) 턱걸이'를 기본으로 삼는 건 문제가 된다. 스콰트의 기본이 바벨을 어깨에 이고 천천히 내려갔다 올라오는 '바벨 스콰트'지 '점프 스콰트'가 아니듯 무게 턱걸이 또한 몸에 최대한 반동을 자제하고 풀가동 범위로 각각 2~3초에 걸쳐 올라가고 내려오는 방식을 기본으로 가져가야 한다.

특히나 근육을 만드는 데 있어 배치기 턱걸이는 무반동 턱걸이와는 상대가 안 된다. 느린 운동과 빠른 운동들의 특성을 비교해보면 이를 잘 알 수 있다. '바벨 스콰트와 점프 스콰트', '밀리터리 프레스와 푸시 프레스', '팔굽혀펴기와 박수 푸시업' 등에서 전자는 스트렝스와 근사이즈에 유용한 동작인 반면 후자는 스피드 발달에 유용한 동작이다. 빠르게 움직이는 동작이 근육 발달에 보조적인 도움은 될 수 있으나 근육 발달에서 메인 운동이 되려면 적당한 속도로 근자극을 느끼면서 지속적인 오버로드를 할 수 있는 운동이어야 한다.

밀리터리 프레스

그렇다면 무게 턱걸이 훈련 방식은 어떨까? 사실 이는 우문이다. 당연히 다른 바벨 리프팅 훈련과 같은 방식이지 특별한 훈련법이 있는 게 아니다. **즉 유수의 해외 코치들이 즐겨 처방하는 '3세트×실패 지점'처럼 근지구력에 가깝게 훈련해서는 안 된다.** 5세트×5회나 프리레핀 차트를 이용해서 무게 개선을 비교적 정확하게 계산하고 거기에 맞는 세트/횟수를 올바르게 사용해야 한다. 이는 맨몸 턱걸이를 훈련할 때도 마찬가지다. 지구력 훈련을 위해서 실패 지점까지 반복하는 게 아니라면 세트/횟수를 정하고 오버로드에 집중해야 한다. 바벨 리프트와 똑같은 방식으로 저항과 무게를 계속 올려가다 보면, 무게 턱걸이만으로도 훌륭한 상체를 키울 수 있다.

당부하고 싶은 건 적당한 엑스트라 무게를 다는 데 만족하지 말고, 바벨 스쾃처럼 끝없이 중량을 올리려는 욕심을 가지고 꾸준히 노력하라는 것이다. 그래야만 무게 턱걸이에서 오는 진정한 근비대 결과물을 확인할 수 있다.

————— **퍼포먼스**

레슬링과 유도는 국가대표들의 집합소인 태릉선수촌에서도 힘든 운동으로 꼽힌다. 특히 레슬링은 가장 혹독한 종목으로 평가받는다. 힘든 만큼 이들의 전방위적 실전성은 유명하다.

종합격투기에서도 그 효력이 잘 나타난다. 종합격투기 선수들은 수많은 격투기를 훈련하는데, 체력적인 측면에서는 레슬링 훈련이 가장 힘들다고 입을 모은다. 실제 경기에서도 과서에 비해 레슬링이 자지하는 비중이 월등히 높아졌다. 레슬링에서 많이 나오는 동작은 '당기기'로서, 상대방을 자신의 몸 쪽으로 당기고, 안고, 뽑아 올리는 동작들을 상상하면 어렵지 않게 이해할 수 있다. 유도에서도 도복을 잡고 당기는 것이 주된 움직임이다.

그래서 두 종목을 훈련할 때 고무밴드 당기기와 더불어 꼭 하는 훈련이 있는데 바로 '밧줄 타기'다. 밧줄 타기는 당기는 근육과 악력을 키우는 데 아주 좋은 운동이다. 고무밴드 당기기는 대체로 지구력 훈련이라서 엄청난 저항을 느끼게 하는 밴드만 아니면 누구나 처음부터 할 수 있지만 밧줄 타기는 스트렝스가 많이 필요해서 초보자들은 쉽게 할 수 없는 고급 훈련이다. 밧줄 타기를 할 수 있는 사람일지라도 보통은 다리를 같이 쓰거나, 팔만 쓰더라도 이마 정도 위치까지만 팔을 뻗어 짧게 짧게 당기는 방법을 쓴다. 레슬링 선수나 유도 선수처럼 한 팔을 머리 위로 쭉 뻗고 시원스럽게 당겨서 올라가는 사람은 많지 않다. 그렇게 하려면 상당한 스트렝스가 필요하기 때문이다.

한 팔 턱걸이. 이것이 가능하다면 두 손으로 밧줄 타는 게 쉬워지는 건 조금만 생각해봐도 알 수 있다. 맨몸 운동에서 한 팔로 하는 것과 두 팔 다 쓰는 것과의 스트렝스 차이는 아주 크다. 즉 한 팔 턱걸이가 되면 국가대표 레슬링 선수처럼 성큼성큼 밧줄을 오르락내리락할 수 있으며, 그 훈련에서 오는 실전적 혜택을 그대로 얻을 수 있다.

이와 마찬가지로 무게 턱걸이 무게를 올려도 똑같은 성공을 맛볼 수 있다. 두 운동(무게 턱걸이와 한 팔 턱걸이)이 운동역학적으로 완전히 똑같지는 않다. 하지만 결국은 당기는 힘이 강해져야 한 팔 턱걸이가 가능하듯 무게 턱걸이의 중량 상승 또한 어차피 위로 당기는 힘을 강화시키기 때문에 무게가 많이 올라가면 밧줄 타기 퍼포먼스는 어렵지 않게 해낼 수 있다.

살펴본 것처럼 상체의 '근육'과 '퍼포먼스'를 상승시키는 데 턱걸이의 위치는 독보적이다. **기본적 무반동 맨몸 턱걸이를 할 수 있는 스트렝스가 쌓이고 나면 근육과 퍼포먼스를 위해 꾸준히 무게 턱걸이의 중량 올리기에 올인한다.** 턱걸이에는 다양한 베리에이션이 있고, 모티베이션 상승을 위해서는 여러 형태의 턱걸이를 함께 훈련할 수 있으나, 우선은 가장 일반적인 맨몸 턱걸이에다 무게를 다는 '무게 턱걸이'를 메인 목표로 삼아 집중하도록 한다.

오버로드가 용이한 평범한 스타일의 무게 턱걸이가 상체 스트렝스 키우는 데 가장 효율적이기 때문에, 점차 무게를 증가시키다 보면 상체 스콰트라는 이름이 부끄럽지 않은 수많은 결과물들을 확인하게 될 것이다. 상체 스콰트=턱걸이. 인증 '꽝'!

스콰트

───── 스콰트 대체 운동

이제 다음 주제로 넘어가자.

스콰트 대체 운동을 찾는 사람들이 종종 있다. 스콰트 랙이 없다느니, 제대로 배울 데가 없다느니 하는 게 그 이유다. 이런 사람들을 위해 스쾃 대체 운동을 알아보도록 하자.

하지만 아이러니하게도 바벨 스쾃를 대신할 수 있는 운동은 없다는 전제에서 시작해야겠다. 다시 말하지만 온전히 바벨 스쾃를 대체할 수 있는 운동은 이 세상에 존재하지 않는다. 애슬릿이 되려 하건, 근육을 최대치로 키우려 하건 무조건 바벨 스쾃를 해야 한다. **단일 운동으로 이만큼 효과를 낼 수 있는 운동은 없기 때문이다**(하이바 스쾃 기준임).

'한 다리 스쾃'로 대체할 수 있느냐고 묻는 사람이 있다. 답부터 말하면 엑스트라 중량을 몸에 장착하고 한다 해도 바벨 스쾃와는 게임이 안 된다. 드는 무게 차이가 현저하기 때문이다. 다리 하나만 들고 한다고 했을 때 허리가 굽고 안정근도 작동하기에 두 발로 하는 스쾃와는 운동역학적으로 많은 차이가 난다. 안정근 훈련이 목표라면 모를까, 더 많은 저항, 중량, 긴장 등으로 스트렝스 상승을 목표로 해야 하는 우리에겐 잘못된 선택이 될 수밖에 없다. 허리가 굽어서 고중량을 어깨에 짊어지기가 어렵게 되면, 지속적으로 그리고 개선하면서 무게를 올릴 수 있는 바벨의 장점을 하나도 이용할 수 없게 된다.

케틀벨로 프론트 스쾃를 해도 마찬가지. 파워 클린으로 시작해야 한다는 비효율성은 차치한다 하더라도 이것 또한 효과적으로 무거운 무게를 다룰 수 있는 자세가 아니다. 즉 한 다리 스쾃는 바벨 스쾃의 보조 역할로서 전체 근육 발달과 퍼포먼스에 도움을 줄 수는 있지만, 효율적이고 효과적인 '스트렝스 증가' 관점에서 보면 절대 추천하기 어렵다.

시행이 어려운 게 무조건 더 좋은 운동이 아니라는 사실은 이미 살펴봤다. 스위스볼 또는 보수(BOSU)라는 불안정한 물체 위에서 스쾃

케틀벨 프론트 스콰트

를 하면 적은 무게만 들어도 리프팅하기가 어려운 게 분명하지만 그 어떤 스트렝스 코치도 이 운동이 바닥에서 하는 바벨 스콰트를 대신할 수 있다고 보지 않는다.

바벨 스콰트는 안정적인 자세로 엄청난 중량을 견뎌내면서 그 무게를 다리 힘으로(사실은 온몸으로) **들어 올리는 데 그 의미가 있다.** 즉 가벼운 무게로 더 어려운 동작을 만드는 것이 아니라, 인간 본연의 움직임을 벗어나지 않으면서 최대한 많은 무게를 들어 올리는 것이다.

또 다른 스콰트 대체 운동으로 스프린트나 언덕 달리기를 언급하는 사람도 있는데 완전히 다른 운동이다. 이는 길이와 속도에 따라 스피드나 컨디셔닝 운동이 되는 것이지 스트렝스 운동과는 거리가 멀다. 무슨 운동이든 초보자에게는 스트렝스를 키우는 데 도움이 되기 때문에 언덕

트랩바 데드리프트

달리기로 스트렝스가 다소 상승할 수 있다. 그러나 이것은 일시적 현상이다. 스트렝스와는 아무런 관련이 없는 운동이니 빨리 웨이트 트레이닝장으로 돌아오시길 바란다.

그렇다면 완전한 대체 운동은 없다는 전제하에 그나마 그 효과를 대신할 수 있는 운동 세 가지를 알아보도록 하자.

그 첫 번째가 '트랩바 데드리프트'다.

이름은 데드리프트지만 몸과 나란히 무게가 옆에 놓이고 손이 뉴츄럴 자세로 유지되기 때문에 스쿼트의 메커니즘에 '다소' 가깝다. 하체 깊이로 보면 여전히 데드리프트에 가깝긴 해도 사실 자세히 보면 덤벨을 옆에 두고 하는 덤벨 스쿼트와 비슷하다. 그러나 덤벨 스쿼트는 가벼운 무게를 이용한 고반복용으로 쓸 수는 있어도, 스쿼트를 할 때 몸 옆에 걸리적거리고 무게를 증가시키는 데도 한계가 있기 때문에 고중량이 가능한 바벨 스쿼트 대체 운동으로는 어림도 없다. 트랩바를 사용해야 무거운 무게를 사용하는 것이 가능하다.

트랩바는 파워 랙이나 스쿼트 랙 같은 훈련 도구가 필요 없으므로 사용하기에 편하다는 장점이 있다.

스콰트/파워 랙이 나온 김에 평소 궁금해하는 질문 하나 답해보겠다. 훈련 도구를 구입할 때 파워 랙과 스콰트 랙 사이에서 고민하는 사람들을 가끔 본다. 고급자를 위한 '부분 반복 훈련'이라면 파워 랙 안에서의 스콰트 훈련이 필요하겠으나 그 밖의 일반적 스콰트 훈련에는 스콰트 랙을 이용하는 것이 훨씬 좋다. 파워 랙 안에서 스콰트를 하다가 한창 올라오는 도중 힘에 부쳐 바벨을 뒤로 던지게 되면 파워 랙의 핀에 바벨이 부딪혀서 튀어 올라 위험해지기 때문이다. 최적의 스콰트 훈련을 위해서는 마음 편안하게 던질 수 있는 '바닥'이 필요하다. 그래야 진정 마지막 1회까지 도전할 수 있는 용기가 생긴다. 그렇지 않으면 최대치까지 뽑아내기 전에 무의식적으로 그만두게 된다. **그래서 필자는 스콰트만을 위해서라면 '스콰트 랙+맘껏 던질 수 있는 바닥'이 최고의 조합이라고 본다.**

좋은 스콰트 랙은 평생 쓸 수 있으니 구입을 고려해볼 만하다. 자리차지도 많이 하지 않고, 이동해서 사용하기도 좋으며, 분해해서 보관하거나 다른 장소로 옮기기도 쉽다. 이 단순한 스콰트 랙과 바닥에 바벨을 떨어뜨려도 상관없는 공간이 있다면 스트렝스를 쌓아가기에 최적인 환경이 될 것이다.

이 점에서 보면 트랩바 데드리프트는 앞서 말했듯 공간이나 도구가 필요 없는 아주 편리한 도구다. 그냥 바벨 플레이트를 놓는 부분에 고무판만 깔고 하면 된다. 무거우면 아예 들리지가 않고, 들다가 힘들면 떨구면 되니 안전도 확보된다. 따라서 스콰트를 하기 어려운 상황에서 대체 운동으로 사용하는 데 적합하다.

두 번째가 '힙벨트 스콰트'다.

허리에 벨트를 차고 거기에 바벨 플레이트를 장착해서 스콰트를 하는 이 운동은 순수 하체 스콰트에 가깝다. 스콰트를 온몸 운동으로 볼 때 하체만 중점 자극할 수 있는 운동이 바로 힙벨트 스콰트다. 그래서 상체 운동을 따로 열심히 하고 이 힙벨트 스콰트로 하체를 단단히 하면 어느 정도는 스콰트 대용으로 가능하다. 다만 이것도 무게가 너무 많이 올라가면 허리 벨트 아래로 흔들리는 웨이트를 컨트롤하기 쉽지 않다는 단점이 있다.

이럴 경우 손으로 구조물이나 수직봉을 잡고 시행하면, 중량이 증가해도 몸이 흐트러지지 않고 무게를 올릴 수 있다. 손에 너무 많은 힘을 주면 올바른 무게 개선을 위한 체크가 어려우니 익숙해질 때까지 연습이 필요하다.

세 번째가 '불가리안 스플릿 스콰트'다.

체육관에 바벨 플레이트가 충분히 많지 않아서 스콰트를 할 수 없다는 사람들이 있다. 스콰트 바벨 바만 20kg이고 다른 바들은 10kg인데 전자에 맞는 플레이트가 많지 않다는 것(플레이트 구멍 크기가 다르다). 또는 모든 바와 플레이트가 20kg 바에 맞는 것이긴 해도 다른 사람들이 벤치프레스나 데드리프트 운동을 하고 있으면 플레이트가 모지랄 때가 종종 있다는 사람들도 있다.

운동하지 않는 다리 하나가 허공에 뜨는 한 다리 스콰트로는 스콰트처럼 집중된 훈련을 하기가 어렵다고 앞서 말했고, 이와는 다르게 훈련하지 않는 나머지 다리 하나를 뒤에 걸쳐서 한 다리만 집중하면서 상당한 저항을 줄 수 있는 운동이 있는데 바로 불가리안 스플릿 스콰트다. **안정근이 개입되는 한 다리 스콰트와는 자세나 궤적이 많이 다르고, 다리를 보조하는 것이 있어서 균형에 신경을 덜 쓰면서도 한 다리를 집중적으**

불가리안 스플릿 스쿼트

로 훈련할 수 있다.

불가리안 스플릿 스쿼트를 혼자 연습하면 자신의 몸에 맞는 다리 간격과 높이를 찾는 데 시간이 좀 걸리는데 그런 시간 투자가 아깝지 않은 굉장히 좋은 운동이다. 런지와는 또 다른 메커니즘이니 직접 해보면 스쿼트와 런지의 접점을 찾는 데도 도움이 될 것이다.

스쿼트 대체 운동에 대해 정리해보자. 앞서 나온 세 가지 운동은 바벨 스쿼트를 하는 것이 불가능하다는 전제를 상정하고 말한 것이기 때문에, 무조건 바벨 스쿼트를 할 수 있는 방법을 찾는 게 우선이다. 상황이 쉽지 않아도 기를 쓰고 방법을 구하라. **빠른 성장, 최대한의 성장을 원한다면 그렇게 해야 한다.**

이 같은 토대를 먼저 갖춘 후, 바벨 스쿼트를 쉬어가는 사이클에 하는 운동으로 또는 스쿼트의 보조적인 운동으로 앞의 세 가지 운동을 활용하면 온전히 스쿼트 대체 운동으로 사용하는 것보다 훨씬 나은 결과를 얻을 수 있다. 다시 말하지만 오직 바벨 스쿼트가 불가능할 때만 대체 운동으로 사용하도록 한다.

이상으로 상체 스쿼트인 턱걸이와 하체(?) 스쿼트 대체 운동에 대해서 알아보았다.

오래전에 스쿼트의 효과가 너무 좋아서, '상체에도 이런 녀석 하나만 더 있으면 정말 좋겠다'라는 생각을 한 적이 있다. 그 뒤로 진정한 상체 스쿼트에 해당하는 운동을 찾아 헤맨 지 오래, 결국은 무게 턱걸이에 도달했다.

데드리프트도 좋은 운동이긴 하지만 많은 부분이 스쿼트와 겹치기 때문에 스쿼트를 한다는 전제가 있다면 턱걸이 훈련이 먼저다. ❶ 파워리프팅처럼 해당 스포츠 안에 데드리프트가 존재하거나 ❷ 데드리프트의 움직임이 곧바로 적용되는 스포츠인 경우, 당연히 데드리프트가 우선이 되어야 한다. 또한 일대일의 싸움에서는 당연히 데드리프트가 무게 턱걸이보다 앞서는 것이 맞다. 그러나 당장 근육이나 퍼포먼스를 빠른 시간에 업그레이드하기 위해서라면, 혹은 스쿼트를 하고 있으면서 다른 운동을 선택해야 한다면 무게 턱걸이가 우선시되어야 한다.

오랜 기간에 걸쳐 '스쿼트+턱걸이'만 함으로써 예전과는 몰라보게 달라진 근육량과 퍼포먼스에 고마워하는 피드백을 수없이 받았다. 나중에 다른 운동을 추가한다고 해도 이 두 가지 운동을 바탕으로 깔고 가면 어느 누구보다 빨리 성장할 수 있다. 잡다한 운동은 빼고 이 상/하체 스쿼트에 먼저 집중해보라.

단순함의 신세계가 열릴 테니.

스트렝스 3대 운동

그간 다양한 스트렝스 운동들과 조합들을 언급했지만 '스트렝스 3대 운동'으로 못 박아서 설명한 적은 없었다. 몇 가지 운동 사이에 고민이 있었기 때문이다. 충분한 실험과 검증 과정을 거친 후 이제는 확실히 "바로 이것이다!"라고 자신 있게 말할 수 있게 되어 공개한다.

먼저 필자가 생각하는 스트렝스 3대 운동은 차별성을 가진다. 스포츠 필드는 물론이려니와 실생활에서 최대한 역량 발휘를 할 수 있는 운동이어야 한다는 것. 즉 1권의 프롤로그에서 언급한 무조건 "애슬릿의, 애슬릿에 의한, 애슬릿을 위한 운동"이 되어야 한다.

웨이트 운동 그 자체의 실력 상승(무게 증가)이 실전 혹은 스포츠에 그대로 '전이'되지 않는다는 불만이 가끔 접수된다. 그것은 스포츠에서 승리하는 데는 운동 선택과 실행 방법에 더해 많은 변수가 개입하기 때문이다. 바로 멘탈, 개인 신체 특성, 스포츠 스킬 수준, 절대/상대 스트레스 등이다.

멘탈은 그 중요도로 볼 때 톱이기에 꼭 챙겨야 하는 필수 요소지만 짧은 시간에 설명하기에는 내용이 너무 광범위하다. 그래서 아쉽지만 엘리트를 지향하는 사람이라면 따로 찾아보시고 여기서는 스트레스 3대 운동과 관련된 '운동 선택과 실행 방법'만을 알아보기로 한다.

운동 선택과 실행 방법은 멘탈이나 개인 신체 특성 같은 요소에 비하면 상대적으로 컨트롤하기가 쉬우므로 이를 열심히 하면 누구나 단기간에 효과를 볼 수 있다는 명확한 장점이 있다.

'운동 선택'의 효과는 잘 알 것이다. '스쿼트'와 '트라이셉 킥백'의 능력이 같을 수 없듯이 운동의 종류에 따라 스포츠에 전이되는 능력은 명백히 다르다. 문제는 '실행 방법'이다. 이는 운동 선택 못지않게 중요한 사항인데도 잘 모르거나 에고의 만족을 위해 애써 무시한다. **어떤 자세와 형태로 운동하느냐에 따라 완전히 다른 결과물이 나타난다.**

- **이름은 같지만 자세가 다른 경우**(예 : 하이바 스쿼트vs로우바 스쿼트)
- **같은 운동을 하더라도 가동 범위가 다른 경우**(예 : 풀 스쿼트vs하프 스쿼트)
- **같은 운동/같은 가동 범위지만 운동 템포가 다른 경우**

이러한 선택의 차이를 모르고는 스포츠 전이력을 논해서는 안 된다. 일견 별 차이가 없어 보이는 이러한 사항들이 실제로는 운동 선택만큼이나 큰 격차를 가져오기도 한다.

로우바 스쾃트

예를 들어 파워리프팅에 대해 살펴보자. 이것은 좋은 스포츠이고 스트렝스 상승에도 효과적인 운동들로 구성되었다. 하지만 아무래도 스포츠라는 특성상, 스포츠 전이에 최고인 스트렝스 운동을 선택하기보다는 대중의 눈높이에 맞는 스트렝스 운동이 선택됐고, 또 그 운동 자체만을 잘하는 쪽으로 발달됐다.

● 평가가 손쉽고(바벨 로우, 인클라인 벤치 프레스 등은 스탠더드 정립 및 평가 과정이 어렵다),
● 관객들이 시각적으로 좋아하는 요소가 겸비된 운동(중량을 많이 들 수 있는 운동이나 터프해 보이는 운동 등)이 우선 선택되었으며,
● 수많은 경기마다 룰(예 : 스쾃트 깊이)도 달라서 그 규칙 안에서 가장 많은 중량을 들 수 있는 자세나 테크닉 위주로 발전될 수밖에 없었다.

물론 파워리프팅 중량이 한참 올라가면 애슬릿 퍼포먼스에 도움이 된다. 하지만 그보다 낮은 중량으로도 그 이상의 효과를 얻을 수 있는 운동이 있으며, 어차피 갈수록 무게를 올리는 게 어렵기 때문에 처음부터 실전에 도움이 되고 필드에 포커스된 스트렝스 운동과 방법을 메인으로 삼아야 한다.

스트렝스 3대 운동

❶ 스쿼트
❷ 무게 턱걸이
❸ 밀리터리 프레스

적힌 건 단 3개의 운동에 불과하나, 각 운동의 역량들을 생각하면 무려 300개 이상의 운동들을 펼쳐놓은 듯 숨이 막힌다. 이 세 가지는 각각의 운동으로도 손색이 없지만 뭉치면 더 큰 시너지 효과를 낸다.

이제부터 일상과 스포츠 적용에 가장 효과적이라고 자부할 수 있는 이 스트렝스 3대 운동의 면면들을 자세히 살펴보도록 하자.

——————— 스쿼트

스쿼트는 잡소리가 필요 없는 가장 중요한 운동이다. **스트렝스는 물론이요 보디빌딩을 위해서도 가장 좋은 운동이다.** 과거에 벙커 1에서 팟캐스트를 운영한 적이 있었는데 그때 '단 하나의 운동만 해야 한다면'이

스콰트

란 제목으로 처음 소개한 운동도 바로 스콰트다. 그 후에도 줄곧 틈날 때마다 그 중요성을 강조했을 만큼, 스콰트는 진정 '모든 운동의 왕'이라 할 수 있다.

애슬릿을 위한 스콰트는 당연히 '하이바 스콰트(＝올림픽 스콰트)'다. 요즘에는 로우바 스콰트 혹은 하이바와 로우바의 중간 형태인 하이브리드 방식이 많이 보인다. 훈련의 환경이 너무도 다양하기에 그러한 방식들도 분명 설자리가 있겠지만 **전통적인 하이바 스콰트가 스포츠와 실전 전이에는 가장 효율적이며 효과적이다.**

프론트 스콰트는 하이바 스콰트와 구조적으로 많이 닮아 있어서(완전히 같지는 않다) 군이 원한다면 스트렝스 3대 운동으로 하이바 스콰트 대신에 사용할 수도 있지만 프론트 스콰트보나 배우기 쉽고, 나중에 맛스리(맛스타 스트렝스 리프트)와 사이클 변주를 생각한다면 '백 스콰트'가 스트렝스 3대 운동으로 적합하다.

또 고반복을 하기에도 백 스쾃가 편리해서 더욱 그러한데 '스트렝스 훈련과 고반복'에 대해서는 말미에 자세히 알아보기로 하자.

━━━━━ 무게 턱걸이

스트렝스 3대 운동의 두 번째는 무게 턱걸이다. 챕터 2 '상체 스쾃 그리고 스쾃 대체 운동'에서 밝혔듯 무게 턱걸이는 상체 스쾃다. 상체 스쾃라는 타이틀을 단 만큼 '보디빌딩 3대 운동'과 '스트렝스 3대 운동'에도 당연히 포함될 자격이 있다.

데드리프트는 좋은 운동이지만 스쾃에는 밀린다. 따라서 스쾃를 할 수 없는 상황이라면 데드리프트를 해도 되지만 스쾃를 할 수 있다면 무조건 무게 턱걸이를 선택하는 것이 옳다.

스쾃와 무게 턱걸이 조합이면 데드리프트의 장점까지 다 가져갈 수 있지만, 데드리프트와 다른 어떤 운동의 조합으로도 스쾃의 장점을 다 가져올 수는 없기 때문이다. 즉 스트렝스 3대 운동에 굳이 스쾃와 많이 겹치는 데드리프트를 넣느니, 거의 상체 전반의 대부분을 자극해주는 무게 턱걸이를 포함시키는 편이 낫다.

빌스타 빅 3를 보면 데드리프트가 빠졌다. 파워 클린을 하면서 데드리프트까지 하게 되면 허리에 과부하가 걸리기 때문이라는 것이 그의 설명이다. 그 두 가지를 열심히 하고도 문제없는 사람들도 분명 있지만, 나중에 무게가 많이 올라가면 부담이 될 수 있다. 또한 스트렝스 훈련 후 컨디셔닝 훈련으로 가벼운 무게의 파워 클린이나 파워 스내치를 고반복으로 할 때, 고중량 데드리프트 후라면 허리에 무리가 올 확률이 커진다.

무게 턱걸이

무게 턱걸이는 그럴 염려가 없다. 오히려 바에 매달리면 스트레칭 효과가 있어서 허리에 좋다.

이렇게 말해도 여전히 데드리프트가 무게 턱걸이에 스트렝스 3대 운동 자리를 빼앗긴 것을 아쉬워하는 사람들이 있을 것이다. 이해 못 하는 바는 아니다. 데드리프트를 전혀 하지 않았던 역도 선수가 데드리프트를 훈련한 후에 실력이 향상되었다는 보고도 있고, 유명한 올드타이머 허먼 고너는 데드리프트의 혜택으로 장사 자리에 오른 만큼 데드리프트의 효과는 확실히 좋다.

하지만 필자는 다수의 평균인들에게 통용되는 이론과 실제 위주로 다룬다. 앞서 언급한 허먼 고너 같은 장사가 존재한다 하더라도 그런 사람은 역사적으로든, 경험적으로든 소수일 뿐이다.

대부분의 사람들에게 적용되는 최고 운동과 방법론을 택해야 한다. 그것이 스쿼트고, 이를 선점한 다음에는 무게 턱걸이다.

스콰트가 데드리프트보다 더 위대하다는 점 그리고 스콰트를 한다면 굳이 데드리프트는 빠뜨린다 해도 최고의 성장을 쟁취할 수 있다는 점만 잘 기억한다면 데드리프트에 열중해도 좋다.

데드리프트

특이하게도 당신에게는 허먼 고너처럼 데드리프트가 스콰트보다 더 적합한 운동일 수 있다. 그런 경우라면 데드리프트에만 집중해도 되고 스콰트와 함께 해도 된다. 만약 두 운동을 한꺼번에 한다면 완전 초보자는 중량이 낮으니 둘 다 강도 높게 하더라도, 중급 이상부터는 더 빠른, 그리고 더 나은 성장을 위해 강도 조절(하나의 운동 또는 둘 다)을 해야 한다는 전제만 있으면 된다.

사람마다 각자의 특성과 개성이 존재하니 필자의 다른 글들을 참조하면서 각자 자신에게 맞는 방법을 찾아나가기 바란다. 다양한 운동과 방법론을 소개하는 이유가 바로 그 때문이다(다만 어차피 대부분은 그런 특이성을 갖고 있지 못하니 지레짐작해서 주변적인 것부터 하지는 말 것).

─────── 밀리터리 프레스

밀리터리 프레스

이제 스트렝스 3대 운동의 세 번째 밀리터리 프레스에 대해서 알아보자.

스쿼트와 무게 턱걸이가 되는 사람이라면 밀리터리 프레스는 파이널 터치라고 할 수 있다. **이는 온몸 운동이면서 상체를 미는 운동이기도 하다.** 스쿼트가 온몸 운동이면서 다리를 중점적으로 자극하고, 무게 턱걸이는 상체 전반 운동이면서 등과 이두근을 많이 자극한다면, 밀리터리

푸시 프레스

프레스는 온몸을 자극하면서 미는 근육인 가슴과 어깨를 더욱 자극한다.

밀리터리 프레스는 스트렝스 차원에서 벤치 프레스보다 뛰어난 데다 조금의 변형만으로도 가슴 근육을 충분히 발달시킨다. 개인에 따라 조금씩 차이가 있지만, 올드타이머 방식으로 상체를 약간 뒤로 젖혀서 (다양한 각도로) 시행하면 구조상 '인클라인 벤치 프레스'에 가까워져 상당한 가슴 발달을 가져온다. 즉 밀리터리 프레스는 약간의 각도 차이만으로도 전체적인 근육에 주어지는 자극을 크게 변화시킬 수 있다. 그러나 유연성이 약하거나 이 자세를 잘 모르는 사람은 절대 어설프게 따라 하지 말기 바란다.

밀리터리 프레스를 제대로 하면 다리에 힘이 들어가고 온몸이 통째로 하나가 되어 땅에 빳빳하게 꽂힌다는 느낌이 든다. **이 온몸 텐션을 한 번만이라도 제대로 느껴보면, 벤치 프레스에 대한 무조건적 이끌림은 많이 사라질 것으로 본다.**

밀리터리 프레스를 잘하게 되면 훗날 푸시 프레스나 푸시 저크를 이용한 컨디셔닝 운동을 할 수 있는 터전을 만들 수 있어 좋다(푸시 프레스 하나만으로 컨디셔닝을 종결한 챕터 3 '보디빌딩 3대 운동 체지방 제거 프로그램' 참조).

스트렝스 훈련 고반복 vs 저반복

마지막으로 스트렝스 훈련 방법 중 특히 많이들 착각하는 이슈를 하나 다루고 끝내기로 하자.

스트렝스 훈련은 저반복만 해야 한다고 생각하는 사람들을 종종 본다. 이들은 고반복은 전혀 스트렝스 훈련에 맞지 않는다고 고집하는데 이는 심한 오해다. 좋은 루틴을 선택하기보다 하드 워크를 하는 것이 더 중요하듯이, **'저반복'이냐 '고반복'이냐가 중요한 게 아니라 오버로드를 할 수 있느냐, 아니냐가 '기준'이 되어야 한다.**

오버로드는 스트렝스 훈련의 핵심이다. 올바른 자세를 유지하면서 중량만 올려나가면 게임 오버다. 고반복이든, 저반복이든 아무런 상관이 없다. '1,000세트×1,000회'를 하더라도 무게만 계속 올릴 수 있으면 된다.

고반복에서 효과를 보는 사람도 있을 것이며, 저반복을 메인으로 가져가면서 사이클 변화에 따라 고반복으로 바꿔주면 도움이 되는 사람도 있을 것이다. **그럼에도 저반복이 주로 통용되는 이유는 오랜 경험상 스트렝스 상승에는 '저반복 세트' 훈련이 가장 좋았기 때문이다.** 대부분의 사람들에게는 무게를 올리는 데 이편이 더 유리하므로 저반복을 기본으로 두고 저반복 사이클 중간에 고반복 세트를 더하라. 혹시 당신은 고반복

푸시 저크

을 했을 때 중량 증가가 가장 좋았다면 계속 그렇게 해도 된다. 다시 말하지만 기준은 오버로드 가능 유무니까. 단지 유의할 점은, 저반복이든 고반복이든 단기간만 해보고 지레 판단하지 말라는 것. 오랜 기간 꾸준히 해보고 결론을 내려야 한다. '오랜 기간' 효과가 있는 것, 즉 '오랜 기간 오버로드'할 수 있는 방법이라야 그게 진짜다.

이와는 반대로 완전 초보자는 저반복보다 고반복이 좋지 않냐고 말하는 사람이 있다. 자세 연습에 좋다는 이유 때문이다. 거꾸로 된 생각이다. 5회를 하는 것과 15회를 하는 것, 과연 어떤 횟수를 할 때 자세에 더 신경 쓰면서 할 수 있을까? 저반복을 해야 한 회, 한 회 자세에 더 유의할 수 있다. 스트렝스 향상에 저반복이 좋은 이유가 단지 높은 중량을 들 수 있어서만은 아니며, 자세 향상에도 더 유리해서다.

저반복 세트는 고수만을 위한 방법이 아니며, 완전 초보자부터 프로까지 모두 다 사용할 수 있다. 전체 횟수를 올리고 싶다면 세트 수를 늘리면 된다. 5세트×5회를 한다고 했을 때 본 세트로 5세트를 한다면 절대 적은 세트가 아니지만 완전 초보자라서 더 많이 연습하고 싶다면 세트 수를 더 늘려라. 워밍업 세트를 늘리는 건 큰 문제 없는데 본 세트를 늘린다면 무게는 낮추도록 한다.

부상 예방과 자세 연습 그리고 오랜 기간 동안의 성장이라는 차원에서 볼 때도 웨이트 훈련 초창기 한동안은 높은 중량을 사용하지 않아도 된다.

'고중량은 무조건 저반복, 저중량은 무조건 고반복'은 잘못 굳어진 프레임이다. **저중량으로 저반복해도 아무런 문제가 없다.** 저반복 세트가 완전 초보자들에게도 좋은 또 다른 이유는 이처럼 심리적 부담 없이 저중량으로 몇 번씩 반복할 수 있다는 점이다.

덧붙이자면 '5×5 시스템'은 스트렝스뿐만 아니라 **보디빌딩에도 굉장히 좋은 방법이다.** 지레 겁먹고(?) 꾸준히 사용하지 않아서 그렇지, 경험에 비추어볼 때 근육을 키우는 데는 확실히 좋았다.

필자나 실력 있는 코치에게 직접 코칭을 받은 사람들은 그 결과를 너무도 잘 알아서 불평이 없는데, 웹상에서는 문제 제기가 있는 걸로 안다. 그런 사람이 있다면 다음과 같은 사항을 먼저 체크해보아야 한다.

❶ 다이어트

잘 먹지 못해서 근육이 생기지 않는다고 말하면 대부분 하루 세 끼 꼬박꼬박 챙겨 먹고, 틈틈이 간식도 많이 먹는다고 답한다. 음식의 질이 중요한데 그건 긴 얘기가 필요하니 간단하게 이런 말을 해주고 싶다.

"그렇다면 더 드세요."

"얼마만큼이나요?"

"몸이 커질 때까지, 더!"

❷ 운동 자세

전반적으로 잘못된 자세와 치팅, 잘못된 동작 템포 등 자신은 잘
하고 있다고 생각하지만 직접 만나 보면 그렇지 않은 케이스가
대다수다.

❸ 훈련 방법

잘못된 중량을 선택하거나 하드 워크와 오버로드가 부재한 경우
다. 적당히 하면서 하드 워크를 한다고 생각하거나 오버로드 없이
펌핑에만 몰두하는 사람들은 좋은 결과를 얻기 어렵다.

오랜 기간의 경험으로 볼 때 위 세 가지를 잘 지키면서 5×5 시스템
을 사용했는데도 근육이 커지지 않은 훈련자는 거의 없었다. 오히려 3
세트×8~12회보다 근육 성장이 빠른 사람들이 더 많았다. 개인 특성에
따라 몇 가지 체크 사항이 더 있으나 위에서 말한 것만 제대로 해도 근
육은 자라게 되어 있다.

다시 주제로 돌아와서. (하이바/올림픽) 스쿼트, 무게 턱걸이, 밀리터
리 프레스는 스트렝스 3대 운동이다. 이 세 가지 운동만으로도 전체적
스트렝스의 기반을 만들 수 있고, 추구하는 스포츠가 아주 특이하지만
않다면 커버가 가능하다. 단순해 보이는 이 스트렝스 3대 운동은 오랜
기간 검증을 거치며 정제하고 응축해서 나온 결과물이다. **3개밖에 안 된
다고 우습게 보기 전에 그 안에 담긴 심오함과 보석들을 발견하는 데 집
중하길 바란다.**

뛰어난 웅변가였던 미국의 28대 대통령 토머스 우드로 윌슨은 다음과 같이 말했다.

"한 시간의 스피치에는 별 준비가 필요 없다. 10분의 스피치에는 두 시간 정도의 준비가 필요하다. 5분간의 스피치를 위해서는 하룻밤을 준비해야 한다."

모든 걸 담고 있으면서 적게 추리기가 더 어렵다는 말이다. 거꾸로 심플하게 다듬어진 콘텐츠일수록 더 신중하고 진지하게 그 깊이를 음미할 필요가 있다고도 해석된다.

필자 또한 스쿼트를 한 지 25년이 넘었지만 아직도 과거에 가져보지 못했던 새로운 느낌과 지식을 발견할 때가 있다.

단순함의 힘을 믿고, 군더더기가 없기에 에너지를 쏟기에 용이한, 이 스트렝스 3대 운동으로 힘을 키워라.

'오버로드'하고 '하드 워크'한 뒤 훗날 필드에서 스킬 컨디셔닝을 즐긴다면 승자의 자리는 어렵지 않게 당신 몫이 될 것이다.

맛스타 스트렝스 리프트
(맛스리)

'스트렝스 3대 운동'은 스쿼트, 무게 턱걸이, 밀리터리 프레스다. 스트렝스를 위해서는 이것만 잘해도 된다. 말 그대로 스트렝스를 키우는 데 가장 좋은 3대 운동이니까. 그럼에도 '맛스타 스트렝스 리프트'(일명 맛스리)를 소개하는 데는 이유가 있다. 다음과 같은 경우에 이용할 수 있기 때문이다.

- ●순수하게 바벨(혹은 덤벨)만을 이용한 훈련이 필요할 때
- ●변주가 필요해서 스트렝스 3대 운동과 사이클을 돌릴 때
- ●슈퍼 삽질 MMA처럼 다양한 컨디셔닝 운동과 조합할 때

맛스타 스트렝스 리프트

● **프론트 스쾃트**
● **스티프 레그 데드리프트**
● **밀리터리 프레스**

바벨 훈련에는 여러 가지 장점이 있다. 남녀 불문하고 턱걸이를 단 1회도 못 하는 사람이 많고, 여성은 푸시업도 못 하는 경우가 많다. 이런 사람들이 외부 웨이트를 장착할 정도의 실력까지 가는 데는 시간이 꽤 걸린다.

물론 맨몸 운동도 못할 정도인 사람은 도움을 받아서 할 수도 있지만 ❶ 혼자서 쉽게 할 수 있으면서 ❷ 정확한 오버로드를 계산하려는 사람에겐 바벨을 이용한 훈련이 아주 편리하다.

어차피 맛스리는 온몸의 근육들이 동원되는 큼직한 운동이기에 빈 바(10kg 또는 20kg)부터 이용하면 누구나 1회 이상은 할 수 있으므로 정확한 자세만 배운다면 당장에 시도할 수 있다. 이것마저 무겁다면 그 아래 단계로 더 가벼운 덤벨을 이용하면 된다.

'운동 개수는 많으면 많을수록 좋지 않나?' 하는 '볼륨'적 마인드만으로 살아온 사람이라 해도 일단 이 3개밖에 안 되는 맛스리를 꾸준히 하면 이것만으로 변강쇠 버금가는 힘을 누릴 수 있음을 알게 된다.

이제부터 하나씩 살펴보자.

프론트 스콰트

프론트 스콰트

먼저 '프론트 스콰트'.

불가리아 역도 괴물들의 훈련 루틴은 간단하고 빡세기로 유명하다. 그들이 하는 운동은 단 세 가지. 스내치, 클린 앤 저크, 그리고 프론트 스콰트다. (요즘은 다른 운동들도 첨가한다고 하지만) 한때 이 세 가지 운동만으로 그들의 능력을 과시할 때가 있었다.

가만 보면 앞의 두 가지 운동은 그냥 역도 종목이니 실제로 스트렝스 훈련에 속하는 것은 프론트 스콰트밖에 없다는 것을 알 수 있다. 그 **많고도 많은 스트렝스 훈련 중에서 괴물들이 뽑은 유일한 스트렝스 훈련이 바로 프론트 스콰트라는 의미다.** 이 얼마나 심플하고도 머릿속에 콱콱 박히는 완벽한 예인가.

괴물들에게 단 하나의 스트렝스 운동으로 당첨된 프론트 스콰트. 나중에 혼자 뒤처지는 억울함을 당하기 싫다면, 손목이 꺾이는 랙 자세 때문에 불편하다고 징징거리는 걸 멈추고 시도해보기 바란다.

혹자는 프론트 스쿼트를 통해 얻을 수 있는 스트렝스는 결국 역도라는 특수한 운동에 국한된다고 생각할지도 모른다. 그게 사실이라 할지라도 크게 의미가 퇴색되지는 않지만 **스포츠로의 스트렝스 전이에 있어서도 프론트 스쿼트가 백 스쿼트보다 앞서는 경우가 많다**(뒤가 아닌 앞으로 웨이트를 든 자세 때문에 스포츠 전이에서 그 가치가 발현되는 듯하다).

프론트 스쿼트의 장점은 여기서 그치지 않는다. 치팅하기가 아주 어렵다. 마음먹고 한다면야 할 수 있겠지만 백 스쿼트에선 비일비재한 어중간하게 내려가기 신공과 밑에서 반동 쳐서 올라오기 서커스가 쉽지 않다.

또한 백 스쿼트처럼 위로 올라오다 힘에 부치면, 엉덩이를 쳐들고 허리힘으로 들어 올리면서 바로 '굿모닝'으로 운동을 바꿔버리는 변신 로봇 짓을 하기가 불가능한 '순수 스트렝스 테스트'다.

단점 없는 운동이 드물듯 프론트 스쿼트도 랙 자세를 잡아주는 보조 기구가 없다면 고반복이 쉽지 않은 한계는 있다.

바벨을 이용한 고반복 프론트 스쿼트는, 실제 가지고 있는 힘을 효과적으로 구사하기 전에 랙 자세가 풀리기 쉽고, 또 그걸 막느라 힘을 쓰다 보면 실제로 운동하는 데 필요한 힘을 다른 데 낭비하게 된다는 단점이 있다(케틀벨 장점 중 하나로 고반복 프론트 스쿼트를 꼽는 이유다).

이 때문에 필자는 주로 프론트 스쿼트를 시킬 때 5회 이하로만 하게 하고, 그 이상 넘어갈 때는 백 스쿼트를 이용한다. 고반복에 백 스쿼트가 좋은 이유는 슈퍼 스쿼트를 생각해보면 간단하다. 20회에 이르는 고반복에 횟수 중간에도 바벨을 지고 크게 호흡하는 시간이 다량으로 포함되기 때문에 슈퍼 스쿼트에서는 백 스쿼트가 아니면 사용하기 쉽지 않다. 고반복에는 백 스쾃트가 적격인 것이다.

그렇더라도 운동의 가능성을 억지로 줄일 필요는 없다. **백 스쾃트로 저반복을 할 때도 있고, 랙 자세만 잘한다면 프론트 스쾃트로도 고반복을 할 수 있다.**

두 가지 방법을 다 해보고서 자신에게 맞는 것이 있다면 그렇게 하도록 한다.

─────── 스티프 레그 데드리프트

스티프 레그 데드리프트

두 번째는 '스티프 레그 데드리프트'다.

피트니스계에서는 하나의 운동을 다양한 이름으로 부르기도 하고, 반대로 몇 가지 운동에 하나의 이름이 사용되는 사례가 종종 있다. 스티프 레그 데드리프트가 후자에 속한다. 그러므로 필자가 여기서 말하는 스티프 레그 데드리프트는 다리를 약간만 굽히고 데드리프트를 하는 일종의 '루마니안 데드리프트' 같은 동작과, 다리를 완전히 펴서 하는 '스트레이트 레그 데드리프트'를 통합한 말이다.

루마니안 데드리프트는 시작점이 바닥이 아니고 허리를 편 자세에서 시작해, 바벨을 바닥에 닿지 않는 지점까지만 내리고 다시 올리는 동작이다. 즉 엄밀히 말하면 루마니안과 스티프 데드리프트의 시작점과 가동 범위가 다르다. 하지만 아직도 스티프 레그 데드리프트라고 하면 스트레이트 레그 데드리프트처럼 무릎을 완전히 펴는 동작으로 생각하는 사람들이 많으므로, 우선은 스티프 레그 데드리프트를 시중에 잘 알려진 루마니안 데드리프트와 비슷한 동작으로 이해하고 시작점만 바닥이라고 생각하도록 한다.

바벨 플레이트를 큰 걸로 써서 바닥부터 리프팅하는 걸 권하지만, **유연성이 부족하면 박스나 파워 랙 핀을 이용해 가동 범위를 줄여서 할 수도 있다.** 나중에 실력이 쌓여 점차 허리 힘이 강해지면 스트레이트 레그 데드리프트도 포함시킨다. 무게만 조정하면 스트레이트 레그 데드리프트라고 해서 무조건 위험한 운동은 아니고 오히려 허리 강화에 도움이 된다.

——————— 밀리터리 프레스

마지막으로 세 번째가 '밀리터리 프레스'다.

밀리터리 프레스는 여러 방면에서 벤치 프레스보다 나은 운동이지만 단 하나, 가슴 근육을 키우고 싶어 하는 사람들에겐 부족함이 있다.

이른바 '갑빠'를 위해선 벤치 프레스와 같이 해주는 것이 정답이나, 앞서 스트렝스 3대 운동에서 설명했듯이 밀리터리 프레스를 다양한 방법으로 사용하면 가슴에도 심하게 자극을 줄 수 있다.

자세히 설명해보자.

이제는 없어진 역도의 추상(推上, 클린 앤 프레스)은 상체를 힘껏 뒤로 젖혀서, 거의 '서서 하는 벤치 프레스'에 가까웠다. 더 많은 무게를 들기 원하는 그들로서는 가슴 근육이 더 개입되도록 해야 했기에 이런 자세를 취할 수밖에 없었다.

욕심 때문에 갈수록 허리를 더 뒤로 꺾고 또 교묘히 다리 반동을 사용했으므로 점차 판정이 어려워져 결국 역도 종목에서 사라지는 비운을 맞기도 했지만, 판정이 필요한 스포츠 종목이 아닌 훈련이라는 관점에서 보면 언제든지 차용할 수 있는 밀리터리 프레스의 좋은 베리에이션이다. 단, 허리가 유연하고 강한 사람은 시도해볼 만하지만 초보자나 유연성이 없는 사람들은 삼가는 것이 좋다.

추상의 프레스 자세처럼 심하게 허리를 꺾지 않고, 고개를 약간 젖히고 가슴을 힘껏 부풀리는 자세만 취해도 인클라인 벤치에 가까운 자극을 가져다줄 수 있다. 딥을 할 때 상체를 앞으로 숙이면 가슴에 자극이 많이 가고, 상체를 수직으로 세우면 삼두근에 자극이 많이 간다. 마찬가지로 상체를 약간만 뒤로 빼고 가슴을 힘껏 내미는 것으로 가슴 근육 강화 효과를 누릴 수 있다. 가슴뿐만 아니라 어깨까지 전반적 사이즈 증가를 얻으려면 기본적인 밀리터리 프레스 자세와 병행하는 게 좋다. 밀리터리 프레스는 단순히 상체 운동이 아니라 몸통 안정근과 하체에 걸친 전신을 자극하는 운동이다. 심혈을 기울여 전념하면, 과거에 맛보지 못했던 힘의 상승을 경험할 수 있을 것이다.

맛스리를 이용한 프로그램

이제부터 맛스리를 이용한 가장 간단한 프로그램에 대해 알아보자.

운동 개수도 3개뿐이라서 이걸 최소한의 빈도수와 볼륨으로 하게 되면, 다른 체력 훈련을 위해 시간과 에너지를 아낄 수 있다는 장점이 있다.

파워리프팅 루틴 중에서 가장 간단한 프로그램 중 하나는 다음과 같이 1주일에 두 번만 하는 루틴이다.

- **월요일 : 스콰트, 벤치 프레스**
- **목요일 : 데드리프트**

이 같은 간단한 프로그램으로도, 파워리프팅 대회 챔피언 먹은 리프트들이 꽤 있다. **어렵고, 복잡하고, 많이 한다고 해서 좋은 프로그램이 아니다. 단순하면서도 휴식에 방점을 둔 고급 프로그램을 얼마나 하드 워크 해주느냐가 관건이다.**

마찬가지로 맛스리를 이용한 다음과 같은 초간단 루틴이 있다.

- **월요일 : 프론트 스콰트, 밀리터리 프레스**
- **목요일 : 스티프 레그 데드리프트**

완전 초보자들이 1주일에 두 번 한다고 했을 땐, 위의 예처럼 세 가지 종목을 반으로 나누어 1주일에 한 번씩 할 수도 있으나, 처음에는 다음과 같이 세 가지 종목을 한 번의 워크아웃에 다 넣어서 해본다.

● 월요일 : 프론트 스쾃트, 밀리터리 프레스, 스티프 레그 데드리프트
● 목요일 : 프론트 스쾃트, 밀리터리 프레스, 스티프 레그 데드리프트

완전 초보자들은 드는 무게가 낮아서 이렇게 해도 버틸 수 있기 때문에 자세 연습을 위해 더 자주 해주는 것이다. 그런 의미에서 세 가지 운동 모두를 1주일에 세 번(월, 수, 금) 할 수도 있다.

다만 실력이 늘기 시작하면 1주일에 3일을 다 힘들게 하기보다는 강, 약, 중으로 강도 조절을 하고, 급기야 위의 루틴처럼 훈련 빈도일도 줄여야 한다. 그러다 나중에 중량이 아주 많이 올라가면 각 운동당 빈도수까지 낮추어 앞에서 소개한 초간단 루틴으로 옮겨갈 수 있다. 물론 처음부터 초간단 루틴으로 가도 문제는 없다.

각각의 운동은 3세트×3회(또는 5세트×5회)로 한다. 이는 워밍업을 포함하지 않은 본 세트만을 말한 것이다. 본 세트 전에 1~3회의 워밍업 세트를 추가해주면 되지만, 무게가 늘어나면 그만큼 본 세트 무게까지 올라가기 위한 워밍업 세트가 늘어나야 한다.

스트렝스 능력이 상승하면 전체 세트 수가 늘어나고 올라간 중량에 대한 스트레스도 커지기 때문에, 컨디셔닝 운동을 같이 하려는 사람은 스트렝스 훈련 주기화에 따라 컨디셔닝 운동의 강도를 잘 조절해야 한다.

이러한 루틴대로 하면 맛스리 운동만 1주일에 두세 번 하더라도 제대로 된 자세와 강도로 했을 때는 다른 운동이 필요 없을 정도로 괜찮은 프로그램이지만 한 가지 운동을 더 포함시킬 수 있다. 바로 '행잉 레그 레이즈'다.

유연성 운동, 악력 훈련, 복근 훈련, 그리고 맨몸 스트렝스 훈련은 메인 웨이트 훈련과 별도로 짬을 내어 아침이나 저녁에 포함시켜주어야 전체 피트니스 상승에 기여한다. 하지만 시간이 없거나 귀찮아서 이렇게 아침/저녁에 따로 운동하기가 싫은 사람이라면 메인 훈련이 끝난 뒤 행잉 레그 레이즈를 덧붙일 수 있다.

구소련 리프터들 중에서는 이 행잉 레그 레이즈 하나만으로 복근을 단련시킨 사람들이 있을 만큼 실전적 운동이다. 하지만 이 운동이 선택된 이유는 단순히 복근 운동을 위해서만은 아니고(개인적으로 최고로 치는 복근 운동은 '무게 싯업'이다) 훈련 시간 이외에 복근 훈련과 악력 훈련 등을 따로 해줄 수 없는 경우, 행잉 레그 레이즈로 이 두 가지를 다 만족시킬 수 있기 때문이다. 특히 매달려 있음으로써 악력뿐만 아니라, 턱걸이로 얻을 수 있는 등 근육까지 강화된다. 아이소메트릭 훈련의 효과다. **'복근+악력+등 훈련=행잉 레그 레이즈'인 것이다.**

행잉 레그 레이즈의 강도 조절은 다음과 같이 구분해서 크게 세 가지로 나눌 수 있다.

- **무릎 행잉 레그 레이즈**
- **하프 행잉 레그 레이즈**
- **풀 행잉 레그 레이즈**

첫 번째, 행잉 레그 레이즈는 무릎을 굽혀서 올리고 내리는 가장 쉬운 버전이고, 두 번째 하프 행잉 레그 레이즈는 다리를 곧게 펴서 몸이 L 자형이 되는 지점까지 올리는 일반적인 동작이다. 그리고 마지막은 다리를 펴서 머리까지 올리는 가장 힘든 버전이다.

맨몸 스트렝스 훈련은 조금만 각도와 레버리지를 바꿔도 빡센 정도 차이가 아주 크다. 행잉 레그 레이즈도 마찬가지라서, 반동 없이 올바른 자세로 천천히 반복하려면 가장 간단하다는 무릎 행잉 레그 레이즈도 고반복으로 하기가 쉽지 않다. 물론 악력에서 먼저 지쳐버리는 사람도 많지만, 팔꿈치를 받쳐주는 행잉 레그 레이즈를 해도 결과는 마찬가지다. **절대로 몸을 흔들어가며 대강대강 빨리빨리 하지 말고, 복근에 힘이 들어가는 것을 느끼면서 서서히 이 운동을 하면 새로운 경지를 맛볼 수 있다.**

맛스리를 다 하고 난 뒤에 이 운동을 해도 되고, 시간을 줄이고 싶다면 밀리터리 프레스와 행잉 레그 레이즈를 서로 번갈아가면서 할 수도 있다.

이상으로 맛스타 스트렝스 리프트(맛스리)에 대해 알아보았다.

스트렝스는 모든 스포츠 훈련에서 가장 기본이 되는 체력이다. 이 기본을 무시하면 아무것도 되지 않을뿐더러, 스포츠 능력도 어느 순간부터 상승하지 않고 정체된다. 이것이 당신이 어떤 스포츠를 선택한다고 해도 스트렝스 향상을 가장 앞에 두어야 하는 이유다.

요즘 유행하는 훈련 방법 중에는 과도하게 컨디셔닝에 편중된 것들이 많다. 컨디셔닝 훈련의 장점은 실생활에서 굉장히 크게 나타나므로 그 훈련을 등한시할 수는 없으나, 항상 스트렝스 훈련이 컨디셔닝 훈련보다 앞서도록 계획을 세워야 한다. **스트렝스가 강하면 컨디셔닝은 쉽게 따라오지만 그 반대는 어렵기 때문이다.**

그러므로 컨디셔닝을 특화하는 기간을 제외하고는 항상 스트렝스 훈련에 더 신경을 쓰고, 평소에도 과도한 컨디셔닝 때문에 스트렝스가 깎이는 불상사가 생기지 않도록 조심한다.

스트렝스 훈련 중 순수하게 바벨/덤벨로만 할 수 있는 것이 이 맛스리이며, 기존 스트렝스 3대 운동과 사이클을 병행한다면 훨씬 더 좋은 결과를 얻을 것이다.

맨몸 운동의 제왕 : 빅바디 7

맨몸 운동에 대해 많은 글을 써왔다. 하지만 그때그때 요청받은 특정 영역(예:특수부대, 웨이트 없이 근육 만들기 등)을 주제로 쓰다 보니, 정작 맨몸 운동의 '베이스'에 대해서는 아직 큰 그림을 못 보여준 듯하다.

웨이트 운동에서 '빅머슬 7'으로 밑바탕을 완성한 후 '보디빌딩 3대 운동', '스트렝스 3대 운동' 등으로 디테일하게 나가듯, 맨몸 운동 또한 기본을 먼저 확실하게 정립하고 이를 토대로 심화시켜보고자 한다.

맨몸 운동의 종류는 너무나도 많다. 웨이트 운동을 할 때는 외부 무게라는 특성 때문에 이상한 동작은 아예 실행하기가 어려운 반면, 맨몸 운동은 몸을 조금만 비틀거나 동작을 약간만 수정해도 수많은 베리에이션을 만들 수 있다.

기본 푸시업에서 엉덩이를 세워 각도를 좁히거나 한쪽 사이드로 중심을 이동시킨 후 푸시업을 하는 '자세 변형' 또는 푸시업 자세로 악어처럼 앞 또는 옆으로 기면서 동작을 더하는 '동작 추가' 등의 방법을 이용하면 새로운 맨몸 운동 만들기는 아주 쉬워진다.

특히나 맨몸 스쾃트를 한 뒤 (옆이든, 앞이든, 뒤든) 끌리는 대로 점프를 하고 또 기분 좋으면 런지도 끼워 넣는 식으로, 알고 있는 맨몸 운동들을 생각나는 대로 결합하는 야비한(?) 방법까지 쓴다면 정말 몇백, 몇천 개를 넘어 무한대로도 맨몸 운동의 종류를 만들어낼 수 있다.

——————— 정보의 홍수에서 살아남기

현대는 정보 부족보다 정보 홍수가 훨씬 더 심각한 문제라고 했다. 이렇게 운동 종류가 너무 많으면 우선순위를 몰라서 어디서부터 집중할지 알 수가 없다. 게다가 의미 없는 결합 운동은 단일 운동보다 훨씬 저렴하다는 것을 '위대한 운동'에서 확인한 바 있다. 잡다하게 새로운 운동을 소개하는 데 열중하는 트렌드에 떠밀려 이것저것 옮겨 타면 정작 아무런 성과가 남지 않게 된다.

먼저 근본을 알아야 한다. **근본을 알면 나머지는 저절로 잡히며, 전체 모습이 한눈에 들어오고 몇백 가지 베리에이션도 스스로 만들어낼 수 있다.** '과연 가장 효율적인 방법이 무엇인가?' 또 '내게 가장 적합한 운동은 무엇인가?' 등 주요 질문에 대한 답도 쉽게 알 수 있게 된다. 그 근본을 찾는 것이 이 '맨몸 운동의 제왕' 시리즈의 목표다.

이 시리즈에는 전제가 하나 있다. 체조 운동은 뺀다는 것.

키가 크거나 덩치가 큰 체조 선수는 거의 없다. 체조 선수 대부분은 일반인들에 비해 덩치와 몸무게가 상당히 적으며 그 이유 때문에 가능한 체조 동작들이 너무 많다. 또한 체조 동작에 성공하려면, 다른 분야에도 '보편적'으로 응용할 수 있는 스트렝스만 키워서는 부족하고 그 체조 동작에 특화된 기술을 같이 익혀야 한다. 가장 단순하고 효율적 방법만을 이용해서 애슬릿에게 필요한 근본 체력을 키워내려는 필자의 의도에서 벗어나는 것이다.

이 시리즈에서 소개하는 맨몸 운동만으로도 건강, 체력은 물론 TV나 인터넷에 나오는 쿨한 동작과 퍼포먼스(예 : 스트리트 워크아웃, 파쿠르 등)를 다 따라 할 수 있다. 굳이 특화된 몸이 아니면 하기 어려운 체조 운동을 훈련 도구로 기꺼울 필요가 없는 것이다.

본인 체형이 체조에 잘 맞거나 거기에 대한 판타지가 있는 사람이라면 체조를 해도 상관이 없다. 그리고 어릴 때부터 체조를 시키면 균형감을 키우고 운동에 대한 즐거움도 높일 수 있어 충분히 권장할 만하다.

그러나 목표가 건강, 체력, 퍼포먼스 및 '맨몸 운동을 통한 최대치의 근육' 등이라면 이제부터 나올 맨몸 운동만 열심히 하면 된다.

때문에 앞으로 여기서 특별히 체조를 포함시킨다는 말이 없으면 맨몸 운동에서 체조 동작은 제외한 의미라고 이해하면 된다.

자, 이제 맨몸 운동의 제왕을 만나보도록 하자.

빅바디 7

❶ 물구나무 푸시업
❷ 턱걸이

❸ 딥

❹ 푸시업

❺ 윗몸일으키기

❻ 맨몸 스쿼트

❼ 스프린트

맨몸 운동을 영어로 'bodyweight exercise'라고 하는데 여기서 짧게 앞부분만 따서 '빅바디 7'이라고 부르기로 하자.

'빅'에는 중요하다는 의미가 있으며, 맨몸 운동을 사용해서 얻을 수 있는 '최대치 근육'을 만드는 데도 이 일곱 가지가 베스트이자 가장 효과적라는 의미도 된다. 또한 웨이트 운동의 베이스는 '빅머슬 7', 맨몸 운동의 베이스는 '빅바디 7'처럼 함께 연관 지어 생각하라는 의도도 있다. **가장 쉽게 설명하면 '맨몸 빅머슬 7 = 빅바디 7'이다.**

보다시피 빅바디 7에 처음 듣거나 특별하게 생긴 운동은 없다. 이미 아는 '기본적인 운동'들로만 구성되어 있다. 기본 운동이 가장 특별한 운동이라는 사실은 이미 인지하고 있을 터. 이 기본적인 맨몸 운동을 올바르게 실행한다면 당신은 분명 맨몸 운동의 마스터가 될 것이다.

빅바디 7은 빅머슬 7과 마찬가지로 7개로 구성됐다. 더 많은 맨몸 운동을 하는 게 더 좋은데 일부러 7개에 한정한 것이 아니다. **차고, 넘치는, 굉장히, 아주, 많은, 충분한 일곱 가지다.**

빅바디 7으로는 맨몸 운동에서 뽑아낼 수 있는 모든 것을 성취하는 게 가능하다. '맨몸 운동에서 뽑아낼 수 있는 모든 것'이라 한정한 이유는 웨이트 훈련 없이는 하체를 최대치로 훈련하는 운동이 불가능하기 때문이다. 이는 체조를 포함해 모든 맨몸 운동을 다 합쳐도 어쩔 수 없는

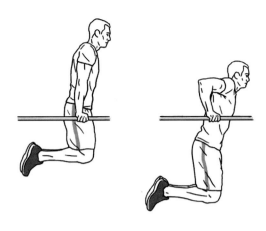

딥

것이다. 신체에 비해 몇 배나 강한 다리에 웨이트 없이는 충분한 저항을
줄 수 없으니. 따라서 (상/하체가 포함된) 몸 전체에 최고치의 근육과 스
트렝스를 키우기 원한다면 웨이트 훈련은 꼭 포함시킨다.

다만 빅바디 7으로는 건강, 체력, 퍼포먼스 그리고 누가 보더라도 "와
우! 진짜로 멋진 몸인데" 하는 감탄을 자아내게 할 근육 수준까지 얻는
데 아무 문제가 없다.

그렇다면 빅바디 7 운동으로, 목표 설정은 어떻게 하고 또 어떤 방법
으로 그것을 성취할지 알아보자.

이 일곱 가지 운동은 각각 '이지(easy) 버전'과 '하드(hard) 버전'이 있
다. **이지 버전은 두 팔과 두 다리로 하는 것, 하드 버전은 한 팔과 한 다
리로 하는 것이다.** 즉 이지 버전에는 우리가 흔히 아는 물구나무 푸시
업, 턱걸이, 딥, 푸시업(팔굽혀펴기), 윗몸일으키기, 맨몸 스쿼트, 스프린
트가 해당된다.

하드 버전에는 한 팔 물구나무 푸시업, 한 팔 턱걸이, 한 팔 딥, 한 팔

푸시업, 윗몸일으키기, 한 다리 스쾃트, 스프린트가 포함된다.

    윗몸일으키기와 스프린트에는 부가 설명이 필요하다. 윗몸일으키기는 복부 훈련이라서 한 다리 한 팔이라는 개념이 따로 없다. 앞서 설명했듯이 디클라인 각도를 올리거나 다리와 엉덩이 사이의 거리를 좁힘으로써 더욱 하드한 버전으로 옮겨가는 것을 하드 버전으로 보면 된다. 스프린트는 한 다리로 뛰는 것을 포함해 주로 달리는 속도를 더 높인 것을 하드 버전으로 이해하면 된다.

윗몸일으키기

이지 버전과 하드 버전의 차이는 결국 스트렝스 차이라 할 수 있다. 가장 먼저 이지 버전을 마스터하는 데 총력을 기울이고, 그다음 하드 버전에 성공하기 위해 스트렝스를 쌓아간다. 이것으로 맨몸 운동은 끝난다.

    빅머슬 7과 마찬가지로, 모든 운동을 잘하지 않아도 된다. 이지 버전에 필요한 올바른 자세와 스트렝스를 먼저 갖추고, 이후에 자기 몸에 맞는 것을 찾고, 원하는 목표에 따라 그중 몇 개만 선택해서 하드 버전으로 옮겨가면 된다. 목표에 따른 주된 빅바디 7 운동의 선택은 이 시리즈를 보면 차차 알게 될 것이다.

이제 빅바디 7으로 훈련하는 데 있어 꼭 숙지해야 할 할 포인트 세 가지를 살펴보자. 매우 중요한 내용이니 주의 깊게 읽도록 한다.

❶ 하드 버전은 평생에 걸친 최종 목표이므로 절대 무리해서 단계를 올리지 마라

하드 버전은 맨몸 운동의 '마지막 목표'다.

이제부터 설명하게 될 '서포트'(보조)를 받는 방식을 쓰면, 이지 버전과 하드 버전 사이에서 수많은 단계를 만들어낼 수 있다. 여러 단계를 통해 성취되는 최종 목표인 만큼 절대 쉽지 않다.

특히나 '한 팔 물구나무 푸시업, 한 팔 턱걸이, 한 팔 딥'이라는 세 가지 하드 버전은 난이도가 굉장히 높기 때문에 **그전 단계가 단단히 갖춰지기도 전에 마음만 앞서 빨리 성취하려 한다면 부상을 달고 살게 될 것이다.**

또 맨몸 운동은 사람의 몸무게를 이용하는 훈련이다 보니, 똑같은 동작이라도 각자의 몸무게에 따라 난이도 차이가 아주 크다. 몸무게가 적게 나가는 사람이 한 팔 턱걸이에 성공하는 것과 몸무게가 많이 나가는 사람이 서포트를 받아서 부분적으로 한 팔 턱걸이를 하는 것은 퍼포먼스는 달라도 그 밖의 효과(예:스트렝스/근육 발달 및 체력, 건강 등) 면에서는 차이가 전혀 없을 수도 있다. **이는 하드 버전을 완전히 성공하지 못하더라도 그곳으로 가는 과정에서 대부분이 원하는 결과를 얻는다는 의미다.** 절대 서두르지 말고 웨이트 훈련 원칙에 입각해서 강도를 조금씩 높여가며 '개선'

하는 데 힘써라.

❷ 올바른 자세만큼 중요한 것이 '편안한 자세'다

빅바디 7 동작을 할 때는, '올바른 자세'와 '편안한 자세', 이 두 가지를 항상 기억해야 한다.

올바른 자세의 중요성에 대해서는 잘 알 것이므로, 편안한 자세에 대해 설명해보겠다. 비슷한 말로 안정된 자세라고 표현할 수 있는 편안한 자세는 절대 힘이 빠진 자세가 아니다. **그와는 반대로 스트렝스가 넘쳐서 군더더기 하나 없이 쉽게 쉽게 동작을 해내는 것을 말한다.** 힘이 넘쳐나니 힘들이지 않고 편안하게 동작을 할 수 있는 것이다. 편안한 자세가 갖춰져야만 가장 올바른 자세가 나오기 때문에 올바른 자세와 편안한 자세는 서로 불가분의 관계에 있다.

편안한 자세로 동작하려면 사실 이지 버전도 쉽지 않은 사람들이 많다. '집에서는 잘되는데 밖에서는 잘 안 된다는 사람', 혹은 '어제는 잘됐는데 오늘은 잘 안 되는 사람'은 그 동작을 '편안한 자세'로 성공시키지 못했기 때문이다. **똑같이 턱걸이를 10회 해도 한 치 흐트러짐도 없이 안정되게 편안한 자세로 하는 사람과, 후들거리며 겨우 해내는 사람의 실력은 천지 차이다.** 동일한 스트렝스가 아닌 것이다.

미 특수부대에서 하는 푸시업이나 턱걸이의 엄격함도 편안한 자세의 선결이 필수임을 보여준다. 교관이 요구하는 페이스에 맞추어 정직하게 동작하다 보면 평소 가능한 개수의 절반을 못 채우는 교육생들이 속출한다. 정확하게 자세가 나오지 않으면 아예 카운팅을 하지 않으니 몇 배나 힘이 든다. 편안한 자세로 가능한 스

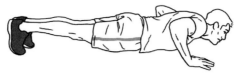

푸시업

트렝스를 갖춰야만, 페이스 변화와 환경적 스트레스에도 전혀 영향을 받지 않고 평소 기량 그대로를 발휘할 수 있다.

혼자 훈련하는 사람들의 가장 큰 문제점 중 하나가 자신도 모르는 사이에 스스로를 속인다는 사실이다. 자세가 엉망인데 가까스로 개수를 올리거나 그다음 스트렝스 단계를 겨우 성공해놓고 자신은 이미 그곳에 다다랐다고 착각하는 것이다.

이런 실수를 피하는 데 필요한 기준이 편안한 자세다. 편안하고 안정된 자세를 유지하면서 흐트러짐 없이 동작을 해내는 걸 최초의 목표로 삼으라. 개수를 올리거나 다음 스트렝스 단계로 업하는 것은 그다음이다.

❸ 이지 버전에서 하드 버전으로 가는 최고의 방법은 서포트(보조) 활용하기다

초급자가 이지 버전을 목표로 하든, 최종 목표인 하드 버전을 목표로 하든 말날시키는 방법론은 똑같다. 바로 '서포트' 활용하기다.

서포트는 크게 세 가지로 나눈다.

각자의 신체를 이용한 ⓐ 셀프 서포트, 훈련 파트너의 도움을 얻는 ⓑ 파트너 서포트, 사물 기기 등의 도움을 받는 ⓒ 기어(gear) 서포트다.

팔굽혀펴기(푸시업)를 예로 들어보자.

이지 버전이 안 되는 사람은 다음과 같이 서포트를 활용할 수 있다.

ⓐ 셀프 서포트 : 무릎을 바닥에 대고 푸시업하기

ⓑ 파트너 서포트 : 파트너가 손으로 몸통을 잡고 올려주기

ⓒ 기어 서포트 : 팔은 의자 또는 탁자에 놓고 인클라인으로 푸시업하기

하드 버전(한 팔 푸시업)이 안 되는 사람은 다음과 같이 서포트를 이용할 수 있다.

ⓐ 셀프 서포트 : MAD 손가락 접기(1권에서 설명)

ⓑ 파트너 서포트 : 파트너가 손으로 몸통 잡고 올려주기

ⓒ 기어 서포트 : 앞에서 세 번째 방법 혹은 공이나 벽돌 위에 한 팔 올리고 다른 팔은 바닥에 대고 하기

앞의 내용은 한 가지 예일 뿐이며, '세 가지 서포트 원칙'만 사용하면 수많은 베리에이션을 만들어낼 수 있다. 필요한 건 오직 상상력뿐이다.

예를 들어 두 팔 턱걸이가 안 될 때는 의자 대신 고무밴드를 사용할 수 있고(기어 서포트), 한 팔 턱걸이가 안 될 때는 'MAD 손가락 접기'를 하거나 쉬는 팔로 한 팔 턱걸이를 하는 팔을 잡되, 그 위치를 다양하게 변경하면(셀프 서포트) 단계를 조금씩 올릴 수 있다.

빅바디 7 중 상체 운동을 이지 버전에서 하드 버전으로 옮겨가고자 한다면 MAD 손가락 접기 하나만 잘 활용해도 문제는 없다. 하지만 그 안에 담긴 서포트의 원리를 먼저 이해한 뒤 각자만의 수많은 방법론을 만들어 응용한다면 더욱 다채롭고 재미있는 훈련을 만들어갈 수 있다. 위 세 가지 서포트 방법 중 하나만 밀고 나가도 되고 2~3개를 같이 사용해도 된다. 다양한 서포트 방법은 기회가 되면 다음에 더 설명하겠다.

마지막으로 스프린트에 대해 간단히 살펴보자.

이 시리즈를 진행하면서 스프린트만큼은 다른 운동에 비해 조금씩만 언급할 예정이다. 덩치가 커서다. 덩치가 커도 너무 커서 책 한 권 이상은 필요하다. '컨디셔닝의 제왕(가칭)'이란 이름으로 시리즈를 기획하고 있는데 여기서도 주역을 차지할 만큼 '넘사벽'인 녀석이다.

스프린트

스프린트의 활용 범위는 무궁무진하다. **컨디셔닝에도 최고일 뿐 아니라 10m 이하 초단거리를 달리면 스피드 향상에도 끝판왕이다.** 본질적으로 근육 운동은 아니지만 근육적인 관점에서 보아도 커다란 도움이 된다. 100m 스프린트를 인터벌로 10회 달려보라. 달리기 중간에는 맘껏 쉬어도 좋다. 열심히 했다면 햄스트링 자극으로 며칠 동안은 절뚝거리는 생활을 해야 할 것이다. 스쿼트로 하체 전체를 강화하고, 여기에 인

텐시브한 스프린트를 더하면 햄스트링에 매우 좋은 자극을 줄 수 있다.

사실 빅바디 7은 어떤 면에서는 스프린트가 있기 때문에 완성된다고 볼 수 있다. '왜 이 7개만으로 모든 맨몸 운동이 끝날 수 있는지' 또 '왜 그 활용 범위가 무궁무진할 수 있는지'는 앞으로 스프린트를 살짝살짝 가져오면서 그에 대한 명쾌한 답을 주기로 한다.

———— **마무리하며**

이번 챕터에서는 빅바디 7을 비롯해 편안한 자세, 서포트 등 중요한 개념들을 많이 설명했다. 아주아주 중요하고 앞으로 계속 사용하게 될 개념들이니 이해가 되지 않는 사람은 앞에 나온 내용들을 다시 살펴보고 숙지하길 바란다.

〈더 지니어스〉라는 프로그램에서는 복잡한 규칙을 일일이 다 설명해주고 마지막엔 그걸 세 문장으로 요약하던데 한번 따라 해보려고 한다.

❶ 빅바디 7만 하라. 더 이상의 맨몸 운동은 필요 없다(몸에 활력을 준다든지, 유연성에 좋다든지, 부상 예방을 위한 동작들은 제외).

❷ 빅바디 7 훈련은 이지 버전에서 하드 버전으로 발전해나가는 것이 전부며, 단계별 발전을 확인하는 기준이 되는 것은 편안한 자세다. 그리고 그걸 성취하는 방식은 세 가지 서포트 원칙을 활용하는 것이다.

❸ 하드 버전은 맨몸 운동의 최종 목표이며, 거기에 도달하기 전에 이미 당신이 원하는 건강, 근육, 체력 등 모든 것을 갖추게 될 것이다.

맨몸 스트렝스
3대 운동

'맨몸 운동의 제왕' 시리즈 두 번째다. '맨몸 운동의 제왕' 빅바디 7 중에
서 스트렝스를 쌓는 데 최고로 효과적인 3개 운동을 가져와 '맨몸 스트
렝스 3대 운동'을 구성했다. 어렵지 않다. 앞서 나왔던 웨이트를 이용한
'스트렝스 3대 운동'을 자세히 살펴보면 바로 답이 나온다.

스트렝스 3대 운동

❶ 스쾃트
❷ 무게 턱걸이
❸ 밀리터리 프레스

스콰트와 무게 턱걸이는 웨이트만 제외하면 곧 맨몸 운동으로 연결되고, 밀리터리 프레스(이하 밀프)는 이 동작과 가장 근접한 맨몸 운동을 찾으면 된다. 다들 짐작하듯 밀프를 뒤집어놓은 '물구나무 푸시업(이하 물푸)'이다.

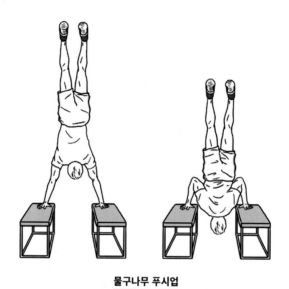

물구나무 푸시업

맨몸 스트렝스 3대 운동

❶ 물구나무 푸시업
❷ 턱걸이
❸ 맨몸 스콰트

'위/아래 두 스콰트'에 해당하는 스콰트와 턱걸이에 대해서는 '상체 스콰트 그리고 스콰트 대체 운동' 및 '스트렝스 3대 운동'에서 언급했고, 다음으로 나올 '보디빌딩' 챕터에서도 많이 다룰 예정이니 여기서는 물구나무 푸시업에 대해서만 집중적으로 다루어보겠다.

물푸는 빅바디 7 가운데 '동작 성공'이라는 관점에서만 보면 가장 어려운 운동이다. 즉 스트렝스 훈련에 적합하다는 말이다.

맨몸 스콰트가 스트렝스 및 보디빌딩 훈련으로 부족한 이유는 저항이 적기 때문이라고 했다. **쉽게 성공하는 맨몸 동작은 바벨 플레이트가 몇 개 걸려 있지 않은 가벼운 바벨과 같다.** 스트렝스를 쌓을 여지가 거의 없는 것이다. 반대로 완성하기 어려운 동작은 성공 전까지 계속 스트렝스를 올릴 수 있기 때문에 스트렝스 훈련으로 적합하다.

물푸는 밀리터리 프레스를 몸무게만큼 드는 것과 비슷하니 어려울 수밖에 없다. 특히 지금부터 설명하게 될 가동 범위나 편안한 자세 등을 고려하면 그 강도는 훨씬 더 커진다. 때문에 물푸의 하드 버전인 '한 팔 물구나무 푸시업'(이하 한물푸)에 대한 자세한 훈련법은 여기서 제외하기로 하자. 어차피 물푸 이지 버전과 그 베리에이션을 잘하는 단계까지 도달하는 데만도 상당한 시간이 소요되기에 한물푸에 대해 설명하는 건 의미가 없다고 보기 때문이다.

수준 높은 맨몸 운동 도전자들이 많아지면 한물푸에 대해서는 따로 다루어보겠다. 혹시 몸무게가 아주 적거나 평균 이상의 몸무게라도 월드 클래스에 도전해보고 싶다는 사람들은, '맨몸 운동의 제왕:빅바디 7'에서 설명한 서포트를 활용한 방식을 잘 살펴보면 한물푸에 대한 훈련 방법을 모색할 수 있을 것이다. 이제부터 물푸를 하는 데 있어 꼭 알아야 할 세 가지 사항을 살펴보기로 하자.

물푸와 관련해서 가장 먼저 생각해야 할 것은 가동 범위다.

턱걸이나 딥은 바 또는 평행봉에서 하다 보니 특별히 가동 범위를 강조하지 않아도 풀가동 범위에 대한 인식이 작용하는데, 주로 바닥에서 하는 물푸는 머리가 바닥에 닿는 가동 범위만 생각하는 경향이 짙다. **머리가 바닥에 닿은 채 그곳에서 올라오는 가동 범위는 완전한 물푸가 아니다.** 턱걸이로 치면 머리가 바에 닿을 때까지만 당기고 거기서 내려오는 동작과 다름없다.

처음에 물구나무서기에서 물푸까지 가는 훈련 기간 동안, 서포트 방식의 일환으로 (일시적으로) 부분 반복 훈련을 차용할 수는 있지만 절대 이를 올바른 물푸로 생각해서는 안 된다. **부분 반복을 스콰트 훈련의 일부로 사용할 수는 있지만 이것이 올바른 스콰트 자세가 아닌 것과 같다.**

무조건 손이 어깨 높이까지 내려오는 풀가동 범위라야 한다. 밀리터리 프레스의 팔 가동 범위를 생각해보면 쉽게 이해할 수 있다. 올바른 가동 범위로 물푸를 하면 그 강도가 엄청 커진다. 팔을 부들거리며 머리까지 물푸를 몇 회 이상 해본 사람이라도 '여태껏 다른 운동을 했구나' 하고 생각하게 될 거다.

우리의 목표는 '올바른 자세'와 '올바른 가동 범위'로 '스트렝스를 쌓는 것'임을 항상 명심해야 한다. 부분 반복으로 깔짝대면서 '그 동작을 할 수 있게 되었다'고 정신승리를 하는 사람이라면 항상 같은 자리에 머물 뿐이다.

올바른 가동 범위의 물푸를 연습하는 데 사용할 수 있는 기구가 몇 가지 있지만 가장 간단하고도 편한 방법은 의자 두 개를 놓고 그 사이에 머리를 집어넣으며 내려가는 것이다. 이는 오래전부터 사용되던 방식이고 의자는 쉽게 구할 수 있는 도구이므로 언제 어디서나 연습을 할 수 있다는 장점이 있다.

앞서 물푸와 몸무게 밀프의 강도가 비슷하다는 듯이 말했지만 올바른 가동 범위로 한다면 물푸가 더 어렵다. **코오디네이션(coordination)이나 코어에 미치는 텐션이 커서 밀프와는 비슷하면서도 또 다른 자극을 선사한다.** 폴 앤더슨이 열심히 밀프 훈련을 하면서 물푸 훈련을 병행한 이유다.

물푸의 시작은 당연히 물구나무서기다. 물구나무서기가 불가능하면 물푸 연습이 될 리가 없다. 힘이 없고 중심을 잡기도 어려운 초보자는 한동안 벽의 도움을 받아야 할 필요가 있다(서포트를 해줄 파트너가 있으면 더요 좋다).

물구나무서기는 다른 운동과 다르게 몸이 뒤집어지는 운동이기 때문에 중심을 잡아야 할 필요가 있다. 그러므로 벽의 보조는 물구나무서기를 시작할 때뿐만 아니라 물푸, 그리고 최종적으로 한물푸를 연습하는 데도 주된 역할을 한다. 점차 익숙해져서 벽에 기대는 물구나무서기 시간이 늘어나면 스트렝스가 커지게 되고, 나중에는 벽 없이도 연습을 할 수 있게 된다.

물푸 연습은 물구나무서기가 완전히 익숙해지고 오랜 시간을 버티게 된 후에 하면 된다. 중심을 잡기는 어려워도 힘은 남아돈다는 느낌이 든다면 벽에 기댄 채 연습할 수도 있다.

강도 조절이 쉽지 않다는 맨몸 운동의 단점 때문에 처음에는 풀가동 범위가 아니라 일부 가동 범위만 사용해서 부분 반복 연습을 할 수는 있다. 하지만 점차 가동 범위를 넓혀 풀가동 범위까지 가야 완전한 자세이며 그것이 진정한 의미의 물푸라는 사실은 꼭 기억해야 한다.

'맨몸 운동의 제왕:빅머슬 7'에서 일찍이 편안한 자세의 중요성을 설명한 바 있다. 같은 동작을 하더라도 편안한 자세로 하려면 훨씬 더 강한 스트렝스가 필요하다. '편안한 자세'를 달리 풀이하면 '힘들이지 않고, 반동 없이, 천천히, 컨트롤이 된 동작으로 수행하는 자세'라고 볼 수 있다.

유튜브에서 물푸와 관련된 동영상을 찾으면 수많은 영상을 접할 수 있을 것이다. 그중 특히 힘들이지 않고 편안하게 서서히 하는 동작들을 유심히 보기 바란다. 편안하게 하는 것만으로도 세련되고 우아해 보이는, 뭔가 설명하기 힘든 아름다움을 느낄 수 있다.

(물구나무서기를 포함한) 물푸는 평소에는 보기 힘든 '아래위가 뒤집어진 자세'라서 동작만 성공시키면 절로 화려함이 연출된다. **그 화려함을 완성시키는 화룡점정이 바로 느리고 컨트롤된 편안한 자세다.** 다른 운동들도 마찬가지지만 특히 물푸에서는 편안한 자세의 가치가 빛이 난다. 선 상태로 (또는 앉거나 누워서) 시작하여 그 상태에서 물구나무서기로 가는 '중간 동작'이 포함되기 때문에 전체적인 움직임이 커질 수밖에 없다. 이 큰 동작에 편안한 자세가 뒷받침되면 우아함에 방점을 찍게 된다.

맨몸 운동에서는 편안한 자세가 핵심 중에서도 핵심이다. **느리면서도 편안한 동작이 기본 토대가 되어야 빠른 동작들을 컨트롤하고 더 잘할 수 있게 되며, 부상 방지와 전체 밸런스 발달 차원에서도 훨씬 유익하다.** 그러므로 어떤 동작을 하더라도 편안하게 할 수 있을 때까지 연습한다.

——————— 다양한 베리에이션

물푸를 잘하게 된 뒤에는 하드 버전인 한물푸를 목표로 하고 서포트를 통해 그 중간 단계를 밟아가는 것이 통상적 스트렝스 훈련의 수순이다. 하지만 앞서 설명했듯 일반인이 한물푸에 성공하기는 너무 어려우므로 중간 단계에서 지겨움을 극복 못 한 채 정체기에 빠질 가능성이 존재한다.

이를 타파하기 위해 물푸의 장점을 살려 베리에이션을 공략하는 것이 좋은 전략이 될 수 있다. 물푸의 베리에이션 중엔 멋진 동작들이 많아서, 이를 잘 활용하면 재밌게 운동하면서도 정체기 없이 스트렝스를 쌓아갈 수 있다.

여러 가지 베리에이션 가운데 한 동작만 알아보고자 한다. '겨우 한 동작이라고?' 하는 생각이 들겠지만, 이게 예사로운 운동이 아니다. 이 하나만 잘해도 상체 푸싱 능력 전반을 키울 수 있고, 무엇보다 물푸와 그 베리에이션에 대한 전체 이해도가 높아진다.

'시티드 물푸', 이름 그대로 앉은 자세(스트렝스 능력에 따라 여러 가지 시작 자세가 있다)에서 팔의 힘으로 몸을 뒤집어 물구나무 푸시업을 해내는 동작이다.

시티드 물푸의 첫 자세는 딥의 미는 동작, 중간 단계는 팔굽혀펴기의 미는 동작와 비슷해서 마시막 물푸에서 해내던 미는 동작 전체를 한 동작 안에서 해낼 수 있다.

이 동작을 성공시킨 후 거기서 앵글을 조금만 바꿔도 다양한 푸시 동작을 만들 수 있기에, 상체 미는 동작은 시티드 물푸 하나로 모두 끝낼 수가 있다. 뿐만 아니라 실제로 이 동작을 하는 모습을 옆에서 보는 사람이 그 멋진 광경에 절로 환호성이 터져 나오게 하는 효과가 있다(물론

시티드 물푸

앞서 설명한 편안한 자세로 했을 때 멋짐이 배가된다). 조그만 자랑거리만 있어도 과시하지 않고서는 못 배기는 우리 같은 자잘한 인간들에겐 매우 의미 있는 동작이라고 할 수 있다.

스트렝스 훈련의 단점 아닌 단점이, 이 훈련에 대해 아는 사람들한테 말고는 그 간지를 자랑하기가 쉽지 않다는 것인데 시티드 물푸는 이를 극복해준다. 몸무게 이상의 바벨로 밀프하는 모습을 보고 감탄하는 사람은 없다. 손가락이 베이도록 칼주름으로 다린 군복을 입고 각을 잡아도 민간인에겐 다 똑같은 군인으로 보이는 것과 마찬가지로 웨이트 훈련에 문외한인 사람에게는 몸무게 한 배의 바벨을 들든, 두 배의 바벨을 들든 모두 다 똑같은 바벨 훈련으로 보인다.

TV에서 두 외국인 형제가 나와 서로의 몸을 들어 올리기도 하고 특정 모양으로 버티기도 하는 등의 퍼포먼스를 하는 맨몸 쇼를 본 적이 있다. 사실 그보다 훨씬 더 큰 스트렝스를 보여주는 것이 올림픽 역도 경기인데도 어쩔 수 없이 전자가 더 신기해 보이는 게 일반인들의 시각이다.

여태껏 열심히 운동해서 힘깨나 쓴다고 생각하는데 사람들이 잘 알아보지 못해서 아쉬웠다면, 시티드 물푸가 그 자랑 욕구를 깔끔하게 해결해줄 것이다. 앉은 자세에서 뒤집어져 물구나무서기만 해도 놀랄 텐데 거기서 푸시업을 몇 번 하고 내려오면 왠지 '거기(?) 힘'까지 좋은 남자처럼 비춰지는 부수적인(어쩌면 '메인') 효과까지 누릴 것이다.

또 노래도 춤도 별로라 MT 등에서 딱히 장기자랑이라고 보여줄 게 없는 사람이라면 이 시티드 물푸를 열심히 하기 바란다. 좁은 장소에서도 아무런 도구 없이 대놓고 이렇게 자기 자랑을 할 수 있는 동작은 많지 않다, 그것도 아주 짧은 시간 안에. 지금껏 인생을 살며 생소했던 관심과 칭찬을 한몸에 받는 기적을 확인하게 될 것이다.

반동 없이 급하지 않게 친친히 긴드롤하며 변화하는 편안한 자세가 이 동작의 핵심이다. 마스터하기까지 시간은 걸리겠지만 퍼포먼스, 근육 발달, 스트렝스 향상이라는 모든 측면에서 충분히 연습할 가치가 있는 동작이다.

──────── **마무리하며**

마무리를 위해 맨몸 스트렝스 3대 운동을 다시 한 번 복습해보자.

맨몸 스트렝스 3대 운동

❶ 물구나무 푸시업
❷ 턱걸이
❸ 맨몸 스쿼트

하체는 스콰트 하나로 끝냈고, 상체는 물푸와 턱걸이가 완성한다.

'맨몸 운동의 제왕' 시리즈를 시작할 때 전제했듯이 그 어떤 맨몸 운동을 가져온다 해도 바벨 스콰트를 대신할 하체 스트렝스 운동은 없기에, 차선으로나마 맨몸 스콰트 하드 버전인 한 다리 스콰트를 느리고 편안하게 반복하도록 한다.

상체 스트렝스는 걱정할 것 없다. 턱걸이와 물푸만으로 충분하다. 턱걸이도 그렇지만 특히 물푸는 조금만 각도를 변경하거나 모양을 변화해도 강도가 확 달라진다.

턱걸이는 그립 모양 또는 가동 범위 조정(예 : 가슴 높이까지 당기기) 및 MAD 손가락 접기만 해도, 물푸는 손가락만 세워서 해도 곧바로 엄청난 악력 훈련이 된다. 다양한 시작 자세(예 : 배를 바닥에 대고 시작) 및 상체 각도 변형 등 여러분의 상상력과 실천력이 결합되면 무궁무진한 베리에이션을 만들어낼 수 있다.

이지 버전이나, 하드 버전 가기 전의 중간 단계만 잘 활용해도 더는 스트렝스 운동의 필요성을 못 느끼게 될 것이다. 군이 하드 버전(한물푸/한팔 턱걸이)에 성공하지 못하더라도 그전에 이미 원하는 목표(근육/퍼포먼스)를 달성하는 사람들이 속출하기 때문에.

맨몸 운동으로 스트렝스를 쌓아가는 오묘한 경험은 글만으로는 체험하기 어렵다. 직접 해보아야만 그 깊이를 음미할 수 있다. 턱걸이와 물푸 하드 버전 1회 성공을 1차 목표로 삼고, 중간에 베리에이션을 즐기면서 천천히 스트렝스를 쌓아가기 바란다.

신기하고 화려해 보이는 맨몸 운동들을 더는 찾을 필요 없이 이 맨몸 스트렝스 3대 운동만으로 충분하다는 걸 확신하게 될 것이다.

맨몸 스트렝스 훈련 그리고
갤리모레스

'맨몸 운동의 제왕 : 빅바디 7'에선 스트렝스, 보디빌딩, 근지구력, 컨디셔닝 등 훈련 종류를 가리지 않고 맨몸으로 할 수 있는 가장 효율적이고 효과적인 운동들을 설명했다.

여기서는 훈련 관점에서 맨몸 스트렝스 훈련만을 집중적으로 알아보되 반대로 운동 종류는 빅바디 7에 국한하지 않고 모두 다 포함해서 살펴보겠다.

맨몸 스트렝스 훈련은 말 그대로 외부 웨이트 저항 없이 순수 몸의 저항만을 이용해서 힘을 기우는 것이다. 웨이트를 이용한 스트렝스 훈련만 생각나고 맨몸을 이용한 스트렝스 훈련은 머릿속에 떠오르지 않는다고? 그런 사람들의 이해를 돕기 위해 질문을 하나 던져보겠다.

턱걸이는 맨몸 스트렝스 운동일까? 맨몸 지구력 운동일까?

정답은 '사람마다 다르다'이다.

턱걸이를 하나도 못 하거나, 몇 개밖에 못 하는(저반복) 사람에게는 턱걸이가 스트렝스 훈련이 되고, 몇십 번 할 수 있는 사람들에게는 지구력 운동이 된다.

즉 턱걸이를 몇 개 못 하는 사람은 이미 맨몸으로 스트렝스 훈련을 하고 있었던 것이다. 본인만 몰랐을 뿐. 반대로 이미 고반복 턱걸이가 가능한 사람이 턱걸이로 스트렝스를 키우려면, 무게 턱걸이를 이용해서 저항을 올리거나 한 팔 턱걸이 연습으로 갈아타야 한다.

전자는 웨이트 트레이닝으로 스트렝스 훈련을 하는 거고, 후자는 맨몸으로 스트렝스 훈련을 하는 거다.

웨이트를 이용한 스트렝스 훈련과 맨몸만을 이용한 스트렝스 훈련이 완전히 다르다고 생각하는 경향이 있는데 본질은 같다. 어쨌든 둘 다 '저항'을 이용한다는 것. **하나는 외부의 저항을 빌려오고, 다른 하나는 내 몸뚱이를 저항으로 이용한다는 차이가 있을 뿐이다.**

그러니 맨몸 훈련으로는 근육을 만들지 못한다든지 스트렝스를 키울 수 없다는, 인터넷에 떠도는 말들은 사뿐히 지르밟으시길. 맨몸 운동을 하더라도 조금씩 레버리지를 조절해서 저항을 올리면 웨이트의 무게 올림 효과(강도 증가)를 가져올 수 있다.

효과 면에서는 어떤 것이 나을까? 각자 장단점이 있으나 스트렝스 훈련에 있어서는 웨이트 트레이닝이 훨씬 편리하고 좋다. 웨이트로는 끊임없이 측정 가능한 오버로드를 할 수 있고, 또 아주 적은 양을 오버로드하는 '개선'도 가능하니까.

예를 들어보자.

'풀랫 다운'과 턱걸이를 동일 선상에 놓고 볼 수는 없지만, 편의상 풀랫 다운으로 자기 몸무게만큼 당기면 턱걸이가 가능해진다고 가정하자.

이 로직에 따르면 몸무게가 100kg인 사람은 아주 가벼운 무게부터 풀랫 다운을 시작해서 점차 오버로드 후 100kg까지 풀랫 다운을 성공하면 턱걸이 1회가 가능해진다. 마찬가지로 단순 비약해서 이 사람이 풀랫 다운(이때부터는 오히려 무게 턱걸이를 이용하는 게 더 낫다) 무게를 100kg에서 105kg, 110kg……, 또는 그보다 더 적게 102.5kg, 105kg 하는 식으로 서서히 올려가서 200kg에 다다르면 한 팔 턱걸이 1회를 성공시킬 수 있다. 즉 '개선'이 용이한 웨이트 운동을 하면 시간은 걸릴지 몰라도 매번 목표 무게에 도달해가는 게 눈으로 확인되어 꾸준한 훈련이 가능하나, **두 팔 턱걸이를(100kg) 하던 사람이 갑자기 한 팔 턱걸이로(200kg) 옮겨가서 연습하게 되면 순식간에 큰 저항의 증가가 느껴져 훈련 의지만 잃기 십상이다.**

혹자는 맨몸 스트렝스 운동만 한 사람들 중에서는 과거 한 번도 웨이트를 들어본 적이 없는데도 첫 시도에서 무시무시한 무게를 들어 올리는 예를 들어 맨몸 스트렝스 훈련의 우위를 내세우기도 하지만, 그건 맨몸 운동 자체에 큰 비밀이 숨어 있어서가 아니라 **그만큼 무거운 저항을 리프팅할 수 있는 힘을 맨몸 훈련을 통해 이미 키워놓았기 때문이다.** 단지 외부 웨이트가 아니라 자기 몸을 이용해서 스트렝스 훈련을 했다는 차이가 있을 뿐.

어쨌든 웨이트 트레이닝의 장점을 능가하는 스트렝스 훈련은 존재하지 않는다.

그렇더라도 맨몸 스트렝스 훈련만의 특유의 장점은 있다. **아무런 도구 없이 어느 때나 할 수 있고, 밸런스 및 인식 능력을 키울 수 있으며, 무엇보다 훈련 과정과 성과물이 멋있다는 점이다.**

놀이터에서 다양한 맨몸 운동들을 엮어 퍼포먼스를 하는 '스트리트 워크아웃(street workout)'이 몇 년 전부터 인기를 끌었다. 그들의 퍼포먼스 비결에 대해 궁금해하는 사람들이 많은데 답은 간단하다. 스트렝스다. 맨몸을 이용한 일종의 스트렝스 훈련(혹은 결과물)을 보여주는 퍼포먼스가 바로 스트리트 워크아웃인 것이다.

유튜브 영상으로 스트리트 워크아웃을 찾아보면 가뿐하고 부드럽게 몸을 움직여 거의 날아다니는 듯한 느낌을 받는다. **힘이 강해야 동작 자체도 성공할 수 있고, 아름다운 표현도 가능해서다.**

고반복으로 턱걸이를 한다고 해서 그처럼 깔끔한 동작이 나온다고 보장할 수 없다. 두 팔로 하는 턱걸이를 아무리 잘한다 해도 한 팔 턱걸이를 하는 건 별개의 문제다(두 팔 턱걸이도 못 하는 사람보다야 잘하겠지만).

그런데 한 팔 턱걸이를 잘하게 되면 두 팔로 하는 턱걸이의 웬만한 고급 동작들은 식은 죽 먹기다. 그리고 한 팔 턱걸이를 완성시켰다면 상대적으로 두 팔로 하는 턱걸이가 아주 쉬워지고 두 팔 턱걸이를 고반복으로 하는 것도 가능해진다. 스트렝스라는 단단한 기초가 잡혀 있기에 처음엔 다소 어렵더라도 고반복 중심 훈련으로 넘어가면 얼마 지나지 않아 금방 따라잡는다.

——————— 맨몸 스트렝스 훈련 네 종류

맨몸 스트렝스에 대해 개념을 잡았으니 이제 맨몸 스트렝스 훈련의 종류에 대해 알아보도록 하자. 디테일하게는 더 많이 나눌 수 있지만 다음과 같이 크게 네 가지로 분류할 수 있다.

❶ 악력
❷ 체조성 스트렝스
❸ 빅바디 7 스트렝스
❹ 다이내믹 스트렝스

악력은 손에 한정된 스트렝스지만 그 중요성에서는 웬만큼 큼직한 운동에 뒤지지 않는다. 뇌에서 손을 관장하는 부위가 비정상적으로 큰 것만 봐도 알 수 있듯이, 악력은 단순히 부위별 스트렝스를 향상시키는 수준을 넘어 전체 몸에 엄청난 스트렝스 상승을 가져다준다.

이 악력만 제대로 파고들어도 평생 재미있게 운동할 수 있을 정도로 게임이 다양하고, 세계석으로 다양한 테스트와 대회가 열리고 있다(악력에 대해 더 자세히 알고 싶다면 1권 '전화번호부를 찢어볼까?'를 참조하시라).

'빅바디 7 스트렝스' 운동은 앞서 소개했고 '다이내믹 스트렝스'는 3권에서 설명할 예정이니, 이 책에서는 '체조성 스트렝스'만 다룬다.

챕터 2 '맨몸 운동의 제왕'에서 체조를 제외했기 때문에 체조성 운동에 대해 궁금한 사람은 도움이 될 것이다. 한꺼번에 모든 걸 설명할 수는 없기에 체조성 스트렝스 훈련을 이해하는 핵심 개념 및 목표로 삼고 갈 만한 체조 운동 하나를 살펴보겠다.

──────── **절대/상대 스트렝스**

먼저 체조성 스트렝스 훈련을 이해하기 위한 핵심 개념은 '절대 스트렝스'와 '상대 스트렝스'다. 이 이슈는 '강백호 프로젝트' 시리즈에서도 다

데드리프트

루었지만 매우 중요하므로 다시 반복한다. 이는 엘리트 애슬릿이 되려면 꼭 알아야 하는 내용이고, 특히 체조성 스트렝스를 이해하려면 꼭 선행되어야 할 개념이다.

절대 스트렝스는 몸무게와 상관없이 누가 더 많은 힘을 가지고 있느냐로만 결정되고, 상대 스트렝스는 몸무게를 염두에 두고 스트렝스를 판단하는 기준이다.

예를 들어보자.

A는 데드리프트로 100kg을 들고, B는 120kg을 든다. 이것만 본다면 무조건 B가 더 나은 운동선수처럼 보인다. 그런데 A는 몸무게가 100kg, B는 150kg이라고 가정해보자. 그렇다면 B를 더 나은 선수로 보기는 어렵고, 그 평가는 스포츠의 종류에 따라 달라진다.

위의 예는 B가 A에 비해 절대 스트렝스가 뛰어나고, A는 B에 비해 상대 스트렝스가 앞서는 경우다. 몸무게를 상관하지 않는 절대 스트렝스로는 20kg를 더 들어 올린 B가 무조건 우위에 있다. 하지만 몸무게와 비교해서 보면 A는 자기 몸무게의 한 배만큼 리프팅했지만, B의 경우 자기 몸무게만큼도 들지 못했기 때문에, 상대 스트렝스에서는 A가 앞서는 것이다.

레슬링이나 씨름 같은 운동을 체급 구분 없이 붙인다면 절대 스트렝스 상승에 집중하는 게 좋다. 체급이 깡패라고 덩치가 크면서 힘이 좋은 게 유리하기 때문이다. 반대로 체조같이 자기 몸무게를 이용하거나 빠른 동작이 필요한 스포츠에서는 상대 스트렝스에 신경 써야 한다. 이처럼 각자의 쓰임새가 있기에 둘 중 어느 것이 항상 더 낫다고는 말할 수 없으나, 일반적인 스포츠에서는 상대 스트렝스를 키울수록 유리한 점들이 더 많다.

몸무게가 100kg인 사람이 있는데 스쿼드 100kg이 가능하다고 가정해보자. 그가 스쿼트 무게를 150kg까지 올리고, 몸무게는 100kg 그대로 유지했다면 상대 스트렝스가 좋아진 것이다. **이렇게 되면 달리기를 하더라도 전보다 훨씬 빨라지게 된다.** 이는 과거보다 자신의 몸무게를 컨트롤할 수 있는 다리 힘이 커졌기에 발생한 당연한 결과다.

하지만 웨이트를 150kg까지 올렸는데 몸무게도 150kg까지 올라갔다면 어떻게 될까? 절대 스트렝스는 증가했지만, 과거와 비교했을 때 몸무게 한 배를 리프팅하는 것은 그대로다. 이처럼 상대 스트렝스에 변화가 없기에 더 빨라진다고 장담할 수 없다. 그러니 절대 스트렝스 향상인지 상대 스트렝스 향상인지 전후 사정을 따져보지도 않고, 웨이트 트레이닝을 하면 무조건 느려진다느니 둔해진다느니 설레발치는 사람들의 말은 한 귀로 가뿐히 흘려들으시라.

또 몸무게가 증가했다고 해도 근육과 지방 비율이라든지, 개인에게 맞는 최적 몸무게, 훈련 내용에 따라 다양한 결과가 나타날 수 있다.

굳이 스포츠 퍼포먼스 향상을 따지지 않더라도, 벤치 프레스를 150kg 이상 드는 사람이 몸무게가 너무 무거워 턱걸이 하나를 제대로 못 한다면, 하는 사람이나 보는 사람이나 둘 다 민망해지는 법. 미리미리 알아서 상대 스트렝스에 신경 쓰시라.

결론적으로 상대 스트렝스를 쌓아야 체조성 운동에 유리해지며, 반대로 체조성 맨몸 스트렝스 목표 동작을 정해놓고 달성하려고 하다 보면 자연스럽게 상대 스트렝스가 올라가게 된다.

그냥 벤치 프레스 무게를 올리는 것만 원한다면 많이 먹어서 몸무게가 늘어나도 괜찮지만 플렌체에 성공하려면 몸무게 증가 대비 이상으로 스트렝스를 쌓아야 하기 때문이다.

━━━━━ 갤리모레스

이제 큰 목표로 삼고 전력투구할 만한 체조성 스트렝스 운동을 하나 소개하겠다. 형태가 심플한 데다 그 안에 담긴 컨텐츠를 살펴보면 맨몸 운동을 한눈에 조망하는 안목을 높일 수 있고, 무엇보다 운동 하나로 상체 스트렝스 전체를 끝내버릴 수 있다.

'갤리모레스'. 이름은 생소하지만 이미 아는 운동이다. '플렌체'와 '프론트 레버'를 합친 동작이다('플렌체'와 '프론트 레버'는 1권 참조).

이 운동은 그냥 할 수는 없고 도구가 필요하다. 얼핏 생각하면 맨몸 운동에 웬 도구냐 싶을 것이나, 챕터 1 '웨이트 트레이닝, 바벨 그리고 오버로드'에서 밝혔듯이 무엇을 저항으로 썼는가에 따라 웨이트 운동과 맨몸 운동으로 나뉜다. 맨몸 운동을 더 다양하고 고급스럽게 만들어주기

갤리모레스

위해 도구를 사용하는 건 전혀 문제가 없다. 아니, 오히려 권장할 만하다.

그 도구는 '링'이다. 고급스러운 맨몸 스트렝스 훈련을 해보고 싶은 사람에게 추천하고픈 첫번째 아이템이다.

'바벨=웨이트 스트렝스' 도구라면 '링=맨몸 스트렝스' 도구다.

링은 모든 맨몸 운동을 빡세게 만들어준다. 굳이 체조성 운동이 아니더라도 링만 이용하면 기존에 하던 어떤 운동도 더 어렵게 만들 수 있다. 팔굽혀펴기를 능숙하게 하는 사람도 링에서 하면 후달림을 느낀다. 특히 체조라는 운동 자체가 주로 상체 스트렝스 강화와 관련된 운동이 많은데, 링을 사용하면 그 강도가 더욱더 높아진다.

갤리모레스는 링에서 몸을 거꾸로 올려서 프론트 레버 자세를 취했다가 다시 플렌체로 이동하는 것이다(반대로도 이동한다).

재밌는 사실은, 링이 더 어려운 강도를 만들어내기도 하지만 어떤 동작은 오히려 더 하기 쉽게 만들어준다는 점이다. 이 갤리모레스만 하더라도 링이 가지는 자유로운 움직임(?) 때문에 링을 사용해야 시행 가능하다. 플렌체와 프론트 레버 두 동작의 전환이 용이한 것이다.

일반인들의 목표는 저마다 다양하겠지만 링에서 하는 플렌체와 프론트 레버면 웬만한 경지에 이르렀다고 보면 된다. 더 높은 목표를 찾아 헤매기보다 어떻게 하면 이 운동을 제대로 해낼지만 고민해도 충분하다. 그만큼 이 동작은 편안하게 해내기가 어렵다.

전자는 미는 운동, 후자는 당기는 운동이다. 갤리모레스를 할 때는 상체의 밀고 당기는 힘은 물론 상당량의 복근 스트렝스가 없으면 몸을 땅에서 띄워 수평으로 유지할 수가 없다. 체조 동작을 제대로 하려면 특히 복근의 힘이 중요한데, **이 동작을 연습하면 미는 근육과 당기는 근육뿐만 아니라 복근까지 단련되어 상체 전반의 스트렝스 훈련이 가능하다.**

플렌체와 프론트 레버를 연습해본 사람이라면 절대 빠른 시간 내에 이 동작을 해낼 수 없다는 사실을 알 수 있다. 이 두 동작의 성취는 큰 목표로만 잡고 그곳으로 가는 과정에서 스트렝스 향상이라는 과실을 따먹을 생각을 해야 한다.

이 동작도 쉬운 버전에서 하드 버전까지 있어서 여러 가지로 응용이 가능하다. 하지만 쉬운 버전을 하는 것도 쉽지 않으므로 이보다 수준이 낮은 '머슬 업'(링 오르기)부터 먼저 연습해도 좋다.

머슬 업을 능숙하게 한다고 해서 갤리모레스를 할 수 있는 건 아니지만, 당기고 미는 힘에 비교적 쉽게(?) 적응하는 데 도움을 준다.

머슬 업에 대해서는 1권에서 설명했으므로 여기서는 주로 컨디셔닝 위주로 훈련하는 사람들은 잘 모르는 정식 머슬 업으로 가기 위한 단계만 소개한다.

다음은 머슬 업을 수준에 따라 5단계로 나눈 것이다.

❶ **배치기(키핑) 머슬 업**
❷ **시티드 머슬 업**
❸ **좁은 그립 머슬 업**
❹ **넓은 그립 머슬 업**
❺ **뢰슬러**

주로 동영상 같은 데서 볼 수 있는 고반복 머슬 업은 거의 다 배치기 머슬 업이다(이마저 안 되는 사람이라면 링 턱걸이, 딥과 더불어 서포트를 받으며 하는 머슬 업을 연습한다).

처음엔 '배치기 머슬 업'도 어려우니 시작하는 과정에 포함시키는 것은 무방하다. 하지만 머슬 업을 통해 진정한 근육/스트렝스 향상 효과를 보려면 배치기 머슬 업만 반복해서는 안 된다. 재빨리 배치기가 없는 그다음 단계로 나아가야 한다. 이 차이는 엄청나게 크다. **반동 없이는 여러 회가 가능해도, 반동이 사라지면 하나도 해내지 못하는 사람들이 태반이다.**

'반동을 주고 턱걸이로 올라가서, 힙을 접고 상체를 과도하게 앞으로 숙이며 딥 자세로 전환하고, 딥 자세 마지막 동작에서 팔꿈치를 제대로 락아웃시키지도 않는 머슬 업'과 '거의 반동 없이 힘만으로 뽑아 올려서 팔꿈치가 45도 정면으로 향하도록 링을 돌려서 완전히 팔꿈치를 락아웃시키는 머슬 업'은 천지 차이다.

'시티드 머슬 업'은 앉아서 하는 머슬 업으로, 본격적인 반동 없이 하는 머슬 업으로 옮겨가기 위한 중간 단계다.

다리를 뻗어 바닥에 앉은 자세에서 링이 손에 닿게끔 머리 약간 위로 링 길이를 조정하고 머슬 업을 시도하는데 앉아서 하려면 배치기가 어렵기 때문에 반동을 없애기 위한 과정이다(앞으로 숙이는 동작은 포함된다).

별 차이가 없어 보이는 좁은 그립과 넓은 그립 머슬 업도 그 빡셈에서는 꽤 차이가 있다. 좁게 잡아서 몸 안쪽에 팔을 붙이는 것과, 팔이 몸에서 멀어지는 넓은 그립은 그만큼 레버리지 차이가 많이 나기 때문이다.

여기선 턱걸이 후 딥 전환 자세에서 힙을 굽혀 과도하게 상체를 앞으로 숙여서는 안 된다. 상체를 약간만 숙인, 거의 수직으로 세운 상태에서 오로지 상체의 힘으로만 당겨 올린 후 밀어서 락아웃시켜야 한다. 이것이 진정한 머슬 업이라고 할 수 있다. 이렇게 반동 없이 머슬 업 하나를 해내려면 상당한 상체 스트렝스가 필요하다. 여기까지 가는 데만도 마음 단단히 먹어야 한다.

이보다 훨씬 더 어려운 게 갤리모레스다. 턱걸이와 딥을 잘한다고 해서 곧장 플렌체와 프론트 레버를 할 수 없듯이, 턱걸이와 딥을 합쳐놓은 머슬 업으로는 기초 공사만 가능하다. 여기서 스트렝스를 한참 올려야 갤리모레스가 가능해진다. 이쯤 되면 이를 큰 목표로 잡으라는 의미를 잘 알게 되었으리라 본다.

──────── **맨몸 스트렝스 훈련 정리**

자, 이제 맨몸 스트렝스 훈련을 정리해보자. 맨몸 스트렝스 훈련에는 크게 네 가지가 있다고 했다.

❶ 악력

❷ 체조성 스트렝스

❸ 빅바디 7 스트렝스

❹ 다이내믹 스트렝스

여기서 설명한 갤리모레스는 체조성 스트렝스 운동 카테고리에 속하며 이것 하나만 잘 훈련해도 하체를 제외한 스트렝스를 만드는 데는 큰 문제가 없다.

실은 거기까지 갈 필요도 없다. 앞에서 언급한 맨몸 스트렝스 3대 운동의 하드 버전만 목표로 해도 상체 스트렝스에는 아무런 문제가 없는 게 사실이니까.

그럼에도 체조성 스트렝스 운동을 소개한 데는 다음과 같은 이유가 있다.

- **맨몸 스트렝스 운동에 대한 전반적인 안목 향상**
- **다양한 운동을 목표로 함으로써 얻을 수 있는 모티베이션 향상**
- **개인의 특성상(작은 체구) 체조성 운동이 잘 맞는 사람이 있을 수 있음**

아무쪼록 포스 근육이 장착된 체조 선수들의 멋진 몸이 탐나는 사람은 물론, 맨몸 운동의 장점인 신체 인식 능력, 컨트롤, 밸런스 등을 배우려는 사람이라면 웨이트 트레이닝과 함께 맨몸 스트렝스 훈련을 함으로써 다양한 능력을 쌓아가기 바란다.

백패커

맨몸 스트렝스 3대 운동의 하드 버전은 언감생심이요, 턱걸이는 하나도 못 하고 맨몸 스쾃만 몇 번 해도 버거워지는 완전 초보자(완초)들이 있다. 이번에는 이런 사람들을 위해 레벨을 한껏 낮춘 운동을 소개한다.

어찌 됐든 운동은 해야겠는데 너무 어렵지 않되 효과는 좋은 운동, 또한 기초를 튼튼히 닦아줘서 나중에 큰 밑천이 되는 운동.

여기에 딱 어울리는 운동이 있다. 이름하여 '백패커(backpacker)'.

백패커는 배낭여행자를 말한다. 필자가 여행을 하던 중에 만든 운동 인데, 여행지에서도 쉽게 할 수 있는 데다 동작이 여행자의 배낭을 닮았 기에 이런 이름을 지었다.

먼저 그림을 보자. 난간을 잡고 다리와 팔의 힘으로 '일어났다 내려

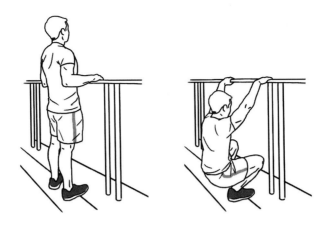

백패커

갔다'를 반복하는 간단한 동작이다.

하지만 그 안에 숨겨진 의미는 간단치 않다. '**스콰트**'와 '**턱걸이**'가 **절묘하게 결합된 동작이기 때문이다.** 스콰트에서 모자란 힘을 팔로 당기면서 서포트하고, 턱걸이에서 모자라는 힘을 스콰트로 밀어서 서포트하는 모양새다. 각각의 운동을 잘하지 못하는 사람들에게는 너무나 고마운(?) 운동이 아닐 수 없다.

팔다리 힘을 골고루 같이 사용하는 백패거 자체의 운동 효과도 좋으려니와, 팔의 당기는 힘에 집중하고 다리는 보조로만 사용하면 턱걸이를 하나도 못 하는 사람에겐 점차 '개선'이 가능한 '서포트 턱걸이'로서 기능할 수 있다. 반대로 다리 힘을 중점으로 하고 팔의 보조 힘을 줄이면 '서포트 맨몸 스콰트'로의 개선도 가능하다. 사실 백패커의 스콰트 궤적은 바벨 스콰트와는 다르고, 당기는 모양도 턱걸이와 로우를 결합한 모양새라서 완전히 스콰트와 턱걸이의 조합으로 보긴 어렵지만, 어차피 이걸로 계속 개선해나가면 맨몸 스콰트와 턱걸이에 도움이 되므로 큰 문제는 없다. 또한 백패커는 인간의 자연스런 움직임을 따르므로 오히려 완초들은 시행하기가 더 편리한 측면이 있다.

이 백패커를 단순한 맨몸 스트렝스 훈련으로만 여겨서는 곤란하다. 다양한 활용 방법이 있다. 우선 탄생 비화(?)를 알면 그 응용 방법을 쉽게 이해할 수 있으리라 본다. 백패커는 여행 중 스트레칭을 위해 만들어진 동작이다. 필자가 여행만 가면 한없이 걸어 다니는지라 틈틈이 효과적으로 몸을 푸는 방법을 찾다가 고안한 방법인 것이다. 먼저 난간에 서서 카프 레이즈로 종아리 근육을 풀어준다. 그런 다음 밑으로 스콰트 다운을 하고 앉으면서 접히는 무릎과 자연스레 굽어지는 허리를 통해 하체를 스트레칭한다. 그 후 난간을 잡은 팔을 완전히 뻗어 어깨의 뭉친 부분을 스트레칭한다. 이렇게 하면서 서서히 목을 돌리기만 하면 몸 전체의 스트레스가 풀려나간다.

글로만 보지 말고 직접 해보라. 온몸에 쏟아지는 시원함과 활력을 느낄 수 있다. **특히 어깨와 관련된 부상 회복에 중점 역할을 하는 것이 견갑골 쪽에 있는 근육들인데 이 근육을 풀어주는 자세로도 훌륭하다.** 이 동작으로 몸의 생기를 챙기고 나면, 항상 근육 운동을 하고 싶다는 마음이 들어 팔로 난간을 잡은 채로 '일어섰다 앉았다' 반복했다. 이렇게 해서 운동 기능까지 담아낸 백패커가 탄생하게 되었다. 오랜 걷기로 지친 몸이라 스트렝스가 많지 않은 상황에서도 부담 없이 할 수 있는 동작인데다, 틈틈이 몸을 풀어주는 동작까지 할 수 있으니 여행지에서 활용하기엔 딱이었다.

또 여행지에서 달리기를 할 여건은 되지 않는데 백패커를 하기 좋은 난간이 있는 게스트하우스를 만나면 고반복을 통한 카디오 훈련으로도 활용했다.

단순한 운동 같아 보이지만 시행 방법을 조금만 달리하면 백패커 하나로 ❶ 유연성, ❷ 카디오, ❸ 스트렝스 등 다양한 체력 요소를 쌓을 수가 있는 것이다.

자, 지금부터 각각의 운동 방법에 대해 구체적으로 알아보자.

───── 유연성 향상을 위한 백패커

스쾃트할 때 앉는 자세가 잘되지 않는다며 이 동작을 잘할 수 있게 도와주는 유연성 훈련이 무엇인지 묻는 사람들이 종종 있다. 개인마다 신체의 구조 같은 특성과 문제의 원인 또한 제각각이기 때문에 직접 만나지 않고서는 처방이 쉽지가 않다.

일단 스쾃트가 어려울 때는 이 백패커 먼저 꾸준히 하는 것이 좋은 선택이다. 백패커는 팔 서포트가 있어서 다리에 실리는 힘을 줄여준다. 따라서 큰 부담 없이 짐차 스쿼드 다운 하면서 밑으로 내려가는 식으로 쉽게 유연성 동작을 하게 된다. 다시 말하면 다리 힘이 충분치 않은 사람도, 손으로 난간을 집고 있기에 겁 없이 내려가서 몸의 기동 범위를 넓히는 일을 할 수 있다. 자신의 유연성에 맞게 최대한의 가동 범위로 내려간 상태에서 조금만 더 내려가려고 노력한다든지, 내려간 동작에서 멈추어 팔 힘에 의지한 채 무릎과 고관절을 다양한 각도로 움직이면 뻐뻐한 부분을 풀어나갈 수 있다. 그리고 양쪽 무릎을 다 같이 벌리거나 한쪽 무릎을 벌렸다 오므렸다를 반복하다 보면 골반과 허벅지 쪽의 유연성이 점차 늘어난다.

특히 백패커 바텀 자세는 오버헤드 스쿼트 자세를 닮았기 때문에 더 많은 유연성 운동이 가능하다. 그리고 앞서 말했듯 어깨 근육을 풀어주는 데도 사용할 수 있다. 머리를 숙이거나 뒤로 젖혀서 잘 사용하지 않는 견갑골 주위 근육들을 스트레칭하면 평소에는 잘 몰랐던 뭉쳤던 부위가 한결 가벼워짐을 느낀다.

한쪽 팔씩 번갈아 어깨 관절을 앞으로 밀었다 젖혔다 하며 가동 범위를 늘려가면 어깨 부상을 예방하는 데도 큰 도움이 된다. 처음부터 무리하지 말고, 개선의 원칙을 이용해서 서서히 가동 범위를 늘려나가라.

혹시 처음에 감을 잡기가 힘들더라도 꾸준히 시행하면서 다양한 포지션을 취하다 보면 점차 자신에게 취약한 동작이 무엇인지 알게 되고, 장기적으로 하나둘씩 그 약점을 극복할 수 있다. 앞에 나온 것처럼 발 닿는 곳이 맨바닥이 아니라 바닥이 올라와 있는 난간이라면, 카프 레이즈를 통한 종아리 근육 스트레칭을 처음과 마지막에 포함시키는 것을 잊지 말 것.

다시 말할 기회가 있겠지만 종아리 근육은 부상을 방지하고 힘을 쓰는 데 아주 중요한 역할을 한다. 앞서 말한 것들만 열심히 해도 짧은 시간에 스트레스를 풀고 몸을 스트레칭하는 데 효과적이다.

━━━━━ 카디오 훈련을 위한 백패커

백패커 운동은 카디오 훈련을 하는 데도 아주 좋다. 근지구력이 뛰어나지 않은 초보자들에게는 MPT 5(턱걸이, 딥, 팔굽혀펴기, 윗몸일으키기, 맨몸 스콰트) 같은 운동은 카디오 훈련으로 부적합하다. **심폐기능이 충분히 자극되기도 전에 근육이 먼저 지쳐서 떨어지기 때문이다.** 팔굽혀펴기를 10개도 못 하는 사람이 있다고 치자. 최소 몇십 개씩 여러 세트를 반복해야 땀을 흘리고 숨도 좀 헐떡거리면서 심폐 운동이 될 텐데, 근지구력이 받쳐주질 않으니 조금 운동이 될 만하면 이미 근육이 실패 지점에 다다라 더는 훈련이 불가능하게 된다. 하지만 백패커는 팔다리 모두를 한꺼번에 쓰면서 움직이기 때문에 몸의 일부를 사용해서 하는 것보다 근실패가 늦게 오고, 덕분에 근지구력이 월등하지 않은 사람도 고반복 훈련이 가능하도록 만들어준다. 운동하는 시간이 길어지면서 충분히 카디오 훈련을 할 수 있게 되는 것이다.

다음은 백패커로 카디오 훈련을 하려는 사람을 위해 5단계로 나누어 만든 루틴이다. 적힌 대로 다 하라는 것이 아니라 5개 중 자기 레벨에 맞는 수준을 골라서 하나만 한다. 그리고 실력이 향상될수록 레벨을 높여나간다.

백패커 카디오 루틴

월, 수, 금 또는 화, 목, 토

❶ 레벨 1 : 5세트×10~20회
❷ 레벨 2 : 5세트×30~40회
❸ 레벨 3 : 5세트×50~60회
❹ 레벨 4 : 5세트×70~80회
❺ 레벨 5 : 5세트×90~100회

레벨 5를 한다고 해도 실제 걸리는 시간은 15분 정도다. 많은 시간을 들이지 않고도 큰 효과가 있다. 백패커 카디오 루틴은 비슷한 지형물만 있으면 공터가 없더라도 아무 데서나 운동을 할 수 있어서 좋고, 여행지에서 느긋함을 즐기며 빡쎈 '인터벌 달리기'나 턱걸이 고반복을 하고 싶지 않을 때도 요긴하게 써먹을 수 있다.

맨몸 스트렝스를 위한 백패커

먼저 스트렝스를 키워놓아야 다양한 운동이 가능하고, 장기적으로 맨몸 고반복을 위한 근지구력까지 빠른 시간 내에 향상시킬 수 있다. 스트렝스가 약해서 맨몸 턱걸이와 맨몸 스콰트가 어려운 완초와 여성이라면 이 백패커부터 시작해서 점차 스트렝스를 쌓아나가도록 한다.

간단하고 효과적인 백패커 스트렝스 루틴 하나를 살펴보자.

백패커 스트렝스 루틴

❶ 팔 백패커 5세트×5회
❷ 팔굽혀펴기 5세트×8회
❸ 다리 백패커 5세트×10회

'팔 백패커'는 서포트 턱걸이 동작을 떠올리면 이해하기가 쉽다.

앞에서 설명한 카디오 훈련은 팔과 다리를 최대한 같이 사용하는 방법으로, 근력보다는 오래 운동할 수 있는 근지구력에 중점을 둔 것이다.

반면에 팔 백패커는 다리의 힘은 점차 최소화하고 팔 쪽으로 힘을 옮겨 가면서 나중에는 거의 팔로만 당길 수 있게끔 '스트렝스 향상'에 초점을 둔 방법이다.

6~8회 정도 팔 백패커를 할 수 있을 정도까지만 다리 힘으로 보조해서 5세트×5회 한다. 워크아웃이 진행될수록 다리 힘을 줄이고 그만큼 팔 힘을 늘려나가야 하는 건 당연하다.

팔 백패커 5세트×5회를 끝낸 다음에는 '팔굽혀펴기'로 넘어간다. 당기는 훈련을 했으니 미는 훈련도 해줄 필요가 있다. 팔굽혀펴기를 잘하는 사람은 맨바닥에서 하면 되고, 스트렝스가 부족해서 바닥에서 하는 팔굽혀펴기로는 8회를 채우기가 쉽지 않은 사람이라면 난간에 팔을 대고 한다. 신체가 수직에 가까워질수록 쉬워지고, 수평에 가까워질수록 어려워진다(반대로 머리가 아래로 오고 다리가 위로 올라가면 수직이 수평보다 더 어려워진다). 약 9~11회 정도 할 수 있는 지점을 찾아서 5세트×8회 한다.

이 두 운동을 마친 뒤에는 마지막으로 '다리 백패커'를 해준다.

이를 서포트 맨몸 스쿼트라고 생각하면 된다. 맨몸 스쿼트 10개도 제대로 못했던 스트렝스 약한 완초들일지라도, 팔의 도움을 받아 다리에 가해지는 강도를 낮추면 대부분 할 수 있다. 11~13회 정도 할 수 있을 만큼만 팔 보조를 받아서 5세트×10회 한다. 백패커는 초보자들에게 좋은 운동일 뿐만 아니라, 살 응용하면 중급자와 고급자들도 사용 가능하다.

그럼 실력이 증가되었을 때 스트렝스 향상을 위해 사용할 수 있는 방법들에 대해 알아보도록 하자.

❶ 배낭을 매고 한다

가장 단순한 방법이다. 백패커라는 이름과도 잘 어울리며, 배낭을 매고 내용물을 조금씩 안에 넣음으로써 쉽게 강도를 올릴 수도 있다. 특히 배낭여행객들에게 강추하는 방법이다.

❷ 상체를 수평에 가깝게 한다

발이 닿는 난간 부분이 손으로 잡는 구조물보다 더 멀어서, 서 있을 때 뒤로 눕는 듯한 모양이 나올수록 강도가 더 높아진다.

턱걸이 바는 쉽게 찾기 힘들어도 손으로 잡고 올라가는 구조물을 가진 계단은 주변에 많이 있다. 손으로 잡는 부분이 수평이 아니라는 단점은 있지만 어차피 고급자를 위한 움직임인 데다 다음번 설명할 방법처럼 한 다리와 한 팔을 이용하면 크게 문제가 되지 않는다.

❸ 한 다리와 한 팔을 이용한다

다리 힘은 팔 힘에 비해 강해서, 초보자 중에서도 다리 백패커를 크게 어려워하지 않는 사람들이 있다. 이런 사람이라면 '한 다리 백패커'를 해본다. 이는 맨몸 스쿼트를 잘하는 사람이 한 다리 스쿼트로 갈아타는 것과 같은 원리다. 여기서 실력이 더 향상되면, 두 팔로 보조하던 것을 한 팔로 보조하게 된다. 마찬가지로 턱걸이를 잘하는 사람도 '한 팔 백패커'를 이용하면 유용하다. 한 팔 백패커를 잘 이용해 나중에 한 팔 턱걸이로 스트렝스 기반을 쌓아나갈 수도 있다.

──────── 마무리하며

이상 백패커 운동에 대해서 알아보았다. 이는 스트렝스가 부족한 완초
들도 어렵지 않게 도전할 수 있는 편리하고도 손쉬운 운동이다. 계단의
예에서 볼 수 있듯 장소 물색도 어렵지 않다. 이제껏 스트렝스가 모자라
필자가 설명한 운동들 중 제대로 할 수 있는 게 거의 없어 절망에 빠졌던
사람이라면 이 백패커를 꼭 시도해보기 바란다. 적은 힘만으로도 스콰트
와 턱걸이라는 극강의 조합을 맛보게 될 것으로 확신한다.

펀더멘탈 스트렝스

'스트렝스' 챕터의 전반부에서는 웨이트를 사용한 스트렝스 훈련에 대해서, 후반부에서는 맨몸을 사용한 스트렝스 훈련에 대해서 설명했다.

여기서는 웨이트와 맨몸 저항을 같이 사용하되 최소 조합으로 최대치 스트렝스 상승 효과를 얻을 수 있는 방법론을 찾아보겠다.

그전에 스트렝스 챕터를 정리하는 단계인 만큼 '스킬과 스트렝스의 관계' 및 '스포츠의 특수성에 따른 스트렝스'에 대해서 먼저 알아보자. 많이들 궁금해하는 부분이다.

스킬과 스트렝스

대부분의 사람들은 스킬만 제대로 익히면 해당 스포츠는 끝났다고 생각한다. 그래서인지 무협지를 보면 특이한 곳(예: 원숭이 배 속)에서 최상승의 무공비급을 찾아내어 그걸 연마하고 강호를 평정한다는 내용들이 적지 않다.

스포츠에서 1순위로 삼아야 할 것은 스킬이다. 수영 기술은 배우지 않고 힘과 체력만으로 수영을 하려는 것만큼 어리석은 일이 없다. 당연히 스킬을 먼저 배우고 체력에 접근하는 게 합리적이다. 하지만 스킬은 스트렝스의 비호 없이는 아무런 힘을 발휘하지 못한다는 맹점이 있다. 스트렝스 없이 스킬 단독으로는 속 빈 강정에 불과한 것이다. **스트렝스가 따라줄 때만이 그 스킬의 능력이 제대로 발휘된다.**

스킬과 스트렝스의 관계를 가장 잘 설명한 다음과 같은 문구가 있다.
"스킬 수준이 같다면 스트렝스가 강한 사람이 승리한다."

스킬만 좋으면 됐지 왜 스트렝스까지 해야 할까? 아이러니하게도 그 답은 '스킬이 중요한 이유'를 파고들면 저절로 드러난다.

필자가 추려본 스킬의 역량은 다음과 같다.

❶ 효율성을 더해 힘과 체력 낭비를 줄여주고
❷ 레버리지를 높여 원래 가지고 있는 힘을 더 키워주며
❸ 상대방의 힘을 역이용할 수 있게 해준다.

이를 보면 스킬 훈련이 전혀 되지 않은 사람이 경기에서 이기기 어려운 이유가 명확해진다. 스킬이 달리면 자기 힘을 효율적으로 사용 못 할

뿐 아니라, 남에게 그 소중한 힘을 가져다 바치는 꼴이 되기 때문이다.

유도를 한다고 생각해보자. 상대방을 자기 몸 쪽으로 당기려면 먼저 상대방을 밀고 그다음 재빨리 당기는 게 좋다. 그래야 상대방은 뒤로 밀리지 않으려고 앞으로 힘을 주고, 그러면 그 힘을 이용해서 더 쉽게 당길 수 있다. 이처럼 기술에 걸려 상대방에게 자기 힘을 보태주면, 설령 제자리에 서서 당기는 힘이 더 우세하더라도 당할 수밖에 없다. 그러니 스킬 차이가 거의 없을 때는 스트렝스 강한 쪽이 이기는 것이 너무 당연하다. 기술을 동시에 걸더라도 힘이 더 강한 쪽이 상대방을 컨트롤할 수 있기 때문이다. 그리고 밀고 당겨도 꿈쩍도 하지 않을 만큼 스트렝스 차이가 크다면, 기술이 무색해지는 것도 같은 이치다. 물론 스포츠에서 멘탈이 차지하는 비중은 생각 이상으로 크고, 우연성이라는 것이 항상 존재하기에 스트렝스만으로 결과를 단정 짓기는 어렵다. **하지만 필드에서 스킬 향상에 힘쓰고 체육관에서 스트렝스를 키운다면 분명 이기는 확률을 높일 수 있다.**

특히 상대방과 접촉이 거의 없는 트랙 앤 필드 경기에서는 대부분 파워에 의해 승리가 결정된다. 이 경우 파워 구성에 결정적 역할을 하는 스트렝스가 얼마나 중요한지는 두말할 필요도 없다. 또 상대방과 부딪히는 스포츠라도 미식축구나 럭비처럼 비교적 단순한 움직임인 경우에는 스트렝스에 의해 승부가 갈리는 상황이 많이 발생한다. 스트렝스를 올리는 데 전념해야 하는 이유다. 다시 말하지만 스포츠에서는 스킬이 가장 중요하다. 그게 없으면 기껏 키운 스트렝스를 효과적으로 사용 못 하거나, 상대방에게 그 힘을 주게 되니까.

하지만 스킬이라는 것도 결국 힘을 효율적으로 사용하기 위한 방편 중 하나임을 안다면, 현재 스킬이 좋든 나쁘든 스킬은 스킬대로 훈련하

되 체력 훈련에서만큼은 스트렝스를 키우는 훈련을 가장 앞에 두어야
할 것이다.

─────── 스트렝스의 보편성

두 번째로 스포츠의 특수성에 따른 스트렝스를 알아보자. 앞으로 다룰
내용과 직접적으로 연관된 이슈이기도 하다. 예를 들어 축구를 위한 스
트렝스, 레슬링을 위한 스트렝스, 복싱을 위한 스트렝스 등에 대해 궁금
해하는 사람들이 많다.

스트렝스에는 수많은 장점이 있는데 그중 발군의 강점이 바로 '보편
성'이다. 스트렝스는 대단히 보편적이고 근본적인 체력이어서 럭비 선수
는 물론 마라톤 선수까지도 퍼포먼스를 올리는 데 도움이 된다.

이 보편성이라는 특성 때문에 스트렝스는 유연성과 더불어 가장 먼
저 훈련해야 할 체력 요소로 꼽는다. 반면 단기 지구력인 '컨디셔닝 혹
은 근지구력'에는 '특수성'이 많다. 예를 들어 타바타 인터벌로 쌓은 컨
디셔닝은 미식축구처럼 초단거리를 뛰는 스포츠에는 큰 도움이 되지 않
는다(잘못 쓰면 오히려 해가 된다). 각 스포츠는 주요 움직임에 어느 정도
거리와 시간이 걸리는지에 따라 각각 거기에 맞는 컨디셔닝 훈련을 할
필요가 있다.

물론 스트렝스에 있어서도 팔씨름처럼 특수성이 요구되는 종목이
있긴 하다. 하지만 팔씨름의 모양새에서 알 수 있듯 인간의 자연스런 움
직임에서 흔히 볼 수 있는 자세는 아니다. 이와 같은 특수한 움직임을
가진 종목이 아닌 일반적인 케이스라면 이제부터 설명하려는 '펀더멘탈

스트렝스 운동'으로 커버 가능하다. 그리고 특이한 케이스라 하더라도 펀더멘탈 스트렝스의 운동들을 잘하면 특수한 스트렝스도 한층 강해진다(스쾃트를 제대로 해본 사람이라면 무게가 올라갈수록 덩달아 팔 힘이 좋아지는 것을 한 번쯤은 경험했을 것이다).

그러니 각 스포츠에 특화된 스트렝스를 찾는 사람이라 할지라도 우선 스트렝스의 장점, 즉 보편성이 극대화된 펀더멘탈 스트렝스 운동에 집중한다.

━━━━━ 펀더멘탈 스트렝스

근본적이며 핵심적이며 필수적인 스트렝스라는 의미인 펀더멘탈 스트렝스 운동을 선발하는 데는 다음과 같은 조건이 먼저 수립되어야 한다.

'운동 수의 최소화'.

앞서 설명했듯이 너무 많은 운동을 제시하면 안 하느니만 못하다. 운동 수가 적어야 집중력을 높일 수 있고 더 빨리 중량을 올릴 수 있다. 뿐만 아니라 개인 특성에 따른 '약점 보강 운동'을 포함시키려는 사람을 위해서라도 펀더멘탈이 되는 기본 운동의 개수는 적어야 한다. **이미 많은 운동을 하고 있는데 또 새로운 운동을 더하면 약점을 보강시키기는커녕 오버트레이닝으로 빠질 수가 있다.**

펀더멘탈 스트렝스는 다섯 가지 운동으로 구성된다. 펀더멘탈 스트렝스에서는 웨이트를 이용한 운동 혹은 맨몸을 이용한 운동이어야 한다는 조건이 없다. 아무런 제약 없이 둘 다(웨이트+맨몸) 사용해서 근본적인 기초 스트렝스를 쌓는 데 주요한 운동이 뭔지를 알아보자는 의도에서 나왔다.

그래서 나온 답이 웨이트로 하는 '맛스리' 세 가지, 그리고 맨몸으로 하는 '한 팔 턱걸이'(이하 한턱)와 '한 팔 딥'(이하 한딥) 두 가지이다. 이 다섯 가지 운동에는 인간 움직임에 필요한 대부분의 스트렝스가 포함되어 있다.

펀더멘탈 스트렝스 운동

맛스리+한 팔 턱걸이+한 팔 딥

보다시피 새로운 운동은 없다. **중요한 운동은 항상 중요하다.** 기본적인 위대한 운동에서 그 답을 먼저 찾아야 한다. 웨이트와 맨몸 모두를 포함한다는 '새로운 조건'이 붙었기에 위와 같은 조합이 나왔다.

웨이트로 하는 '맛스리'와 맨몸으로 하는 '한턱'과 '한딥'. 이 두 가지 종류를 다 잘해야 어떠한 상황에서도 한껏 자랑이 가능하다.

근육이 아닌 지방이 커져서 몸무게가 늘어나면 맛스리 중량은 올라가셨으나 한턱과 한딥이 어려워진다. 반대로 한턱과 한딥을 잘하려고 몸무게를 너무 줄이면 맛스리 중량이 준다. 체조와는 달리 한턱과 한딥은 몸무게가 많이 나가도 성공 가능한 퍼포먼스다. 따라서 맛스리와 함께 열심히 훈련해도 크게 충돌하는 일이 없다는 점은 펀더멘탈 스트렝스 훈련의 또 다른 장점이다.

먼저 맛스리부터 살펴보기로 하지.

❶ 펀더멘탈 스트렝스 웨이트 운동 : 맛스리

   ⓐ 프론트 스쾃트

    '스트렝스 3대 운동'과 '보디빌딩 3대 운동'(다음 챕터에서 설명)
을 보면 다음 챕터에서 설명할 올림픽 스쾃트(하이바 스쾃트)의
중요성이 잘 나온다. 필자가 프론트 스쾃트를 강조하는 이유
도 이와 일맥상통한다. 프론트 스쾃트는 올림픽 스쾃트와 운동
메커니즘적으로 약간 차이가 있어서 궤적이 완전히 똑같지는
않지만 로우바 스쾃트보다는 올림픽 스쾃트에 훨씬 근접한다.

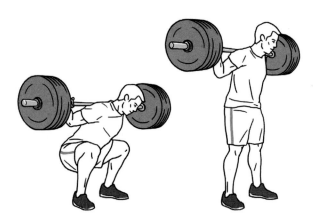

로우바 스쾃트

    사실 로우바 스쾃트는 굿모닝 운동에 더 가깝다. 엉덩이가
좀 더 내려간 굿모닝이다. 로우바 스쾃트는 올림픽 스쾃트에
비해 햄스트링과 허리 힘을 많이 사용하는데 굿모닝이 그러
하다. 그래서 파워리프팅에서 기록들을 쏟아낸 '웨스트사이드

바벨'에서도 굿모닝을 많이 시킨다.

파워리프팅 스쾃트는 해당 대회에서 제시하는 기준까지만 아래로 내려가면 된다. 그래서 처음에 굿모닝을 시키면서 로우바 스쾃트와 비슷한 근육들을 단련하다가, 대회가 가까워지면 그 대회가 요구하는 수준만큼만 점차 엉덩이를 낮추는 훈련을 첨가한다. 이와 같이 특정 대회의 승자가 되기 위해선 그 대회 룰에만 벗어나지 않는 최고 무게를 들 수 있는 자세를 찾는 게 맞으나, **다양한 스포츠에 적용 가능한 스쾃트를 찾는다면 '하이바 백 스쾃트'나 '프론트 스쾃트'를 선택해야 한다.** 참고로 로우바 스쾃트가 굿모닝과 비슷하다는 말이 나쁜 의미만은 아니다. 굿모닝 운동은 그 자체로 아주 좋은 운동이고 장점이 많기 때문에 굿모닝을 하든 그와 비슷한 로우바 스쾃트를 하든 열심히 해서 나쁠 건 없다.

다만 필자는 스쾃트로 인한 특유의 이점은 프론트/하이바 백 스쾃트가 훨씬 뛰어나다고 보기 때문에 굿모닝에 가까운 로우바 스쾃트보다 프론트/하이바 백 스쾃트를 강조하는 것이다.

펀더멘탈 스트렝스에서 하이바 백 스쾃트보다 프론트 스쾃트를 선택한 이유는 점차 로우바로 변해가는 것을 원천 봉쇄하는 프론트 스쾃트의 장점 때문이다. 로우바 자세로 스쾃트를 하면 무게를 더 들 수 있기에 하이바를 하는데도 로우바 비스무리하게 자세를 변경히는 경우를 너무나 많이 목격했다. 말을 듣고 자세를 고치는 사람도 있으나 고집스럽게 자기를 변명하고 잘못된 자세를 고수하는 사람들도 종종 있다.

프론트 스쾃트

　이런 상황을 아예 차단해버리는 강수가 필요하다는 판단
으로 펀더멘탈에서는 프론트 스쾃트를 내세웠다. 혹여 혼자 연
습해도 하이바 백 스쾃트(올림픽 스쾃트)를 올바르게 할 수 있
는 사람이라면 그걸로 대신해도 된다.

ⓑ 스티프 레그 데드리프트

무릎보다 힙 부분이 많이 구부러지는 스티프 레그 데드리프트
는 무릎이 많이 접히는 프론트 스쾃트 동작을 보완하면서 그
것으로 자극이 덜된 부분을 채워준다. 유심히 보면 알 수 있는
데 이 동작은 재미있게도 앞서 언급한 굿모닝과 비슷하다. 굿
모닝과 비슷한 로우바 스쾃트를 뺀 또 다른 이유이기도 하다.

　스쾃트를 할 때 허리가 굽는데도 억지로 더 내려가면 안 되
는 것과 마찬가지로 스티프 레그 데드리프트도 유연성에 따라
바의 시작 위치가 달라진다. 초보자는 무조건 제일 큰 바벨 플
레이트를 사용해서 시작점을 높이는 것이 좋고, 큰 플레이트

스티프 레그 데드리프트

가 없거나 유연성이 좋지 않은 사람은 블록이나 파워 랙을 사용해서라도 허리 아치형이 무너지지 않는 상태에서 시작한다.

ⓒ 밀리터리 프레스

스피드 운동을 잘하려면 스트렝스가 근본이 되어야 한다고 했다.

선 상태에서 발생하는 미는 행위들은 알게 모르게 밀리터리 프레스로 키운 스트렝스의 도움을 많이 받는다. 다시 말하면 푸시 프레스와 푸시 저크 무게를 올리는 데 기초가 되는 운동이 밀리터리 프레스니. 또 밀리터리 프레스는 다음으로 설명할 한턱과 한딥에서 덜 자극되는 상체 부위를 채워주기 때문에 시너지 효과는 더욱 커진다. 맞스리 운동의 최종 목표는 합계 500㎏이다.

❷ 펀더멘탈 스트렝스 맨몸 운동 : 한 팔 턱걸이, 한 팔 딥

한턱은 굉장히 어려운 운동이다. 체조에서의 고난이도 운동을 제

외하면 이만큼 어려운 운동도 많지 않다. 체조에 비해 쉬운 운동이라는 것이 안 좋은 의미만은 아니다. 몸무게가 많이 나가도 성공할 수 있다는 뜻이기 때문이다. 몸무게가 100kg 나가도 한턱에 성공할 수 있으므로 몸무게 줄이기에 신경 쓸 필요 없이 맛스리 훈련과 병행할 수 있다(다만 체지방이 적고 가벼운 사람보다 훈련 기간은 더 길게 잡아야겠지만). 한턱과 한딥이 가능해지면 놀이터에서 벌어지는 현란한 퍼포먼스 스트리트 워크아웃은 누구보다 빨리 습득할 수 있다. 무반동 머슬 업처럼 일반인이 흉내 내기 어려운 운동도 식은 죽 먹기가 된다.

한딥을 하다 보면 점차 한쪽으로 몸이 기울어지고 틀어진다. 중심을 잡기 위한 당연한 모양새다. 몸이 틀어지는 걸 억지로 막지 말고 자연스레 몸이 편안한 방향을 찾는 대로 따라간다(바가 몸 앞에 위치하는 자세가 될 거다). 그 자세로 균형을 잡으려면 복근 힘이 아주 강해야 한다. 한턱과 한딥을 하면 따로 복근 운동을 할 필요가 없는 이유이기도 하다. 이 두 가지 운동에 성공하려면 MAD 손가락 접기를 이용해 보조 힘을 점차 줄이면서 개선해 나가기 바란다.

MAD 손가락 접기를 통해 스트렝스가 많이 발달했는데 마지막 손을 완전히 떼는 부분이 잘 안 된다는 사람들이 종종 있다. 쉽지 않은 게 당연하다. 바벨 운동도 실력이 많이 향상되면 단 1kg을 올리는 데도 상당한 기간이 걸린다. **한턱과 한딥도 서포트(보조)가 줄어들수록(즉 실력이 늘어날수록) 개선이 어려워지는 건 똑같다.** 하물며 마지막 손가락을 완전히 접을 때는 '서포트 힘의 감소'가 아주 크게 발생한다. 손목 힘과 더불어 균형을 잡기 위한 복근의 힘도 많이 필요하기 때문이다. 따라서 갈수록 개선하는 데 시간을 더 길게 잡아야 한다. 그리고 새끼손가락 하나로 서포트하는 단계라도 그 단계 안에서 상당한 개선의 폭이 존재한다는 사실을 알아야 한다.

새끼손가락 서포트 단계까지 가더라도 손가락이 바에 '걸린 듯, 안 걸린 듯'한 수준까지 점차적으로 보조 힘을 줄여가야 한다. 웨이트와 같은 방식이다.

실력이 향상될수록 개선이 쉽지 않다는 사실을 당연히 여겨라. 한턱/한딥에서는 1회를 성공하는 게 중요하다. 1회가 되면 그다음부턴 자신감이 횟수를 올려준다(그렇다고 쉽게 횟수가 올라가는 건 당연히 아니다). 욕심 부리지 않고 장기적 안목으로 지속적 훈련을 하라.

이상으로 펀더멘탈 스트렝스에 대해 알아보았다. 이 펀더멘탈 스트렝스 훈련만으로도 대부분의 스포츠와 액티비티에서 실력을 발휘하는 것이 가능하다. 혹시 차후에 스포츠 특수성에 맞는 추가 스트렝스 훈련이 필요하다면 그때 이 펀더멘탈 스트렝스 훈련에 몇 가지를 더해주면 된다.

앞서 말했듯 맛스리는 합계 500kg까지, 한턱/한딥은 1회 섬공 후 횟수를 올리는 데 열중한다. 프리레핀 차트를 이용해서 프로그램을 짜되 정체기가 오면 회복 시간을 늘린다. 보디빌딩 빅 3 프로그램을 사용한 근비대 사이클을 두는 것도 도움이 된다.

펀더멘탈 스트렝스의 기준점인 맛스리 합계 500kg과 힌턱/힌딥 성공에 다다르는 동안 당신은 더 빨라지고 더 파워풀해져서 필드에서 더욱더 강해질 것이다.

역도 선수 vs 체조 선수

'스트렝스' 챕터를 마무리하는 데 이처럼 알맞은 내용도 없을 것으로 보인다.

웨이트를 저항으로 이용하는 힘의 전사(역도 선수), 맨몸을 저항으로 이용하는 힘의 전사(체조 선수)와의 대결.

스포츠에서 순위 매기기는 언제나 논란의 대상이 되어왔다. 그나마 혼자서 하는 스포츠는 기록이 남으니 깔끔하게 비교할 수 있는데 남들과 경쟁하는 종목(복싱, 축구 등)은 직접 대결해보기 전에는 결과를 알 수 없고, 심지어 다른 세대 사람들과 비교를 시작하다 보면 답이 없는 소모전으로 끝나기 일쑤다. 결국 이런 싸움은 '적당한 논리 20%+윽박지름 30%+무조건 우기기 50%'에 더 강한 사람의 승리로 끝나게 마련이다.

다른 종목끼리 붙을 때는 문제가 더 커진다. 다들 각자가 좋아하는 스포츠에 대한 자부심이 하늘을 찌르고, 어차피 경쟁할 일이 없다고 생각되는 상황에서는 '무조건 우기기 50%'가 98%까지 상승하기도 한다.

　이종격투기가 등장해 현재 종합격투기로까지 발전한 것도, 이와 같은 논쟁이 난무하는 격투기의 특성에서 기인한 확인 사실 욕구의 자연스런 발로라 볼 수 있다.

——————— 강한 놈들의 전쟁

　"역도 선수와 체조 선수 중에서 누가 더 강한가요?"

　이는 필자가 받았던 컴피티션 질문 중에 가장 많았던 것 중 하나다.

　여기에 대답하려면 먼저 두 가지 전제가 필요하다.

● **강하다는 말에 대한 정의**
● **상대적으로 비슷한 실력자끼리의 비교**

　첫 번째 전제에 대해 생각해보기.

　한국어에서 '강하다'는 말의 의미는 너무 다양해서 여러 분야에서 서로 다른 용도로 쓰인다. 일대일로 붙어 누가 싸움을 잘한다는 말인지, 누가 더 오래 달린다는 말인지, 이도 저도 아님 누가 더 정력이 세다는 말인지 확실한 기준을 설정해두어야 뒤끝이 없다.

　'역도 선수vs체조 선수', 이 파트에서 강하다는 의미는 순수 힘, 즉 스트렝스 크기를 말한다. 즉 역도와 체조 둘 다 힘 좋은 강자의 집합소라는 이미지를 가지고 있는 스포츠인 만큼 그들 선수 중 누가 더 힘이 센지를 가리는 것에 목적을 둔다.

대부분의 질문 의도도 그러했고.

두 번째 '상대적으로 비슷한 실력자끼리의 비교'라는 전제에 대해 생각해보자.

어떤 분야에나 개인차가 존재한다. 무에타이를 겨우 한 달 배운 사람과 복싱 선수 타이슨을 붙여놓고, 타이슨의 승리를 복싱이라는 종목의 우수성으로 결론지을 수 없듯이 역도에서 제일 약한 사람과 체조에서 제일 강한 사람을 붙여서 비교하면 안 된다. 역도와 체조의 엘리트 급에서는 어차피 몸무게와 스트렝스가 거의 비례하기 때문에, 개인차를 줄이려면 비슷한 몸무게끼리 붙어야 한다. 그렇지 않으면 역도가 무조건 이긴다. 역도는 체급이 있는데 체조에는 체급이 없어서, 가장 힘센 역도 선수는 가장 힘센 체조 선수에 비해 몸무게가 훨씬 많이 나간다.

각 스포츠마다 고유의 특성에 맞는 체형이 존재하고, 그래서 체급이 나뉘는 경우와 그렇지 않은 경우가 있다. 이를 고려해 비슷한 덩치끼리 비교해야 더 정확한 답에 다가갈 수 있는 것이다.

———— 스포츠 체형에 대한 오해

체형에 대해 말이 나온 김에 흔히들 하는 오해를 하나 풀고 가기로 하자. 어떤 스포츠든 톱에 있는 사람의 몸을 보고 그것이 운동에 대한 결과라는 오류를 범해서는 안 된다. 그 스포츠의 결과물로 그 몸이 만들어진 게 아니라, **해당 스포츠의 특수성에 가장 알맞은 체형을 타고났기 때**

문에 톱에 간 것이기 때문이다. 예를 들어 역도를 하면 다리가 짧아진다는 말. 앞뒤가 바뀌었다. 신체적 우수성(그 스포츠에 가장 유리한 레버리지를 가짐) 때문에 그 자리에 갈 수 있었던 것이지, 그 운동으로 인해 팔다리가 짧아진 게 아니다. 유튜브에서 올림픽에 나온 여자 역도 선수들의 모습을 찾아보기 바란다. 다리가 학처럼 긴 선수들도 여럿 있다. 올림픽 무대에 나온 엘리트 선수들인데도.

체조 선수도 마찬가지다. 체조를 해서 몸이 작아진 게 아니라 몸이 작아서 그 분야에 유리하기 때문에 톱까지 올라간 것이다. 아주 드물게 덩치가 조금 있는 사람도 있지만 체조라는 스포츠의 특성상 대부분은 몸이 작다.

그러니 특정 톱 스포츠 선수들의 체형처럼 되는 것을 걱정해 미리 그 스포츠를 기피하는 우를 범하지는 말기 바란다.

자, 그렇다면 앞서 말한 두 가지를 전제로 했을 때 답은 무엇일까? 바로 역도 선수다. 사실 그 답은 두 스포츠의 경쟁 목표만 보면 금방 알 수 있을 정도로 간단하다.

역도는 힘(파워)을 위한 경쟁이고, 체조는 기술(퍼포먼스)을 위한 경쟁이기 때문이다. 역도의 기술은 장미란이라고 해도 항상 배우고 고쳐가야 할 정도로 오묘하며, 체조도 힘이 받쳐주지 않으면 웬만한 기술 동작은 비스무리하게 흉내도 못낼 정도이므로 둘 다 힘과 기술 어느 한쪽을 완전히 배제할 수가 없다. 하지만 스포츠의 승패를 좌우하는 기준에 따라 구분해보면, 역도는 힘(파워)이 목적이고 기술은 수단이 되는 반면 체조는 기술(퍼포먼스)이 목적이고 힘이 수단이 된다.

체조 선수를 하다가 역도로 종목을 바꾸고 몇 년 뒤 다시 체조로 돌아왔을 때 점프력이 훨씬 더 상승했다는 일화는 유명하다. 역도로 힘과 파워를 더 키운 후 점프가 더 높아진 것이다.

물론 반대의 예도 있다. 한 번도 웨이트를 해본 적 없이 맨몸으로 체조만 한 사람이 처음 시도한 데드리프트에서 몸무게의 두세 배나 되는 무게를 리프팅한 것이다. 하지만 이는 이전에도 설명했듯 체조에 대단한 비밀이 있어서가 아니라 어차피 맨몸을 이용해서 스트렝스를 쌓아온 것이 웨이트를 통해 나타났을 뿐이다.

그리고 이런 사례는 일반인들에 비해 훌륭할 뿐 몸무게 다섯 배를 데드리프트하는 파워리프터에 견주면 별로 인상적인 것도 아니다.

절대 무게가 아닌 몸무게 비율로 측정하는 것이 본래 덩치가 적은 체조 선수에게 유리한 방식이었음에도 불구하고…….

그런데 체조가 일반인들에게 강해 보이는 이유는 무엇일까? 가장 큰 이유는 아예 흉내조차 낼 수 없는 동작들을 선보이기 때문이다.

플렌체 푸시업을 예로 들어보자. 그냥 팔굽혀펴기만 한다면 아무도 주목하지 않지만 플렌체 푸시업을 하면 경외심을 가지고 바라본다. 왜? 일반인은 감히 따라 할 수 없는 동작이기 때문이다. 즉 **웨이트로 하는 동작은 '동작은 같고 웨이트 무게만 바뀌기'에 일반인의 눈엔 별로 인상적이지 않지만, 반대로 맨몸으로 하는 동작은 '웨이트는 같은데 동작이 바뀌기' 때문에 일반인들 눈에 강하게 어필할 수 있다.** 웨이트 운동을 하는 사람으로서 아주 억울한 부분이다.

빈 바 20kg으로는 웬만한 남자들이 스내치를 할 수 있지만 일반인 중에 100kg으로 스내치를 하는 사람은 거의 없다. 즉 동작만 같을 뿐 무거운 무게로 스내치를 하는 것은 플렌체 푸시업처럼 아예 흉내도 못 내는 모션인 것이다. 20kg으로 스내치를 하는 것이 팔굽혀펴기의 강도고, 100kg으로 스내치를 하는 것을 플렌체 푸시업이라고 가정한다면, 스내

스내치

치 150kg은 플렌체 푸시업을 훨씬 뛰어넘는 엄청난 퍼포먼스가 된다. 그럼에도 단지 가벼운 무게로 그 동작을 따라 할 수 있다는 사실 때문에 100kg 이상을 해도 크게 대단해 보이지 않는다.

물론 플렌체 푸시업이 체조에서 가장 어려운 기술도 아니고, '특정 체조 기술:스내치 몇 kg' 하는 식으로 '일대일'로 비교할 수도 없지만, 역도처럼 계속 무게를 올릴 수 있는 특성을 가진 스포츠는 언제든 기술을 선보이는 스포츠보다 항상 더 큰 힘을 키울 수 있는 포텐을 가지고 있다는 점을 알아야 한다.

다시 말하지만 스포츠의 목적 자체가 아예 다르므로 역도가 태생적으로 더 강할 수밖에 없다. 역도는 무조건 더 많은 무게를 들기 위한 스포츠이고, (그래서 기본 규칙만 지키면 어떤 방식으로 들어도 상관이 없으며) 능력만 되면 아무런 제한 없이 최고치 무게를 끊임없이 경신할 수 있다.

그에 비해 체조는 동작을 완성하는 것에 더해 밸런스와 코오디네이션을 적용해서 아름답고 깔끔하게 모션이 나오게 하는 기술 부분에도 주력해야 하고, 또 그 기술을 완벽히 소화하는 이상의 스트레스는 필요하지도 않다.

예전에 〈스타킹〉이라는 프로그램에서 쌍둥이처럼 보이는 외국인 형제가 나와서 서로의 몸을 붙잡기도 하고 허공에 기대기도 하면서 여러 가지 모양을 연출하는 퍼포먼스를 본 적이 있다. 사람들은 두 사람이 기이한 형태를 만들어내는 동작에 환호했지만 아는 사람 눈에는 달리 보이는 것이 하나 있었다.

실상 그들이 가장 힘들어했던 동작은 그 어떤 화려한 것이 아닌, 단지 한 사람이 다른 사람을 머리 위로 올리는 (다소 어려운 레버리지의) 밀리터리 프레스를 변형한 동작이었다. 몸과 팔이 가장 많이 떨리고 표정도 힘겨웠지만 너무나 단순한 모양이라 오히려 박수가 덜 나왔다.

역도 선수들이 일반인에게 덜 인상적으로 보이는 것도 마찬가지 이유다. 역도에서 그 쌍둥이 형제 이상의 무게를 머리 위로 올려도 아는 사람이 아니고서는 큰 감동을 받지 않는다.

더 이해하기 쉽게 물구나무 푸시업과 밀리터리 프레스를 비교해보자. 몸무게만큼 리프팅하는 밀리터리 프레스보다, 밸런스와 코오디네이션을 많이 요구하는 물구나무 푸시업이 더 어렵다. 하지만 무게를 점점 올리면 밀리터리 프레스가 더 힘들어지는 것이 당연하다.

물구나무 푸시업은 스트렝스 경쟁이 아닌 고로 일정 수준까지만 힘을 기르면 되지만, 밀리터리 프레스는 힘을 쌓아서 경신하는 데 끝이 없다. 즉 스트렝스 이외의 많은 요소들을 이용해서 멋진 퍼포먼스를 보여야 하는 체조에 비해 오로지 힘과 파워 경쟁만을 위해 만들어진 역도가 더 강할 수밖에 없는 운명을 지닌 것이다.

혹시라도 이런 내용을 읽고 실망하는 체조 마니아들이 있을까 봐 한마디하자면, 기술을 제외한다 쳐도 체조 수준의 스트렝스에 다가갈 수 있는 사람은 많지 않다. 비교를 위해서 답을 낸 것일 뿐 그들의 스트렝스는 제대로 배우지 않고서는 일반인들은 꿈도 못 꿀 정도다. 남들에게 뽐낼 때 체조가 얼마나 유용한지는 말할 것도 없고.

다만 별거 없어 보이는 웨이트를 이용한 운동이 그 내면을 들여다보면 얼마나 뛰어난지, 또 스트렝스 훈련에서 가장 중요한 오버로드와 강도 조절에 있어 웨이트 트레이닝이 가지는 편리함과 정확성이 얼마나 위대한지는 눈여겨볼 필요가 있다. 그 어떤 멋진 동작을 대하더라도 겉으로 보이는 화려함에 현혹되기보다는 단순한 동작에 점차 강도를 더해 하는 것이 훨씬 더 강력한 것임을 이번 기회에 확실히 알았으면 한다.

앞으로 더 많은 사람들이 이러한 웨이트 트레이닝의 장점을 깊이 이해하고 그 저변 또한 점차적으로 넓어지길 바라본다.

CHAPTER 3

보디빌딩

보디빌딩 3대 운동

보디빌딩에 가장 좋은 3대 운동은 뭘까? 우선 우리가 잘 아는 '스콰트, 데드리프트, 벤치 프레스'는 파워리프팅 3대 운동이다, 보디빌딩 3대 운동이 아니라. 오래전부터 파워리프팅에서 이 세 가지 운동을 선점(?)해서 경기를 해왔기 때문에 외국 피트니스 세계에선 이 조합을 보디빌딩 3대 운동으로 인정하지 않는다. 굳이 똑같은 운동 조합을 보디빌딩 3대 운동으로 가져다 쓰겠다고 우겨도 여전히 문제가 남는다. 보디빌딩에 가장 좋은 세 가지 운동이 파워리프팅 3대 운동과 일치하지 않기 때문이다.

파워리프팅 3대 운동인 스콰트, 데드리프트, 벤치 프레스는, 다리 힘과 상체의 밀고/당기는 힘을 통해 '가장 많은 무게를 들 수 있는' 3개의 운동이다. 물론 공식 대회라는 점 때문에 전 세계적 스탠더드나 운동의

스콰트

모양새를 생각해서 고른 측면도 있으나(예:디클라인 벤치보다 플랫 벤치) 중량의 크기를 다룬다는 개념에서 볼 때 파워리프팅 3대 운동으로 적합하다. 하지만 보디빌딩 3대 운동은 중량의 크기보다는 몸에 가장 많은 근육을 가져다 주는 관점에서 세 가지 운동을 찾아야 한다.

그래서 구성된 운동은 다음과 같다.

보디빌딩 3대 운동

❶ 스콰트
❷ 무게 턱걸이
❸ 벤치 프레스

보디빌딩 3대 운동의 스콰트, 벤치 프레스가 파워리프팅 3대 운동의 스콰트, 벤치 프레스와 용어는 같아도 실행 방법은 다르다. 겉보기에 그 차이를 확연하게 알 수 있는 스쿼트를 예로 들어보자. 파워리프팅에서는 바를 견갑골까지 내린 일명 로우바 스쿼트를 이용해서 더 많은 무게를 들 수 있게 한다. 로우바 스쿼트는 파워리프팅 경기에 특화된 동작이다.

로우바 스쿼트

하지만 보디빌딩을 위해서는 하이바 스쿼트, 일명 올림픽 스쿼트를 하는 게 좋다. 로우바로 하면 더 많은 무게를 들 수가 있고, 또한 자극되는 근육노 사이가 있으므로 분명 쓰임새가 따로 있는 스쿼트다. 빌자도 필요에 따라 종종 사용한다. 그러나 오랜 경험에 비추어볼 때 올림픽 스쿼트가 로우바 스쿼트보다 다양한 방면으로 뛰어났다. **특히 근육 발달 면에서는 하이바 스쿼트를 따라올 자가 없었다.**

로우바 스쿼트와 하이바 스쿼트의 차이점을 운동역학적으로 설명하려면 굉장히 길어질 테니 여기서는 간단하게 올림픽 스쿼트의 두 가지 장점만 짚어보기로 한다.

❶ 슈퍼 스콰트에 적용

최고의 보디빌딩 프로그램은 슈퍼 스콰트다. 슈퍼 스콰트는 올림픽 스콰트를 기준으로 만들어졌고, 올림픽 스콰트를 할 때 제대로 근비대 효과를 얻을 수 있다는 사실은 데이터를 보아도 가늠할 수 있다. 근육은 말할 것도 없고 자세만 보아도 확연하다. 올림픽 스콰트는 상체 각도가 로우바보다는 수직에 가까워서 허리 힘을 덜 사용하고, 따라서 슈퍼 스콰트 같은 고반복에 상당히 유리하다. 슈퍼 스콰트의 근육 결과물을 생각한다면 '슈퍼 스콰트에 쓰이는 스콰트'는 곧 '근육을 만드는 데 최고의 스콰트다'라고 말해도 지나치지 않다.

❷ 역도에 적용

근육 발달을 넘어 나중에 퍼포먼스 강화까지 염두에 둔 사람이라면 올림픽 스콰트를 해야 한다. 로우바를 중심으로 연습한 사람이 스내치나 클린을 하려면 엄청나게 고생한다. 스내치, 클린과는 몸 움직임이 상이하기 때문에 나중에 자세를 교정하는 데 몇 배나 더 노력해야 하는 것이다. 따라서 파워리프터가 아닌, 필드 퍼포먼스 중심의 '애슬릿'이 목표인 사람은 추후를 고려해서 처음부터 올림픽 스콰트를 기본으로 하는 편이 훨씬 좋다.

——— 무게 턱걸이

이제는 파워리프팅 3대 종목에는 아예 존재 자체도 없는 무게 턱걸이에 대해 설명해보자. 데드리프트가 빠진 이유는 간단하다. **데드리프트는 스콰트와 많은 부분이 겹치기 때문이다.** 근육을 키우는 데 있어 데드리프트가 풀 스쿼트를 따라갈 수는 없지만, 두 운동은 자극되는 근육이 비슷해서 서로 보완재라기보다는 대체재에 가깝다고 볼 수 있다(완벽한 대체재가 될 순 없다). 사람의 특성에 따라 차이가 있긴 해도 보통은 둘 중 하나를 잘하면 나머지 하나도 잘하는 것만 보아도 알 수 있는 사실이다.

그러므로 3개의 운동을 통해 근육을 최대치로 이끌어내려면 굳이 스쿼트와 많이 겹치는 데드리프트를 포함시킬 이유가 없다. 데드리프트에서 오는 호르몬 효과가 온몸 전체에 미치는 영향을 고려한다손 치더라도, 그건 풀 스쿼트를 하지 않았을 때의 얘기지 스쿼트가 포함된다면 이 두 운동이 3대 운동에 동시에 들어갈 필요성이 없는 것이다. 등은 다리에 이어 가장 많은 근육을 차지하고 있으며, **무게 턱걸이를 넣는 것이 데드리프트보다는 등을 더 크게 만들 수 있는 방법이므로 무게 턱걸이가 들어가야 전체적으로 더 많은 근육을 생성해낸다.** 나무에 매달려 나뭇가지를 타고 옮겨 다니는 동물들의 등 크기를 보면 알 수 있듯이, 등 근육은 데드리프트처럼 아래서 들어 올리는 동작보다 위로 몸을 당기는 동작을 할 때 더 많이 개입된다. 특히 데드리프트는 팔꿈치가 굽지 않기 때문에 등 근육을 완벽히 자극하는 데는 모자람이 있다. 이두근은 말할 것도 없다.

아주 작은 무게로 시작할 수 있는 스쿼트와 벤치 프레스와는 달리 무게 딥길이는 맨몸으로만 해도 자극의 크기가 거시 한때 다른 대체재(예: 바벨/덤벨 로우)를 찾아보려고 노력한 적이 있었다. 하지만 오랜 기간 여러 가지 방법론을 통해 훈련을 시켜본 결과, 등 근육 발달에서 무게 턱걸이를 따라올 운동은 없었다. 그러니 맨몸 턱걸이를 못 하는 완전 초보자들은 다소 귀찮더라도 의자 위에 올라가 다리 힘으로 보조해주는 서포트 턱걸이로 시작해 '(맨몸) 턱걸이'를 먼저 성공하고 점차 무게

무게 턱걸이

턱걸이에 진입하도록 한다. 혹시나 몸의 구조상 스쿼트가 잘 맞지 않아서 스쿼트 대신 데드리프트를 하려는 사람에게는 일반 데드리프트보다 트랩바 데드리프트를 추천한다. 트랩바 데드리프트와 무게 턱걸이, 벤치 프레스가 만나면 보디빌딩의 성격에 더 맞아떨어지는 운동이 된다. 트랩바 데드리프트를 하더라도 근육을 더 발달시킬 수 있는 방법론이 따로 있는데 일단은 여기까지만 알아두기 바란다. 자세한 내용은 3권에서 다시 설명하겠다.

배치기 또는 키핑 턱걸이가 유행하니 이런 방식으로 턱걸이를 할지 모른다는 우려 때문에 한마디 덧붙여야 할 것 같다. **무조건 무반동 턱걸이를 메인 훈련으로 가져가라.** 예전에 배치기 턱걸이에 대해 문의한 트레이너가 있었다. 누군가가 게시판에 올린 글을 보여주면서 필자의 의견을 구하는 질문이었다. 각종 운동 원리에서 해부학까지 머리 아픈 얘기

파워 클린

를 잔뜩 늘어놓으며 배치기 턱걸이의 우수성을 설명하는 내용이었다. 중간중간 논리적으로 비약하며 좋은 말만 골라 깨알 같은 설명을 해놓았기에 운동에 대해 아무것도 모르는 초짜들이 본다면 가히 배치기 턱걸이가 피트니스에서 최고의 운동으로 착각될 만큼 꼼꼼히 적어놨더랬다.

필자는 간략한 답변을 보냈다. 근육을 원하면 무반동 턱걸이를 시키고, 퍼포먼스를 원하면 파워 클린을 시켜라(무조건 파워 글린일 필요는 없으니, 다른 익스로닝 운동을 할 수노 있나). 즉 배치기 벽걸이는 근육을 만느는 데는 무반동 터걸이만 못하고, 실견에서는 파위 클린에 못 미친다. 그것도 휠씬.

이 두 가지 운동을 하면 배치기 턱걸이는 굳이 필요가 없다. 다양한 운동을 할 수 없는 특수한 환경에서는 배치기 턱걸이를 사용할 수도 있으니 완전 배제할 필요는 없다. 하지만 기본 환경이 갖춰진 웨이트 트레이닝장에서 배치기 턱걸이의 사용 용도는 아주 적다. 처음에는 특별한 혜택을 기대하며 시킨 적도 있었지만, 하면 할수록 별다른 장점을 발견하기 어려웠다. 이후로는 특수한 경우가 아니고서는 무반동 턱걸이만 시키는데 효과가 더 좋았다. 기본 자세를 익히거나 근육을 키우는 데는 무반동 턱걸이의 효과가 우세하며 특히 무게 턱걸이를 배치기로 하면 자세가 이상해져 부상당할 확률이 높아지니 반드시 무반동 턱걸이를 기본에 두고 훈련하도록 한다.

이와 같이 세 가지 운동을 통해 신체 전반에 가장 많은 근육을 채워 넣는 운동은 스쿼트, 무게 턱걸이, 벤치 프레스이며, 그래서 보디빌딩 3대 운동은 스쿼트, 무게 턱걸이, 벤치 프레스로 구성되어야 한다. 그렇다면 이제 이 보디빌딩 3대 운동을 이용해서 몇 가지 디테일한 근육을 제외하고는 대부분의 근육을 키울 수 있는 가장 간단한 루틴을 하나 알아보도록 하자.

━━━━━ 보디빌딩 3대 운동 프로그램

완전 초보자는 빅머슬 7으로 스트렝스 운동을 하다가 다음 루틴으로 가는 게 좋다. 하지만 하루빨리 눈으로 결과를 확인하고 싶은 사람들이라면 오리지널 슈퍼 스쿼트 방식보다 한참 무게를 낮추어 시작한다는 전제를 가지고서 곧바로 다음 루틴을 시작할 수 있다.

무게를 낮춰 시작하더라도 '가능하면 매 위크아웃마다 무게 개선'이라는 슈퍼 스쿼트의 원래 취지는 살려야 한다. 회복력과 강도 조절 방식 적용 유무에 따라 1주일에 2~3일 한다.

보디빌딩 3대 운동 프로그램

❶ 슈퍼 스콰트 1세트×20회
❷ 벤치 프레스 2세트×10회
❸ 무게 턱걸이 2세트×10회

(운동 순서는 바꿀 수 있다. ❶도 바꿀 수 있지만 보통은 가장 앞에 두고 ❷, ❸은 필요에 따라 바꾼다.)

외적으론 단순한 루틴이다. 하지만 무게가 올라갈수록 그 강도는 상상 이상으로 커지므로 그 실행 과정은 절대 간단치 않다. 겨우 세 가지 운동에 본 세트가 5세트밖에 안 되지만 올바르게 하면 이것이 얼마나 무서운 지옥 루틴이 되는지를 해본 사람은 안다. 워밍업 세트는 따로 해준다. 세 가지 운동뿐이지만 무게가 올라갈수록 워밍업 세트 수도 올라가고 중간에 쉬는 시간도 많아져서 생각보다는 긴 시간이 걸린다. 운동 개수와 세트 수가 작다고 해서 그 효과까지 우습게 보아서는 안 된다. **이루틴만으로 대부분의 근육을 키울 수 있다.** 말 그대로 보디빌딩 3대 운동으로만 구성된 빅 프로그램이다.

키포인트는 얼마나 하드 워크를 하느냐에 있다. 하드 워크의 중요성은 익히 말한 바 있다. 5세트×5회를 했는데 별로 효과를 보지 못했다느니, 1세트×20회를 했는데 근육 증가를 아직 잘 모르겠다느니 하는 사람들이 간혹 있다. 중요한 건 몇 회 몇 세트가 아니다. "5세트×5회가 더 좋다, 3세트×12회가 더 좋나, 3세트×3회가 더 좋다"라고 싸워봤자 헛수고다. 무조건 **하드 워크를 하는 자가 이긴다.** 그다음에야 좋은 세트/횟수 시스템이 존재한다.

벤치 프레스

조금 덜 실전적 루틴을 하더라도 더 하드 워크를 하는 것이, 더 실전적인 루틴을 덜 하드 워크하는 것보다 더 좋은 결과를 가져온다. 그래서 헷갈리기 쉽다. 효과가 나온 결정적 이유가 그 사람의 '하드 워크'에 있는데도 그 사람의 '루틴'이 좋다고 착각하는 것이다. '이 루틴이 효과가 없는 것일까?'라는 생각을 하기 전에 먼저 '내가 과연 하드 워크를 하고 있는가?'라는 질문부터 던져야 한다.

슈퍼 스쾃트는 하드 워크를 가르쳐주는 데 도움이 된다. 쉼 없이 연속으로 해서는 20회를 성공하기 어려운 무게를 들고, 후반으로 갈수록 1회 1회를 '싱글즈'하듯이 스쾃트를 하다 보면 머릿속으로만 알던 하드 워크에 대한 생각이 바뀌게 된다. 진정한 하드 워크를 하면 이때까지 꿈쩍도 하지 않던 몸이 커지는 걸 보게 될 테고, 그러면 '아, 이래서 과거에는 어떤 프로그램을 써도 효과가 없었구나' 하는 사실을 스스로 깨닫게 된다.

그리고 포스 근육을 단련하든, 펌핑 근육을 단련하든 완벽히 하나만 추려서 훈련할 수는 없다. 포스 근육 훈련을 해도 펌핑 근육이 일정 부분 자극되고, 펌핑 근육 훈련을 해도 포스 근육이 일정 부분 자극된다. 어느 한쪽에 더욱 중점을 둔 훈련이 있을 뿐이다. 그런데 그나마 이 둘 다를 잘 아우르는 것이 바로 슈퍼 스콰트다. 최고의 보디빌딩 운동이라는 게 괜한 말이 아니다. 지금껏 저반복 훈련만 해온 사람이라면 사이클을 통해 가끔 이 슈퍼 스콰트 훈련을 하라. 슈퍼 스콰트 운동의 특이성(싱글즈 훈련에 가까운 뒷부분)은 물론, 근비대가 주는 효과로 인해 스트렝스 정체기를 극복할 수 있다. 슈퍼 스콰트 1세트×20회를 한 후에는 충분히 쉬고 나서 그다음 운동을 한다.

───────── 풀가동 범위의 무반동 턱걸이

벤치 프레스는 빈 바부터 하면 누구나 할 수 있으니 무게 턱걸이에 대해 알아보자. 스트렝스 훈련을 해본 적이 없는 초보자가 이 루틴을 사용했다면 의자에 올라가서 의자를 지탱하며 발의 보조를 받는 서포트(보조) 턱걸이부터 하는 것이 당연하다. 평소 맨몸 턱걸이를 10회 연속으로 했던 사람은 보조 없이 할 수 있지만, 보디빌딩을 위해 사용하는 턱걸이는 매우 임격해서 최내한 반동을 술이는 방식이므로 주의해야 한다.

반동을 선혀 주지 않고 서서히 풀가동 범위로 하는 턱걸이를 10회 하기는 생각만큼 쉽지 않다. '턱이 바 위에 올라가는 듯 마는 듯, 팔을 다 펴는 듯 마는 듯, 마지막 몇 개는 반동을 주는 듯 마는 듯' 할 바에야 서포트 턱걸이를 하는 편이 낫다. 그나마 풀가동 범위로 하고 올바르게 한다 해도 근육에 집중하지 않은 채, 서서히 하지 않고 다소 빠른 템포로 한다면 이 또한 서포트 턱걸이로 천천히 하는 편이 낫다. 개수를 채우는 것이 아니라, 근육을 키우는 것이 목적이기 때문이다.

바벨 또는 덤벨 로우를 한다고 생각해보자. 치팅을 허용치 않고 올바른 방법으로 한다면 자세 하나하나에, 그리고 근육 하나하나에 신경 쓰면서 천천히 풀가동 범위로 당기고 내리고를 반복해야 한다. 체력장에서 하는 턱걸이가 아닌 자세 전반에 집중력을 잃지 않고 한 회 한 회 정성을 들이는 웨이트 트레이닝으로써 턱걸이를 해야 한다.

개수가 준다고 해서 에고를 따르지는 마라. 올바르게 시행하는 무게 턱걸이가 아니면 바벨 로우보다 결과물은 더 적다. 무거운 무게로 치팅을 서슴지 않거나 애매하게 풀가동 범위를 피해 가는 웨이트 운동에 가하는 비판을 턱걸이에도 똑같이 적용하라. **풀가동 범위로 천천히 근육에 집중하면서 웨이트 운동의 동작을 하듯이 턱걸이를 하다 보면, 설령 평소보다 더 적은 개수를 했더라도 근육은 더 많이 붙는 것을 확인할 것이다.**

그래서 본래 맨몸 턱걸이를 10회 이상 할 수 있는 사람이라도, 앞서와 같은 방식으로는 10개를 다 못 채운다면 처음에는 서포트 턱걸이로 시작하길 적극 권장한다. 점차 다리의 보조를 줄여서 '개선'하다가 정자세로 맨몸 턱걸이 10회가 가능하면 그때부터 서서히 무게를 올려나간다.

이상으로 보디빌딩 3대 운동과 그와 관련된 보디빌딩 루틴에 대해 알아보았다. 눈으로 보는 것과 직접 하는 것은 천지차이다. 보디빌딩 3대 운동 프로그램을 꾸준히 하다 보면, 짧은 시간의 투자로도 누구나가 탐내는 근육을 만들게 될 것이다. 단, 하드 워크는 필수 요건임을 항시 잊지 말도록.

보디빌딩 3대 운동 체지방 제거 프로그램

여전히 '보디빌딩 3대 운동에 데드리프트가 들어가지 않아도 될까?' 하는 의문을 제기하는 사람들이 있다. 한국에서는 오랫동안 데드리프트에 대해 전혀 알지 못하다가 약 15년 전에 소개된 뒤에는 오히려 이 운동 없이 보디빌딩이 가능한가 하는 분위기가 형성된 걸 보면 참으로 격세지감이 아닐 수 없다.

앞서 나온 질문에는 다음과 같이 답할 수 있다.

"보디빌딩에서는 스쿼트 하나만으로 데드리프트를 앞서는 건 물론이요, 여기에 무게 턱걸이까지 더하면 훨씬 더 많은 근육을 키울 수 있다."

데드리프트

──────── 스콰트

보디빌딩이라는 관점에서 스콰트에 대해 더 자세히 살펴보자. 근육 발달에 관해서라면 스콰트를 능가할 운동이 없으며, 단일 운동으로는 스콰트가 최고다. 1960년대에 나온 다양한 보디빌딩 잡지 칼럼들에서도 이에 대해 이미 결론을 내고 있다. **"스콰트를 제외한 모든 운동을 합친 것보다 스콰트 하나로 얻는 근육이 더 많다."** 당시 약물 없이 '클린'한 방법으로 열심히 운동해본 사람이라면 누구나 동의하는 유명한 문구였다. 그때도 필요에 따라 루틴에 데드리프트가 등장했으나, 스콰트와 비교하면 그저 '비스콰트 운동' 가운데 하나로만 취급되었다.

보디빌딩뿐만 아니라 스트렝스에서도 마찬가지다. 스포츠의 종류에 따라 약간씩 차이가 있을 순 있으나 보편적으로 스콰트를 최고로 친다. 현대 가장 유명한 스트렝스 코치 중 하나인 마크 리피토도 데드리프트를 스쿼트 아래로 본다. 그는 하나의 운동을 선택해야 한다면 무조건 스쿼트라고 당당히 밝힌 바 있다(물론 로우바 기준인 점은 필자와 의견을 달리하지만).

경험상 이에 100% 동의한다. **데드리프트의 적당한(?) 무릎 굽힘으로는 도저히 따라올 수 없는 풀 스쿼트만의 하드함이 있다.** 그 터프함에서 뿜어져 나오는 단단한 힘과 넘치는 에너지, 그리고 비아그라를 능가하는 정력 강화 능력까지 고려하면 스쿼트는 단연 최고 중 최고다.

사실 정력 상승 하나만 놓고 보더라도 모든 게 분명해진다. 정력은 단순히 성적 능력만을 의미하진 않으며, 한 인간의 힘과 건강 그리고 삶의 활력 지표를 뜻한다. 정력이 넘치는 사람은 생기부터가 다르며, 열정으로 가득한 풍성한 삶을 살아간다. 영웅호색이란 말이 괜히 있는 게 아니다. 참고로 기공에서는 몸을 건강하게 만드는 방법이나 불치병을 이겨내는 방법에도 성 능력을 강화하는 다양한 행법(行法)들이 포함된다. 정력은 특정 부위가 아니라 몸 전체에 활기를 가져다주는 전천후 건강 부스터이기 때문이다.

이에 대해서는 다음 권에서 유연성을 본격적으로 다룰 때 자세히 알아보기로 하자. 우선은 정력 상승이란 곧 개인의 건강 및 생명력과 관련된 키워드라는 사실은 기억하라.

데드리프트로는 스쿼트에서 오는 정력 상승을 기대하기 어렵다. 필자가 가르친 사람들을 보면 100에 95는 확실히 스쿼트로 그러한 효과를 얻었지만, 데드리프트로는 사람마다 효과가 천차만별이었고 결과가 신통치 않은 경우도 많았다.

필자의 경험도 다르지 않다. 아주 오래전, 스쿼트 랙이 없는 체육관을 다녀야 했기에 어쩔 수 없이 데드리프트에만 몰두한 적이 있다. 스쾃트 프로그램을 적용해보기도 하고, 무겁게 들기도 하는 등 다양한 방법을 썼고 나름 성적도 좋았다. 그러나 스쾃트 랙이 있는 곳으로 옮기고 본격적으로 스쾃트에 전념하는 순간 모든 게 변했다. 스쾃트 훈련 후 다리는 물론 엉덩이 전반에 느껴지는 통증과 그 짜릿한 숨막힘이란……. 그전의 데드리프트로선 전혀 맛볼 수 없었던 새로운 세계였다. 슈퍼 스쾃트라도 하는 날이면 근육은 물론 심장까지 터져나갈 지경이었으니 차원부터가 달랐다.

이후 스쾃트와 데드리프트를 같이 하기도 하고 또 어떨 때는 각각에 몰두하기도 했는데 어느 순간 **스쾃트만으로도 충분히 효과가 있음을 깨달았다.** 몇 년 동안 데드리프트를 전혀 안 했는데도 무거운 케틀벨을 쉽게 들어 올리는가 하면 스쾃트를 한 날 집에 와서 아기를 안고 있을 때면 깃털처럼 가벼운 느낌이 들어 깜짝 놀라기도 했다. 근육이 더 커지기 시작했음은 말할 것도 없고.

신체 구조상 스쾃트를 하기가 어렵고, 데드리프트가 몸에 잘 맞는 사람도 분명 있다. 또 스쾃트는 테크닉 면에서 어려워 완초들은 비교적 배우기 쉬운 데드리프트만 파고들 수도 있다. 하지민 디 고급으로 기려면 결국 스쾃트를 할 수 있는 상태로 몰아가야 한다. 필자의 경우 스쾃트를 시켜보고 잘되지 않으면 먼저 다양한 유연성 운동을 권하고, 시간적으로 여유가 없을 때에만 데드리프트로 치환한다. 한 프로그램 안에서 데드리프트를 같이 하더라도 스쾃트 보조용으로 사용하며, 무조건 스쾃트를 우선한다. 결과만 놓고 보아도 그편이 훨씬 나았다.

다시 강조하지만 둘 중 하나만 선택하라면 무조건 스쾃트, 같이 한다면 메인은 스쾃트, 서브는 데드리프트다. 이는 곧 스쾃트에서 에너지를 많이 쏟았으면 데드리프트는 빼먹어도 된다는 의미이기도 하다. 많이 한다고 해서 더 좋은 건 아니며 오히려 스쿼트 하나만 열심히 파고드는 것이 더 좋을 때도 있다.

무게 턱걸이

무게 턱걸이를 조금 다른 관점에서 한번 살펴보자. 호기심이 많은 필자는 내셔널지오그래픽이나 디스커버리 같은 채널을 좋아한다. 동물이나 원시족이 나오는 프로그램들을 특히 유심히 보는데, 동물이 내달리는 동작과 사람이 나무에 오르는 동작에서 비슷한 공통점이 하나 보였다. **다리로 밀고, 상체는 (머리에서 몸 쪽으로) 당긴다는 것.** 생물체에서 가장 기본이 되고 많이 나오는 움직임을 꼽자면 이 두 가지 모션이다. 가장 많이 나오는 움직임이란 최대한 많은 근육이 동원되어 그 동작을 오랫동안 효율적으로 할 수 있다는 의미다. 자연의 동작을 따르고 그 동작에 저항을 오버로드하면 근육을 가장 크게 키울 수 있는 이유다. **다리를 풀(full)로 접어서 스콰트를 하고, 팔을 위로 해서 풀로 당겨 턱걸이를 한다면 두 가지 모션의 포텐을 100% 끌어낼 수 있다.**

턱걸이 훈련에서 오는 상체 느낌은 다른 어떤 운동으로도 갖기 어렵다. 데드리프트로 자극하는 상체 느낌은 바벨 로우로도 경험할 수 있고, 상체만 보자면 오히려 바벨 로우가 앞서는 측면도 있다. 반면 턱걸이로는 그 두 가지 운동과는 완전히 다른 상체 전반의 자극을 맛볼 수 있다. 이것이 바로 대체 불가 무게 턱걸이가 보디빌딩 3대 운동에 꼭 포함되어야 하는 이유다. 여기에 벤치 프레스를 보충하면 게임 오버. 특수한 부위를 제외하고는 **이 세 가지 운동으로 우리 몸에 존재하는 대부분의 근육 모두를 키울 수 있다.**

——————— 보디빌딩 3대 운동의 목표

필자는 파워리프팅 3대 운동의 목표 500kg을 한국에 처음 소개했는데 그 후 많은 훈련자들이 호응해주었고 지금도 적지 않은 사람들이 여기에 도전하고 있다(도전자는 speedandpower.co.kr 사이트에서 확인할 수 있다).

마찬가지로 근육이 목표인 사람을 위해 보디빌딩 3대 운동의 목표치를 제시하고자 한다.

스콰트＋무게 턱걸이＋벤치 프레스＝500kg

보디빌딩 3대 운동의 목표는 파워리프팅 3대 운동의 목표보다 달성하기가 어렵다. 스쾃트를 잘하면 데드리프트 무게는 기본으로 따는 당상이지만, 무게 턱걸이에는 그대로 전이되지 않는다. 아무 도움도 되지 않는 건 아니지만 데드리프트에 비하면 현저히 상관관계가 떨어진다.

스쾃트와 벤치 프레스 무게에 대해서는 따로 설명이 필요 없으니 무게 턱걸이에 대해서만 언급하기로 하자. '무게 턱걸이 = 몸무게 + 엑스트라 중량'을 의미한다. 예를 들어 몸무게가 80kg인 사람이 60kg의 엑스트라 중량을 몸에 달고 했다면 무게 턱걸이를 140kg으로 본다. 딱 보아도 500kg을 달성하는 데 어려움이 느껴질 게다.

파워리프팅 3대 운동 합계에서는 비교적 많은 무게를 들 수 있는 데드리프트가 받쳐주니 스쾃트 무게는 좀 떨어져두 괜찮지만 보디빌딩 3대 운동 합계에서 500kg에 다다르려면 스쾃트를 많이 올리는 게 필수다. 근육을 키우는 데는 스쾃트가 제일 중요하니 보디빌딩이라는 의미에서는 이 기준이 바람직하다.

프리레핀 차트를 이용해서 위 수준을 달성하기 위해 열심히 노력하라. 너무 지반복만 사용해서 원하는 만큼 커지지 않았다면(커지는 사람들이 많지만) 우선은 먹는 걸 체크하라. 그리고 나서도 진전이 없다면 '보디빌딩 3대 운동 프로그램'을 몇 사이클 한다. 이미 스트렝스가 승가했기 때문에 반복 횟수가 늘어나도 사용하는 중량은 과거보다 훨씬 높을 것이다.

보디빌딩 3대 운동 프로그램

❶ 슈퍼 스쾃트 1세트×20회
❷ 벤치 프레스 2세트×10회

❸ 무게 턱걸이 2세트×10회

보디빌딩 3대 운동 체지방 제거 프로그램

푸시 프레스

마지막으로 보디빌딩에서는 무엇보다 체지방 제거가 중요한 만큼 보디빌딩 3대 운동 프로그램을 응용한 또 하나의 프로그램을 가르쳐주겠다.

보디빌딩 자체가 실제 근육 크기보다 밖으로 보이는 근육량으로 승부하는 것이므로 체지방 제거가 필수다. 상대적으로 마른 체질이나 체지방이 없는 사람들은 첫 번째 프로그램만 하는 것이 오히려 나을 수 있으나 체지방이 쉽게 끼는 사람이라든지, 슈퍼 스쿼트 무게가 높지 않아 에너지가 남는 사람이라면 마지막에 한 가지 운동을 더 포함시킨다. 바로 '바벨 푸시 프레스'다.

바벨 푸시 프레스 운동법

보디빌딩 3대 운동에서 무게 턱걸이를 마지막으로 하고, 5~10분 동안 쉬어준 뒤 푸시 프레스를 한다. 이는 체지방을 제거하기 위한 컨디셔닝 운동이므로 보디빌딩 3대 운동에 비해 무게는 한참 낮고 횟수는 많다. 방법은 다음과 같다.

❶ 연속 10회를 했을 때 약 80~90%의 에너지가 사용되는 무게를 고른다.

❷ 10회×5세트를 첫 목표로 시작한다.

❸ 10회×5세트가 편해지면, 10회×10세트까지 올린다.

❹ 그런 다음 10회×15세트를 한다. 최종 목표는 10회×20세트다.

❺ 세트 사이에는 휴식을 취해서 그다음 세트에서 자세가 나빠지지 않도록 한다.

❻ 세트 사이에 쉬는 시간이 많이 줄어들면 무게를 더 올린다.

이 푸시 프레스 하나만 잘해도 체지방을 제거하는 컨디셔닝 운동으로 부족함이 없다. 컨디셔닝으로는 스프린트가 가장 좋지만 여건이 되지 않거나 체육관에서 모든걸 끝내고 싶다는 사람은 푸시 프레스를 이용한다.

특히 푸시 프레스는 역도성 운동 중에서는 상대적으로 배우기 쉽다는 장점이 있다. 또 보디빌딩 3대 운동에서 다소 보충이 필요한 어깨와 삼두근까지 자극할 수 있으니 일석이조다.

루틴을 정리해보자.

보디빌딩 3대 운동 체지방 제거 프로그램

❶ **슈퍼 스콰트 1세트×20회**

❷ **벤치 프레스 2세트×10회**

❸ **무게 턱걸이 2세트×10회**

❹ **5~10분 휴식 후**

❺ **바벨 푸시 프레스 10회×5세트~20세트**

1주일에 3일 훈련하는 프로그램이다. 푸시 프레스가 더해져서 회복이 어려워진다 싶으면 1주일에 3일 모두에 포함시키지 말고 한두 번으로 빈도수를 줄이거나 한 세션의 볼륨을 줄인다. 마른 체질인 사람이 심폐기능 강화를 목적으로 푸시 프레스를 한다면 회복력을 잘 판단해서 강도와 볼륨을 조절해야 한다. **체지방을 빼기 위한 첫 번째는 무조건 다이어트(식이요법)라는 사실을 잊지 말고.**

이상 스콰트와 데드리프트의 우선순위, 보디빌딩 3대 운동의 목표, 체지방 제거 프로그램에 대해 알아보았다. 다시 한 번 간단히 요약해보자.

- **최대치의 근육을 빠른 시간에 가지고 싶은 사람이라면 상/하체 스콰트(스콰트/무게 턱걸이)에 벤치 프레스를 더해서 이것들의 무게를 꾸준히 올려나가라.**
- **여기서 체지방 제거가 필요하다면 다이어트에 먼저 신경 쓴다.**
- **그리고 체지방 빼는 데 더 박차를 가하려면 바벨 푸시 프레스를 미친 듯이 한다.**

큰 팔을 만들어주마

팔 크기에 불만을 느끼는 사람들의 민원이 가끔 접수된다. 열심히 스트렝스 훈련을 하는데도 팔 크기가 만족스럽지 못하다는 것이다. 여기엔 크게 두 가지 이유가 있다.

- 스트렝스 훈련을 제대로 못 했다.
- 펌핑 훈련이 필요한 때가 되었다.

이 두 가지 사실에 유의하면 팔은 예전과는 비교도 못 할 정도로 달라진다(여기서의 팔은 전완근을 뺀 위쪽, 즉 이두근/삼두근을 말한다).

아직도 '똥꼬' 닦기가 가능해서(?) 절망하는 당신이라면 다음 내용을 정독하라. 팔 크기를 몇 단계 이상 업그레이드할 수 있다. 비데의 고마움에 연방 눈물 흘리는 사람들이 여럿 나타나길 기대해보며…….

그럼 첫 번째부터 살펴보자.

──────── 스트렝스 훈련을 제대로 못 했다

펌핑 이전에 먼저 스트렝스 훈련으로 몸 전체의 프레임과 사이즈를 키워야 한다. 그러지 않으면 효과가 적을 수밖에 없다.

어린아이의 상체에 어른의 팔이 달릴 수 없는 법이다. 우선 덩치가 커야 한다. 상대적으로 다른 부위의 비율에 비해 약간 더 크게 만들 수 있을지는 몰라도 한계가 명확하다. 강호동과 이윤석이 똑같이 다음에 나올 펌핑 프로그램을 사용했을 때 누가 더 큰 효과를 볼지 생각해보면 쉽게 답이 나온다.

'지금까지 스트렝스 훈련을 했는데 팔이 별로 커지지 않았다'면? 답은 '제대로' 하지 않아서다. 올바르게 했다면 커지지 않을 이유가 없다.

자세는 괜찮았는지, 점진적 오버로드를 제대로 했는지, 진정 하드 워크를 했는지, 휴식과 영양에서 실수한 건 없는지 등 가장 기초적이고 중요한 것들을 빼트리지는 않았는지 먼저 살펴야 한다. 초보자는 몰라서, 중급자 이상도 자만심 때문에 중요한 것들을 적당히 뭉치고 가는 실수를 종종 저지르기도 한다.

이를 바로잡으려면 타인에게 물어보는 것이 가장 좋다. 실력 있는 코치가 있다면 가장 좋겠지만 그러지 않아도 상관없다. 원래 자기 눈 안의 티끌은 잘 보이지 않는 게 당연지사라, 자기보다 실력이 모자라는 사람도 제3자의 관점에서 문제점을 짚어낼 수 있다.

'자존심'과 '현재의 당신을 키운 방식'에 묶여 자기만의 방식을 고집하지 마라. 발전에 결정적 역할을 하는 이유들(대개 기본적인 것이다)을 놓치게 되면 평생 같은 자리를 맴돌 수밖에 없다. 항상 겸손한 마음을 가지고 주위 사람들에게 도움을 구하라.

이러한 기본 사항을 잘 지켰는데도 여전히 미흡하다면 잘못된 운동 선택 때문이다. 예를 들어 파워리프팅 3대 운동(스쿼트, 데드리프트, 벤치 프레스) 위주로 하는 사람들은 팔 크기가 제한된다. 데드리프트는 이두근을 자극하는 팔꿈치 관절의 움직임이 없으므로 팔을 키우는 데 좋은 운동이 아니다. 삼두근도 어깨 넓이 이상 간격의 벤치 프레스로는 명확하게 사이즈의 한계가 온다.

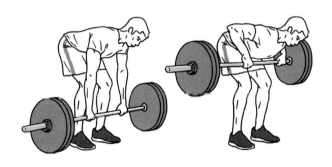

바벨 로우

빅머슬 7을 통해 무게 턱걸이와 바벨 로우로 이두를 자극하고, '무게 딥'에서 상체 각도를 조금 더 수직이 되는 쪽으로 옮겨 삼두를 자극하면 현재의 팔보다 훨씬 더 커질 수 있다.

사실 빅머슬 7까지 갈 필요도 없이 보디빌딩 3대 운동(스쿼트, 무게 턱걸이, 벤치 프레스)만 잘 운용해도 팔을 크게 키울 수 있다.

먼저 이두근은 무게 턱걸이가 담당한다. **특히 '리버스 그립'(친업)을 사용하면 이두 자극이 훨씬 더 커진다.** 가끔 생각날 때 첨가하는 운동에 그치지 않고, 이두 자극을 집중적으로 느끼면서 리버스 그립 무게 턱걸이를 해보라. 지금껏 경험해보지 못한 팔의 두둑함을 확인하게 될 것이다.

가벼운 무게와 무거운 무게의 변화에 따라 볼륨 변화를 주면서 무게 턱걸이의 중량을 잘 배합한다면 틀림없이 이두근 성장이 따라온다.

그리고 삼두근 벤치 프레스를 조금만 변형하면 훌륭한 삼두근 훈련이 된다. 이때 그립 간격을 약간 좁게 하는 '클로즈 그립 벤치 프레스'를 쓴다. **수많은 고립 운동을 하기에 앞서 가장 먼저 추천하는 삼두근 운동은 '클로즈 그립 벤치 프레스'다.** 다만 여기서 주의할 점은 너무 좁게 잡지 말아야 한다는 것. 손목에 무리가 오기 때문이다. 벤치 프레스 레귤러 그립에서 약간만 좁혀서 잡는다고 생각하라. 이름에 비해 생각보다 넓은 그립이다.

이렇게 해도 삼두 자극은 생각보다 크니 꾸준히 해서 눈으로 직접 그 가치를 확인해보기 바란다.

─────── 펌핑 훈련이 필요한 때가 되었다

팔을 최대한도로 키우려 한다면 펌핑 훈련이 필요하다. 보통 근사이즈에 집착하는 사람들이 원하는 팔 사이즈는 다른 부위와 비교할 때 좀 과한

면이 있다. 전체 밸런스를 고려한 크기에 만족하지 못하고 일반인들 보기에 과하다 싶을 정도로 커야 안심을 한다. 아무래도 팔이 남들에게 과시하기에 가장 좋은 부위인지라 훈련 당사자와 일반인들 간의 시각 차이가 생길 수밖에 없는 듯하다.

때문에 비례적으로 과하더라도 거대한 팔을 키우고 싶은 사람은 팔에 특화된 펌핑 훈련을 더해준다.

과한 팔을 만드는 데 도움을 줄 펌핑 훈련은 EDT(Escalating Density Training)다. 이름 그대로 밀도(density)를 점차 올리는 훈련이라는 뜻이다. 이는 10분 혹은 15분으로 구성되는 PR 존(Personal Record Zone)이라는 이름의 타임 프레임 안에 되도록이면 많은 양의 횟수(볼륨)를 성공시켜 밀도를 올리는 것이다. PR 존이라는 이름에 걸맞게 워크아웃을 더할수록 볼륨의 개인 최고 기록 달성을 위해 노력하고, 일정 정도 이상 볼륨이 높아지면(20%) 중량을 늘려(5%) 다시 밀도를 높여가는 전략이다.

《EDT》 저자 찰스 스탠리는 올림픽 선수와 보디빌더들을 오랜 기간 가르쳐온 유명한 코치로, 이 방식에 자신이 쌓아온 20년 이상의 노하우를 담았다. 따지고 보면 그 이론적 원리는 1960년대 이전으로 거슬러 올라가시만 찰스 스탠리는 이를 현대석으로 재디자인하고 이해하기 쉽게 잘 풀이놓았다. 《EDT》가 나온 지도 이미 10년이 넘었는데 그간 수정 보완되고, 다양한 분야에 응용됨으로써 유용성을 입증했다.

저자는 다음의 오리지널 EDT 루틴만으로도 스트렝스, 스피드, 파워, 근사이즈 등 모든 분야에서 효과를 발휘할 수 있다고 설파하지만, 그건 저자의 바람일 뿐 주로 펌핑 훈련을 통한 근사이즈를 키울 때 그 가치가 빛난다.

특히 EDT는 팔의 크기를 키우는 데 있어서 타의 추종을 불허한다.

찰스 스탠리가 EDT와 관련된 수많은 글을 썼지만 처음으로 상품화한 책(*The Ultimate Guide to Massive Arms*)은 'EDT를 통한 팔 근육 키우기'인 이유도 그 때문이다.

거기에는 12주가 걸리는 프로그램이 있는데 적힌 그대로 따라 하지 않아도 된다. 원리만 알면 개인과 기기 환경에 맞춰 루틴을 바꿀 수 있다. **실제로 가르칠 때도 개인의 특성에 따라 약간 변형을 주는 편이 더 좋은 결과를 가져왔다.**

찰스 스탠리는 이두와 삼두 운동 중 겹치지 않게 약 20개를 뽑아 12주를 채웠다. 다양한 앵글로 훈련한다고 해서 나쁠 건 없지만 자칫 '분석의 즐거움'에 탐닉해 대세에 아무런 지장도 없는 미세한 앵글까지 특별한 이유가 있는 것인 양 의미를 부여해서는 안 된다. **이는 보디빌딩을 어렵게 인식시켜 돈을 벌려는 상업주의자들의 특기다.**

어차피 이두와 삼두는 팔꿈치를 굽히고(이두) 펴는(삼두) 움직임에 관여하는 근육인지라 너무 많은 베리에이션을 하지 않더라도 팔을 크게 키우는 데는 문제가 없다. **레귤러, 리버스, 뉴츄럴 그립 정도의 변화만 생각해서 다양성을 가지면 된다.**

오리지널을 원하는 사람이 있을 것 같아서 일단은 그의 방법 그대로 소개한다. 이를 따라 해도 되고, 참고로 해서 자신에게 맞게 변형시켜도 좋다.

· 큰 팔 만들기 12주 프로그램 ·

❶ 1~4주(총 여덟 번의 워크아웃)

첫째 날

PR 존 I(15분)
- ⓐ 스탠딩 덤벨 리버스 컬
- ⓑ 라잉 덤벨 트라이셉 익스텐션

PR 존 II(10분)
- ⓐ 로우 케이블 해머 컬
- ⓑ 스트레이트 바 트라이셉 푸시 다운

둘째 날

PR 존 I(15분)
- ⓐ 인클라인 벤치 오버헤드 프레스 다운
- ⓑ 레이지 맨 덤벨 컬

PR 존 II(10분)
- ⓐ1 컨센트레이션 컬(오른팔)
- ⓑ↙ 컨센트레이션 컬(왼팔)

❷ 5~8주(총 여덟 번의 워크아웃)

첫째 날

PR 존 I(15분)
- ⓐ 스탠딩 리버스 컬
- ⓑ 디클라인 EZ 바 트라이셉 익스텐션

PR 존 II(15분)
- ⓐ1 트라이셉 킥백(오른팔)
- ⓑ2 트라이셉 킥백(왼팔)

둘째 날

PR 존 I(15분)

 ⓐ 클로즈 그립 친

 ⓑ 딥

PR 존 II(15분)

 ⓐ 디클라인 해머 컬

 ⓑ 인클라인 클로즈 그립 프레스

❸ 9~12주(총 여덟 번의 워크아웃)

첫째 날

PR 존 I(15분)

 ⓐ 와이드 그립 EZ 바 컬

 ⓑ 리버스 그립 트라이셉 푸시 다운

PR 존 II(10분)

 ⓐ 덤벨 해머 컬 앤 오버헤드 프레스

둘째 날

PR 존 I(15분)

 ⓐ 프리쳐 넘벨 컬

 ⓑ 디클라인 덤벨 트라이셉 익스텐션

PR 존 II(15분)

 ⓐ EZ 바 리버스 컬

 ⓑ 클로즈, 리버스 그립 벤치 프레스

앞의 프로그램에 대해 저자가 설명한 내용은 다음과 같다.

❶ 팔 특화 훈련 기간 동안 평소 하던 훈련과 병행한다. 병행하는 방법은 다양한데 중량을 그대로 가져가 강도는 유지하고 볼륨을 반으로 줄이는 방법을 추천한다. 예를 들어 그간 4세트×8회를 했다면 똑같은 무게를 사용해서 4세트×4회를 한다.

❷ 워크아웃은 1주일에 두 번 한다. 회복이 중요한 요소이기 때문이다. 그리고 운동하는 날은 이어지지 않게 한다(예 : 월요일과 목요일, 수요일과 토요일).

❸ EDT는 지난 워크아웃보다 더욱 많은 워크를 하는 것을 원칙으로 한다. 그래서 매 워크아웃마다 올바른 자세를 유지하는 것이 아주 중요하다. 예를 들어 지난 워크아웃 때 엄격한 컬을 했는데 그다음에는 약간 늘어지는 컬을 했다면 더 많이 워크한 것이 아니다.

❹ 훈련을 쉬는 날에는 회복을 위해 가벼운 카디오를 10~15분 하고, 끝나고 난 뒤에는 가벼운 스트레칭을 10~15분 한다.

❺ 하나의 워크아웃은 두 개의 PR 존으로 구성되는데 PR 존은 10분 혹은 15분, 둘 중 하나다. 그리고 PR 존 간의 쉬는 시간은 5분으로 한다.

❻ 하나의 PR 존은 1~2개의 운동으로 구성되므로 워크아웃당 전체 운동 개수는 3~4개가 된다.

❼ 각 PR 존을 훈련할 때는 길항근 운동을 선택해서 이를 번갈아가며 반복하는 스타일로 한다.

❽ 각 운동을 워밍업한 후 10RM에 해당하는 웨이트를 선택해서 세

트당 5회만 반복한다. 번갈아가면서 하는 두 가지 운동은 힘들기가 비슷한 수준이면 좋다.

❾ '고정된 세트/횟수/세트 간 쉬는 시간'은 존재하지 않는다. 처음에는 힘이 남아돌기 때문에 세트당 5회를 반복해도 세트 사이 쉬는 시간이 길지 않으나(10~15초), 시간이 지날수록 세트 사이 쉬는 시간은 길어지고 5회 반복도 어려워진다. 세트당 4회, 3회, 2회, 결국 1회까지 내려가고 나중에는 1회만 반복하면서 쉬는 시간이 계속 길어진다.

❿ 각각의 워크아웃을 반복할 때마다 PR 존 안에서 최대한 많은 횟수(렙)의 반복을 목표로 삼아야 한다. 만약 20% 이상 전체 렙을 증가시키면 그다음 워크아웃에서는 사용 중량을 5% 증가시킨다. 만약 40% 증가시켰다면 그다음 워크아웃에서는 무게를 10% 올린다.

이 프로그램은 한눈에 보아도 펌핑에 좋을 수밖에 없다는 걸 알 수 있다. 12주에 걸쳐서 이런 식으로 파고드는데 커지지 않을 팔은 이 세상 어디에도 존재하지 않는다. 실제로 4주만 열심히 해도 팔이 땡땡해져서 너 이상은 커질 수 없을(?) 만큼의 모양으로 솟아오르는 사람들이 생긴다.

주의할 점은 펌핑 훈련을 함으로써 오히려 팔 크기가 제한되는 사람도 있다는 사실이다. 오히려 근육을 피곤하게 만들고 스트렝스 훈련을 방해함으로써 일시적 펌핑에만 그치고 중장기적으로는 폐가 되는 경우가 있다. 그런 사람은 굳이 펌핑 훈련을 하지 말고, 스트렝스 훈련에서 바벨 컬을 추가해 8회 이하 반복함으로써 이두근을 키운다(삼두는 클로즈 그립 벤치 프레스로 할 것).

이 프로그램에서 중요한 포인트는 팔을 최대한 키우는 데 필요한 시간은 결코 많지 않다는 것이다. PR 존을 전부 다 합쳐도 1주일에 한 시간 미만이다. 그나마 집중적으로 팔만을 위한 '특화 기간'인데도 이 시간이 맥스다.

큰 팔을 가지려면 하루 한 시간 이상씩, 그것도 1주일에 3회 이상 팔 훈련을 해야 한다는 거짓 선전에 속지 마라. 만약 그토록 오랜 시간을 쏟아부어야 한다면 강도와 밀도가 아주 낮다는 말이나 마찬가지다.

EDT 프로그램을 해보면 보디빌딩 시장에서 무엇이 과장되고 있으며, 또 어떻게 사람들을 속이는지 경험으로 알게 된다. 특정 부위를 키우는 데 많은 시간이 필요 없다는 것은 평소 스트렝스를 잘 키워놓으면 원하는 부위가 있을 때마다 특화 기간을 통해 얼마든지 키울 수 있다는 의미다.

이제까지 말한 훈련을 제대로 한다고 가정할 때 신경 써야 할 부분은 식이요법과 휴식이다. 식이요법은 보디빌딩의 80% 이상을 차지한다. 먹는 것에 각별히 신경 쓰면서 휴식에 집중할 때만이 이 프로그램에 성공할 수 있다. EDT는 하나의 프로그램이라기보다는 방법론적 시스템이다. 이 원리를 일면 여러 분야에 무궁무진하게 응용 가능하다. 그래서 EDT는 팔에만 적용되는 게 아니다. 똑같은 원리를 적용하면 다른 부위의 근육을 펌핑하는 데도 아주 효과적이다.

마지막으로 이번 장의 핵심이자 보디빌딩의 성공 공식을 단 세 줄로 요약해보겠다.

❶ 먼저 스트렝스를 쌓아서 토털 바디를 키워라.

❷ 그래도 미진한 부분이 있다면 펌핑 훈련을 파고들라.

❸ 단 헤비하게 먹고 헤비하게 쉬는 것이 전제조건이다.

맨몸 보디빌딩 3대 운동
(상)

'맨몸 운동의 제왕' 시리즈의 세 번째다.

앞서 '스트렝스' 챕터에서 '빅바디 7'과 '맨몸 스트렝스 3대 운동'에 대해 소개했으니 '보디빌딩' 챕터에서는 '맨몸 보디빌닝 3대 운동'에 대해 알아보는 게 당연한 수순이다.

맨몸 보디빌딩 3대 운동은 가장 많은 근육을 기워수는 세 가지 맨몸 운동으로 구성됐다. 이 세 가지만으로도 남들이 부러워할 몸짱은 충분히 만들 수 있다. 그러니 남들에게 빨리 근육을 보여줘야 하는 상황이라면 다른 운동은 최소화하고 이 세 가지 운동에 집중한다.

반면 중장기적 안목으로 체력 전반의 향상을 생각하는 사람이라면, '빅바디 7 이지 버전'(챕터 2 '맨몸 운동의 제왕:빅바디 7' 참조)을 먼저 마스터

한 뒤 맨몸 보디빌딩 3대 운동에 매진한다.

맨몸 보디빌딩 3대 운동

❶ **턱걸이**
❷ **딥**
❸ **맨몸 스쿼트**

웨이트를 이용하든 맨몸을 이용하든, 근육을 키우는 데 가장 좋은 '움직임'이 다를 순 없다. '보디빌딩 3대 운동'과 비교해보자.

보디빌딩 3대 운동

❶ **스쿼트**
❷ **무게 턱걸이**
❸ **벤치 프레스**

스쿼트와 턱걸이는 웨이트만 제외하면 같은 동작이며, 딥이 벤치 프레스 역할을 하나는 사실을 알 수 있다. '스쿼트'와 상체 스쿼트인 '턱걸이' 콜라보는 너무 막강 파워이므로 당연히 여기에도 포함되었고, 이에 더해 딥이 들어갔다.

벤치 프레스와 가장 유사한 맨몸 운동은 푸시업(팔굽혀펴기)인데, 푸시업 대신 딥이 끼어든 데는 이유가 있다. 푸시업은 발이 땅에 닿으므로 몸무게 전체를 저항으로 사용할 수 없지만, 딥은 몸무게를 다 사용할

딥

수 있기 때문이다.

그래서 몸무게가 적은 사람은 하드 버전인 한 팔 푸시업까지 가도 100% 근육을 키우는 데 필요한 저항이 부족할 수 있다. 벤치 프레스 중량은 계속 올라가는데 체육관에 있는 플레이트를 다 모아봐야 100kg도 안 되는 상황과 마찬가지다. 웨이트 운동은 플레이트를 더 구입해서 하면 되지만, 맨몸 운동은 더 큰 저항의 버전이 없으면 답이 없다.

몸무게가 아주 적은 사람이 아니고서는 한 팔 딥에 성공하기가 굉장히 어렵다. 즉 한 팔 딥은 충분한 중량을 확보한 셈이다. 이 정도 강도를 가진 운동이 최종으로 버티고 있어야 근육이 100% 커질 때까지 '지속적인 저항 상승'이 가능하다.

다행히(?) 딥은 푸시업과 자극되는 근육군이 비슷하기 때문에 턱걸이와 쌍을 이루어 상체 전반 구석구석 근육을 만드는 데 일등공신 역할을 한다.

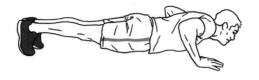

푸시업

딥은 푸시업에 비해 부상을 입기가 쉬운 운동이라고 생각하는 사람들이 많아서 기피되는 경향이 있는 것 같다. 부상을 입는 이유는 다음 세 가지로 정리될 수 있을 것이다.

- **평행봉 간격이 고정되어 있다.**
- **첫 시작 저항이 푸시업보다 높다.**
- **유연성이 부족하다.**

푸시업은 대부분 바닥에 직접 손을 대고 하기 때문에 손 간격을 마음대로 조절할 수 있지만, 평행봉에서 하는 딥은 자신의 체형에 맞게 평행봉 간석을 소셜할 수 없나(조보자늘은 자기 신체에 맞는 간격을 잘 알지도 못한다). 게다가 딥은 푸시업보다 강도가 높아서 나름 어려운 운동인데도 서포팅을 받아 보조 딥을 히는 사람이 매우 드물나. 동작이 좀 된나 싶으면 힘에 부치더라도 억지로 매달려 딥을 해야 직성이 풀린다. 이는 부상을 자초하는 짓이다. 또한 유연성이 어느 정도 담보되어야 완전한 가동 범위의 딥을 무리 없이 할 수 있는데 몸무게로 무작정 가동 범위를 늘리려 하니 악재가 겹칠 수밖에 없다.

하지만 주의점을 잘 숙지해서 올바르게 한다면 딥은 절대 위험하지 않다. 위험하기는커녕 부상 하나 없이 상체를 완벽하게 만들어주는 극강의 운동이 될 것이다. **어떤 운동이라도 이를 시행하는 방법론에 따라 완전히 상반된 결과가 나온다는 사실을 명심하고 올바른 방법에 항상 주목해야 한다.**

링이 있으면 손 간격 문제는 해결되므로 앞서 나온 세 항목 중 나머지 두 가지에만 주의해 운동한다. 링이 없는 사람들은 대부분 평행봉으로 딥을 할 것이다. 이때는 평행봉 바 2개가 비평행으로 뻗어 있어 다양한 간격이 존재하는 평행봉을 먼저 찾아본다. 그러한 비평행 평행봉 사이에서 위치를 옮겨가며 자기 몸에 가장 편안한 지점을 탐색한다. 특히 초보자는 반드시 여러 번 테스트를 해보고 자기 몸에 맞는 간격을 찾아 가기시부터 무리하지 않게 횟수를 늘려나간다. 처음에는 온몸의 무게를 싣기보다는 기구나 사람의 서포트를 받는 편이 좋다. 올바른 자세와 풀가동 범위가 나와야 근성장을 최고치로 자극할 수 있으니 **유연성이 부족한 사람은 항상 유연성 운동을 병행하면서 천천히 가동 범위를 늘린다.**

딥바가 없는 사람은 푸시업으로 대신한다. 최대치 근육 발달을 위한 저항이 모자랄 뿐이지 한 발 푸시업으로 생기는 저항 또한 결코 작지 않다. 특히 몸무게가 많이 나간다면 한 발 푸시업만으로도 님을 대신하며 충분히 (가슴, 삼두, 어깨, 복근 등을 위한) 맨몸 보디빌딩 3대 운동 역할을 해낼 수 있다. 다만 이를 위해서는 정확한 자세와 다음에 설명할 보디빌딩 템포를 따른다는 전제조건이 있어야 한다.

사실 전체 밸런스와 운동의 용이성 등 푸시업에는 장점이 많으므로 개인적으로는 3대 운동에 꼭 포함시키고 싶었는데, 몸무게의 많고 적음을 떠나서 모든 사람에게 통용될 수 있는 운동을 맨몸 보디빌딩 3대 운

턱걸이

동에 포함시키는 게 맞다고 생각해서 딥으로 결론 내렸다.

그래서 몸무게가 많이 나가는 사람은 맨몸 보디빌딩 3대 운동으로 딥 대신 푸시업을 사용할 수 있고, 반대로 몸무게가 적게 나가는 사람은 딥부터 바로 하거나 기구가 필요 없어 편리한 푸시업으로 시작했다가 무게가 높아지면 딥으로 갈아타는 방법을 사용할 수 있다.

그다음은 상체 스쿼트인 턱걸이다. 이 운동은 등, 이두뿐만 아니라 가슴과 복근까지 키워준다. 턱걸이가 상체 근육에 전반적으로 좋다는 건 이미 알려진 사실이다. 턱걸이는 두 팔을 사용하는 이지 버전으로 해도 저항이 만만치 않다. 편안한 자세와 지금부터 설명할 '보디빌딩 템포'를 사용한다면 10회를 성공시킬 수 있는 사람도 많지 않다. 즉 근육 발달에 적합한 방법을 사용한다면 이지 버전 턱걸이만으로도 커다란 근육을 만들 수 있다.

턱걸이를 고반복으로 하는 사람은 많지 않다. **고반복이 어렵다는 것은 저항이 커서 쉽게 근지구력 훈련으로 변모하지 않는다는 뜻으로, 횟수 높이는 데만 집중해도 꽤 오랜 기간 근육을 키울 수 있다는 의미다.**

훈련의 다양성을 위해서는 고반복에 성공하기 전부터 한 팔로 하는 하드 버전 훈련과 병행하면서 횟수와 강도 모두에 신경 쓸 수 있다. 하지만 맨몸 운동의 성공 확률을 높이려면 이지 버전을 올바르게 하는 방법론을 먼저 인식하고 한동안은 거기에 승부를 걸어볼 필요가 있다.

예를 들어 올바른 자세와 템포로 반복하면 이지 버전만으로도 상당한 근성장이 가능하다. 그런데 하드 버전을 위해 가동 범위를 줄이거나 배치시로 횟수를 높이는 방법 등을 쓰다 보면 결국 맨몸 운동에 대한 오해만 쌓인다. 혹 이를 통해 성장했다고 해도 훗날 하드 버전으로 갔을 때 발전이 더딜뿐더러 부상당할 확률도 높아진다.

턱걸이는 이지 버전도 이지하지 않기 때문에 근육을 키우는 데 아주 훌륭한 운동이다. **가슴, 어깨, 삼두에 좋은 딥과, 상체 전반에 두루두루 좋으나 특히 등과 이두에 좋은 턱걸이가 합쳐지면 상체 근육 대부분을 키울 수 있다.**

하드 버전인 한 팔 딥과 한 팔 턱걸이는 최종 단계이므로 무리해서 빨리 성공하려 들면 안 된다. 선선이 가는 것이 더 빠르다. 어차피 보디빌딩이 목표라면 최종 퍼포먼스를 성공하든 못 하든 아무 상관없다. 100% 근육 포텐을 달성할 수 있는 충분한 지형 확보가 관건이므로, **이지와 하드 중간 단계에서 이미 그 목적을 달성했다면 거기서 끝내도 된다.**

목적이 보디빌딩이 아니라 퍼포먼스인 사람은 다음 사항을 유의한다. 서포트를 받다가 온전히 한 팔로 가게 되면, 한 팔 턱걸이는 레귤러

머슬킹

그립에서 뉴츄럴 그립으로, 반대로 평행봉 한 팔 딥은 뉴츄럴 그립에서 레귤러 그립으로 몸이 90도로 돌아간다. **즉 중심을 잡고 힘을 효율적으로 쓰기 위해 몸이 저절로 비틀어지는데 이를 억지로 막진 말고 자연스레 그 움직임을 따라간다.** 한 팔 턱걸이는 '바'라서 상관없는데, 평행봉에서 하는 한 팔 딥은 서포트 힘이 거의 줄어들었을 때 레귤러 그립이 되게끔 몸을 한쪽 평행봉으로 돌리고 서포트 또한 그쪽 평행봉으로 옮겨서 개선한다.

위 일러스트는 한 팔 딥과 한 팔 턱걸이 둘 다에 서로 사용할 수 있는 서포트 방법이다. 앞으로도 계속 이 운동을 언급할 터라 이름을 만들어봤다.

'머슬킹'.

머슬 업에서 그 이름의 힌트를 얻은 것으로, 양손의 힘쓰는 방향이 올바르고 힘 조절을 잘 한다면 '서포트 한 팔 턱걸이'와 '서포트 한 팔 딥'

맨몸 스콰트

의 원리를 차용해서 최고치의 근육을 이끌어낼 수 있는 운동이다. 앞서 설명했듯 보디빌딩이 목적이라면 이지와 하드 중간 단계에서 이미 끝날 수 있으니 이 머슬킹만 잘 사용해도 상체 근육을 계속 키워갈 수 있다.

언제나 얘기하듯 맨몸 운동의 유일한 문제점은 하체다. 맨몸 스콰트 하드 버전인 한 다리 스콰트로는 저항의 한계가 자명하다. 점프를 한다 든지, 언덕을 달린다든지 해도 마찬가지다. 한 다리 스콰트는 구조적인 특성상 근성장 중심의 운동도 아니고, 근성장의 포텐을 이끌어낼 수 있 는 저항의 크기에도 훨씬 못 미친다.

하지만 다음에 설명할 '보디빌딩 템포'를 사용해서 고반복을 노려본 다면 다른 맨몸 운동보다는 좋은 결과를 얻을 것이다.

이제 이 맨몸 보디빌딩 3대 운동으로 최대치의 근육을 뽑아내는 방 법을 알아볼 차례다. 크게 세 가지로 설명할 텐데 이 내용들을 꼭 숙지 하도록 한다. 그렇지 않으면 보디빌딩 효과는 적거나 거의 없다. **아무리**

좋은 콘텐츠도 그 사용 방법이 옳아야 성과를 내는 법이다. 근육이 잘 생기지 않으면 다른 것을 찾기에 앞서 반드시 다음 세 가지 내용을 제대로 지켰는지를 몇 번이고 되새겨보도록 한다. 내용이 길어지는 관계로 이번에는 첫 번째만 다루고 나머지 두 가지는 '맨몸 보디빌딩 3대 운동(하)'에서 알아본다.

─────── 보디빌딩 템포

보디빌딩에서 템포(카덴스)는 굉장히 중요하다. 똑같은 운동이어도 속도에 따라 완전히 다른 운동이 된다. 템포 1/1(포지티브 1초/네거티브 1초)과 10/10(포지티브 10초/네거티브 10초) 두 가지를 비교했을 때 '사용 중량', '가능한 횟수', '지속되는 자극 시간' 등 모든 것이 달라진다.

　맨몸 운동이 근지구력 훈련으로만 주로 사용되고, 또 미디어에서도 맨몸 고수들에게 횟수 경쟁 위주로 시키다 보니, 대부분의 사람들에겐 맨몸 운동은 무작정 빨리 반복하는 것이라는 고정관념이 생겼다. **그러나 그런 방법으로는 근육이 잘 안 생긴다. 나중에 펌핑을 위해 빨리 반복하는 방식을 부가적으로 쓸 수는 있어도 절대 메인 방법은 아니다. 보디빌딩이 목적이라면 웨이트를 사용하든, 맨몸을 사용하든 올바른 자세와 더불어 올바른 템포가 선행되어야 한다.**

　벤치 프레스를 한다 치자. 몸에 타이트한 긴장을 준 뒤 내릴 때는 빨리 떨어지지 않게 천천히 내리면서 근자극을 깊숙이 느끼고, 올릴 때도 힘쓰는 근육 부위에 집중하면서 한 회 한 회 정성을 쏟을 거다. 근육을 키우고자 한다면 맨몸 운동도 똑같이 해야 한다. 저항을 꾸준히 올리는

벤치 프레스

것은 물론이며, 웨이트 훈련을 할 때와 같은 템포를 사용해서 앞과 같은 집중력을 발휘해야 한다. 하는 방법을 달리해놓고 "운동을 하면 근육이 잘 안 커진다"라고 징징되면 안 된다. 올바른 자세에 유의하면서, 항상 웨이트 훈련과 같은 템포를 구사하라. 사실 너무 당연한 말인데도 맨몸 운동에 대한 고정관념으로 인해 이를 지키지 않는 사람들이 너무나도 많다. 혹 웨이트 훈련 또한 여태껏 잘못된 템포로 했던 사람들은 이참에 자신의 훈련을 되돌아보길 바란다.

그럼 보디빌딩에 가장 좋은 템포는 뭘까? 포지티브에서 최대한 폭발적으로 들라고 하는 사람도 있고, 10/10 혹은 그보다 더 긴 시간인 슈퍼 슬로우 템포 방식을 신봉하는 사람도 있다. 두 방식 다 각자의 자리가 있으나 기본을 먼저 알아야 한다. 기본을 열심히 하고 그것을 잘하고 난 뒤 다른 것을 부가적으로 써야지, 기본을 무시하고 특이한 방법을 일찍 들이대면 나중에 중요한 순간에 성장 모멘텀을 잃는다.

이론적으로 근성장에 가장 많이 사용되는 보디빌딩 기본 템포는 '2~3/

chapter 3 보디빌딩

2~3'이다(포지티브 동작 2~3초/네거티브 동작 2~3초). 그러나 포지티브의 힘이 네거티브보다는 약하므로 '포지티브 동작 1초'까지는 기본적인 보디빌딩 템포 안으로 집어넣는 게 좋다. 즉 '1~3초/2~3초'가 된다.

중요한 점은 2/2라고 했을 때 마음속 2초 카운팅이 아닌 실제 2초여야 한다는 것. 웨이트 훈련을 할 때는 마음속 카운팅이 빨라진다. 한동안은 실제로 시계를 보면서 해야 하고, 시간이 지난 뒤에는 또 가끔씩은 체크하면서 빨라지는 템포를 잡아줘야 한다. 그리고 1초는 절대 폭발적으로 리프팅하는 속도가 아니다. 폭발적으로 리프팅하는 방식은 아예 목적이 다르며 표현도 달리한다. '포지티브 1초'는 힘은 느껴지되 부드럽게 드라이브 거는 동작을 말한다. 네거티브 동작은 2초 밑으론 떨어지지 않는 게 좋다. 컨트롤하면서 서서히 내려가야 근육 발달에 좋기 때문이다. 당연히 운동마다 가동 범위가 다르기 때문에 템포 차이는 날 수 있다. 예를 들어 푸시업은 가동 범위가 적어서 1/2(혹은 2/2) 템포를 쓰더라도, 스쿼트는 가동 범위가 큰 운동이기 때문에 좀 더 긴 템포 사용이 가능하다.

"'포지티브를 폭발적으로 하는 것'과 '슬로우 템포 방식'을 똑같은 보조 방법론에 놓는 건 무리다" 혹은 "슬로우 템포는 기본적인 2~3/2~3 템포 방식과 양립할 만큼 또 다른 보디빌딩 세계관이다"라고 이의를 제기하는 사람도 있을 수 있다.

맞다. 슬로우 템포 방식이 예외적인 방법론이라기보다는 그 자체로 굳건한 틀을 구성하고 있는 효과적인 템포임은 분명하다. 그래서 훈련자의 나쁜 자세를 고치거나, 보유하고 있는 저항이 적거나, 새로운 변화를 줄 때도 슬로우 템포처럼 완전히 다른 패러다임을 사용하는 게 비슷한 방법을 적용하는 것보다 더 좋은 결과를 나타내기도 한다. 다만 일반적인 사람의 성향과 멘탈을 고려해볼 때, 좀 더 대중적으로 훈련할 수 있

턱걸이

는 보디빌딩 템포로는 3초 이하가 적합하다는 것이다.

실제로 훈련을 시켜보면 5초 이상이 걸리는 템포에 지겨움을 표현하는 사람들이 의외로 많다(사실 3/3부터도 심리적으로 슬로우 템포로 인식하는 경향이 있다). 그러다 보니 이 훈련에 익숙해지는 데만 아주 많은 시간이 필요하다. 즉 슬로우 템포 방식이 나빠서라기보다 일반적인 방법을 먼저 생각하고 후순위로 그런 방식을 도입해야 한다.

앞으로 슬로우 템포라는 특별한 언급이 없는 이상 보디빌딩 템포라고 하면 '1~3/2~3'으로 생각한다(참고로 렙과 렙 사이 혹은 포지티브/네거티브 전환 단계에서 발생하는 정지 시간은 이 템포 안에 포함되지 않는다).

템포를 제대로 적용해서 웨이트 훈련하듯 한다면, 이지 버전만 잘해도 효과는 매우 크다. 실제 많은 사람들이 보디빌딩 템포(올바른 자세는 기본)를 사용하는 것만으로 이지 버전에서 이미 몸짱에 등극하기도 했다.

앞서 말한 턱걸이는 말할 것도 없고, 푸시업도 마찬가지다. 특히 편안한 자세를 유지하며 보디빌딩 템포로 시행한다면 푸시업 하드 버전만으로도 웬만한 사람들은 근육을 꽤 키울 수 있다. 몸무게가 많이 나가는 사람이 한 팔 푸시업을 제대로 하면 딥이 필요 없는 이유다.

지금껏 턱걸이와 딥에서 개수를 올리느라 속도전만 벌였던 사람이라면 보디빌딩 템포를 통해 과거와는 완전히 다른 자극을 경험하게 될 것이다. 생소해서 잘 안 된다는 이유로 혹은 개수가 줄어든다는 이유로 계속 과거의 습관으로 돌아가려 할 텐데 이를 잘 버텨야 한다.

경험적으로 볼 때 근육에 최적인 템포에 익숙해지는 것이 생각보다 쉽지 않다. 개인 PT 혹은 훈련 파트너가 도움이 되는 이유 중 하나도 이처럼 혼자서 했을 때 생기는 안 좋은 습관을 방지해주기 때문이라고 본다.

요약해보자. 맨몸 보디빌딩 3대 운동에 전념하면 근육 키우는 데는 전혀 문제가 없다. 방법이 틀리지 않는다면 무조건 효과를 본다. 즉 천천히 반복하는 방법론을 근성장의 메인으로 위치시켜야 한다. 그 올바른 방법의 일환으로 상편에선 '보디빌딩 템포'를 알아봤고, 나머지 두 가지에 대해선 하편에서 살펴볼 것이다.

맨몸 보디빌딩 3대 운동
(하)

————— 오버로드

챕터 1의 '웨이트 트레이닝, 바벨 그리고 오버로드'에서 웨이트 트레이닝이 가장 중요한 원칙은 오버로드라 말했다. 맨몸 운동도 다를 바 없다. 근육을 원한다면 강도를 올려야 한다. 횟수 증가, 휴식 시간 변화, 운동 순서 변경, 슈퍼 세트나 컴파운드 세트 등 다양한 훈련 기법을 적용해서 근육을 키울 수 있지만 모두 다 일시적이다. 충분한 '중량/저항' 증가가 없으면 금방 정체기에 다다른다. 지속적으로 근육을 키울 수 있는 유일한 방법은 오버로드다.

웨이트 훈련에서는 플레이트가 무한정이고 그 무게 또한 정확히 알 수 있기 때문에 1kg이든, 10kg이든 각자가 원하는 만큼 오버로드를 쉽게 할 수 있다. 반면 맨몸 운동에서는 웨이트 훈련만큼 정교하게 무게를 올리기가 어렵다. 그렇다고 약수터 아저씨들처럼 운동 횟수만 주야장천 올리고 있다간 근육 발달은커녕 유지도 쉽지 않은 일. 웨이트처럼 정확하진 않더라도 챕터 2 '맨몸 운동의 제왕:빅바디 7'에서 설명한 서포트 방법을 참고해서 꼭 오버로드하도록 한다.

이때 주의할 점이 하나 있다. 저항을 천천히 늘려가야 한다는 것(개선의 원칙). 웨이트 훈련에서도 자주 범하는 실수이긴 하나, 오버로드 갭의 측정이 어려운 맨몸 운동에서 이런 실수가 더 빈번하다. 99.5kg을 성공했더라도 100kg에 실패하는 걸 웨이트 훈련에선 별로 이상하게 생각하지 않는다. **이 당연함이 맨몸 운동에서는 곧잘 무시된다.** '퍼포먼스 변형'으로 성장이 확연히 보이는 맨몸 운동의 특성상 심리적으로 발달이 더디게 느껴지기 때문이다. 단 1kg을 올리기 위해서 몇 주간을 소비하는 웨이트 훈련을 상기하면서, 맨몸 운동도 '오버로드' 원칙을 가장 중심에 두고, '개선'의 마인드를 적용해 천천히 저항을 올리도록 한다.

나이어트

다이어트를 한국말로 해석하면 단순히 식이요법이나, 현대에는 그 의미가 점점 커져서 운동까지 포함하게 된 것 같다. 즉 좁은 의미로는 건강하게 먹는 것만을, 넓은 의미로는 체지방을 제거하고 근육을 만드는 '식이요법 및 운동'까지를 포괄한다.

이러다 보니 자칫 두 가지 의미가 중첩돼 진체적인 상관관계를 잘못

이해하게 되는 경우가 있다. 여기서는 일단 다이어트를 운동을 제외한 식이요법만으로 이해하되, 내용 안에서 '다이어트'라는 말에 운동의 의미가 포함될 시에는 '식이요법/운동'이란 단어를 둘 다 사용해서 혼선을 막도록 하겠다.

체지방 제거(살 빼기)에서 가장 강력한 요소는 운동이 아니라 식이요법이다. '다이어트는 운동 1할, 식사 9할'이라는 책제목을 본 적 있다. 살 빼기(체지방 제거)에 있어 '먹는 것'의 중요성을 한마디로 잘 압축 표현했다고 본다. 사람의 체질에 따라 그리고 과거 다이어트 히스토리(운동 위주로 다이어트한 사람, 식이요법 위주로 다이어트한 사람)에 따라 퍼센티시 오차는 있을 수 있겠으나, 체지방을 제거하는 데 식이요법이 결정적이라는 사실은 부인할 수 없다.

1권에서 **보디빌딩은 '외부적으로 보이는 근육량'이 많은 것이라고 했다.** 다른 분야 운동선수들이 보디빌더보다 더 많은 근육을 가지고 있어도 지방에 가려져 겉으로 보이는 양이 적을 뿐이라고. 그래서 최대치의 근육을 키우는 방법을 묻고 싶다면 보디빌더가 아니라 그보다 근육량이 많은 스모 선수에게 물어보라고.

맨몸을 이용한 운동는 나늠 바 없나 보니빌닝이 목석이니면 걸국 다이어트에서 승부가 난다. 운동을 열심히 해서 근육을 크게 만들더라도 지방에 들러쌔에 있으면 그냥 군육 뎅이일 뿐이다.

반대로 아무리 마른 사람도 근육은 어느 정도 가지고 있기 때문에, 보기 싫을 정도의 말라깽이만 아니라면 체지방 제거 후에는 다 좋은 몸으로 보인다. 즉 현재 모습에서 체지방과 수분만 걷어내버리면 굳이 근육을 더 만들지 않더라도 내부분이 멋진 몸매의 소유자가 되기 때문에 웨이트 훈련이든, 맨몸 훈련이든 보디빌딩을 하려면 무엇보다 다이어트에 가장 신경 써야 한다(어차피 먹는 게 올바르지 않으면 근육도 잘 붙지 않지만).

참고로 맨몸 운동을 하는 사람들이 일반인들에게 좋은 몸으로 인식되는 이유도 체지방의 영향이 크다. 보통은 몸무게가 적게 나가는 덩치 작은 사람들이 맨몸 운동에 뛰어나고, 그런 사람들은 체지방이 적은 경우가 많아서 '맨몸 운동 = 멋진 근육'이라는 공식으로 자연스레 기억된다. 그리고 퍼포먼스를 위해 체지방을 더 줄인 체조 선수들의 이미지가 더해지면 위 공식에 더욱 확고한 믿음을 가지게 되고, 맨몸 운동이 멋진 근육을 키우는 데 더 낫다는 '대중의 착각' 또한 체지방에서 비롯된 만큼 보디빌딩에서 다이어트의 중요성은 아무리 강조해도 지나치지 않다.

다이어트 방법에 대해 필자에게 묻는 사람들이 많다. 사실 오래전에 새로운 다이어트에 관한 글을 시리스로 준비했었다. 난식에 대한 이론적·실증적 결과가 너무 좋아서 하루 한 끼만 먹는 걸로 유명한 이외수 선생님의 이름을 딴 '이외수 다이어트'라는 제목으로 글을 쓰려 했다. 나름 잘 정돈된 이론서 느낌으로 가보자며 자료 만지작거리기를 약 6개월, 갑자기 《1일1식》이 출판되더니 빅 히트를 치고, 이후 다양한 간헐적 단식 방법들을 다룬 책들이 줄줄이 나왔다. 이와 관련된 TV 방송과 수많은 책들이 쏟아져 나오는 걸 보면서, 뒷북치고 인기에 편승하기는 싫어 아예 접었다.

간헐적 난식은 먹고 싶은 음식을 먹으면서 체지방을 줄이고 근육노 증가시킬 수 있는 아주 훌륭한 다이어트 방법이다. 초등 입맛 소유자나 탄수화물을 줄이면 심하게 돌변하는 사람들에게 적극 추천한다. 이미 잘 알려져 있는, '탄수화물은 적게, 단백질과 채소는 늘리고, 조금씩 자주 먹는' 등의 일반적인 다이어트 방법도 그 기제는 다르지만 효과는 좋다. 앞의 두 방식 중 자기 몸에 잘 맞거나, 혹은 환경적 상황에 유리한 것을 하나 선택해서 열심히 한다. 보디빌딩 대회를 앞두고 단기간에 몰아붙이면서 근육을 증가시키는 동시에 지방을 제거하는 '훈련과 연계된 다이어트' 방식도 있긴 한데, 효과는 좋으나 몸에 충격이 크기 때문에 일반인들에게는 별로 권하고 싶지 않다.

마지막으로 맨몸 보디빌딩 3대 운동을 응용한 훈련 방법 하나를 알아보자.

speedandpower.co.kr에 있는 '수준별 맨몸 운동(이하 수맨동)'을 여기서 잠깐 소개하려 한다. 그중 '초급자 루틴'에 주목해 살펴보겠다.

	첫째 날 (20분 동안 최대한 많이 반복하기)	둘째 날 (번갈아가며 다섯 번 반복하기)	셋째 날 (최대한 빨리 하기)
레벨 1	① 턱걸이 1회 ② 팔굽혀펴기 2회 ③ 맨몸 스쿼트 3회	① 턱걸이 2회 ② 팔굽혀펴기 6회 ③ 맨몸 스쿼트 10회	① 턱걸이 10회 ② 팔굽혀펴기 21회 ③ 맨몸 스쿼트 21회
레벨 2	① 턱걸이 1회 ② 팔굽혀펴기 3회 ③ 맨몸 스쿼트 4회	① 턱걸이 3회 ② 팔굽혀펴기 8회 ③ 맨몸 스쿼트 13회	① 턱걸이 13회 ② 팔굽혀펴기 26회 ③ 맨몸 스쿼트 26회
레벨 3	① 턱걸이 2회 ② 팔굽혀펴기 3회 ③ 맨몸 스쿼트 5회	① 턱걸이 3회 ② 팔굽혀펴기 10회 ③ 맨몸 스쿼트 16회	① 턱걸이 16회 ② 팔굽혀펴기 33회 ③ 맨몸 스쿼트 33회
레벨 4	① 턱걸이 2회 ② 팔굽혀펴기 4회 ③ 맨몸 스쿼트 6회	① 턱걸이 4회 ② 팔굽혀펴기 12회 ③ 맨몸 스쿼트 20회	① 턱걸이 20회 ② 팔굽혀펴기 41회 ③ 맨몸 스쿼트 41회

레벨 5	① 턱걸이 3회 ② 팔굽혀펴기 5회 ③ 맨몸 스콰트 8회	① 턱걸이 5회 ② 팔굽혀펴기 15회 ③ 맨몸 스콰트 26회	① 턱걸이 26회 ② 팔굽혀펴기 51회 ③ 맨몸 스콰트 51회
레벨 6	① 턱걸이 3회 ② 팔굽혀펴기 6회 ③ 맨몸 스콰트 10회	① 턱걸이 6회 ② 팔굽혀펴기 19회 ③ 맨몸 스콰트 32회	① 턱걸이 32회 ② 팔굽혀펴기 64회 ③ 맨몸 스콰트 64회
레벨 7	① 턱걸이 4회 ② 팔굽혀펴기 8회 ③ 맨몸 스콰트 12회	① 턱걸이 8회 ② 팔굽혀펴기 24회 ③ 맨몸 스콰트 40회	① 턱걸이 40회 ② 팔굽혀펴기 80회 ③ 맨몸 스콰트 80회
레벨 8	① 턱걸이 5회 ② 팔굽혀펴기 10회 ③ 맨몸 스콰트 15회	① 턱걸이 10회 ② 팔굽혀펴기 30회 ③ 맨몸 스콰트 50회	① 턱걸이 50회 ② 팔굽혀펴기 100회 ③ 맨몸 스콰트 100회

그 사이트에 중/고급자 루틴도 따로 소개하고 있으나 중/고급자 루틴은 스트렝스가 필요한 운동이 많아 그렇게 분류됐을 뿐, 빅바디 7으로 스트렝스를 잘 키웠다면 이 초급자 루틴만 제대로 파도 그 프로그램의 꿀은 다 빨아먹는다고 보면 된다. **단순해 보이지만 이 루틴 하나만으로 근지구력 훈련은 올킬할 수 있으며, 다이어트가 더해지면 잘빠진 몸매에 건강관리까지 한 방에 가능하다**(1권 마지막에 나오는 패러디 시에서, 이 프로그램을 특별히 언급한 이유다). 또 그간 하드 버전 연습으로 포스 근육을 잘 만들어왔다면 펌핑 근육을 위한 훈련으로 사용하기에도 더할 나위 없이 좋다.

수맨동의 초급 루틴을 구성하고 있는 운동 세 가지가 사실상 맨몸 보

맨몸 스피드

디빌딩 3대 운동과 맥락을 같이한다. 원래는 '턱걸이, 푸시업, 맨몸 스쿼트' 운동 3개이나, 푸시업은 딥과 발달되는 근육이 대부분 겹치고 개인의 역량에 따라 대체할 수 있는 운동이기 때문에, 횟수만 조절한다면 서로 교환해서 사용할 수 있다. 즉 수맨동 초급자 루틴은 사실상 맨몸 보디빌딩 3대 운동으로 이루어진 프로그램으로 봐도 무방하다.

수맨동은 최상의 효과를 가진 소수의 훌륭한 맨몸 운동으로 '전반적인 체력 향상 및 건강 상승'이라는 의도를 가지고 만들어졌다. 이 목적을 달성하는 데 맨몸 보디빌딩 3대 운동보다 좋은 조합은 없다. ❶ 최대한 몸의 근육을 많이 사용하면서 ❷ 다양한 훈련 방법이 가능해야 하기 때문이다.

자세히 살펴보자. 수맨동 초급자 루틴은 한 운동씩 고반복하는 기초적인 근지구력 훈련 방법일 뿐만 아니라 세 가지 운동을 번갈아가면서 반복하는 '서킷 방법'을 포함시켜 카디오 효과까지 높였다. 서킷 방법을 적용하기 위해서는 사용 근육이 겹치지 않는 것이 무엇보다 중요하다. 그래야 지치지 않고 최대한 많은 횟수 및 라운드를 반복할 수 있다.

맨몸 보디빌딩 3대 운동은 근육 관점으로 보면, '하체는 맨몸 스쿼트, 상체의 등 전반과 이두는 턱걸이, 상체 가슴/어깨와 삼두는 푸시업/딥'으로 잘 분할됐고, 움직임 관점으로 보면, '하체의 일어나는 동작은 맨몸 스쿼트, 상체의 당기는 동작은 턱걸이, 상체의 미는 동작은 푸시업/딥'으로 잘 배분됐다. 이로 인해 오랜 시간 훈련 및 많은 횟수 반복이 가능해져 여러 프로그램으로 응용 가능하다. 맨몸 보디빌딩 3대 운동은 단순히 근육이 겹치지 않음을 넘어 몸에 있는 근육군 대부분을 자극하기 때문에 전반적인 체력 향상과 건강을 위한 프로그램에 1순위로 선택되는 것이다.

'최소 운동의 최대 근육'이라는 특성을 가진 맨몸 보디빌딩 3대 운동이 잘 사용된 예로서, 앞으로도 이 운동들을 활용한 것들을 많이 보여주도록 하겠다.

━━━━━ 마무리하며

정리해보자.

맨몸 운동은 시간과 장소에 구애받지 않는 편리성과 그 사용의 즉시성 때문에 기본적인 장비만 있으면 언제 어디서든 사용할 수 있다. 보통은 건강과 근지구력 그리고 체력 단련만을 생각하는데 스트렝스를 키워

나간다면 근육을 키우는 데도 손색이 없으며, 그중 맨몸 보디빌딩 3대 운동의 보디빌딩 효과는 그 어떤 맨몸 운동보다 뛰어나다.

근육을 잘 키우고 싶다면, 맨몸 보디빌딩 3대 운동을 열심히 하되 혹시라도 성과가 미비하다면 무턱대고 운동량부터 늘릴 생각을 하지 말고 ❶ 보디빌딩 템포, ❷ 오버로드, ❸ 다이어트, 이 세 가지를 제대로 하고 있는지를 먼저 확인하도록 한다.

하드 버전을 목표로 점차 저항을 올려가되(오버로드), 보디빌딩 템포를 사용해서 기초 근육을 탄탄히 쌓아가고, 이후 수맨동처럼 응용 프로그램을 접목하면서 펌핑 근육까지 키우게 된다면, 건강하고 체력 만땅인 몸짱은 이미 따놓은 당상이다. 보이는 근육으로 결정되는 보디빌딩인 만큼 '다이어트'는 항상 기본으로 깔고 가도록 하고,

체조 선수 몸 만들기

맨몸을 이용한 보디빌딩 프로그램 하나를 소개한다. 이 프로그램은 다음 세 가지 부류에 속하는 사람이 쓰면 좋다. ❶ 한때 운동을 열심히 했지만 워낙 살찌는 체질이라, '살찌고'와 '억지로 운동하기'의 악순환을 겪고 있는 사람, ❷ 체조 선수의 퍼포먼스는 필요 없고 단지 비슷한 근육만 있으면 장땡이라 자위하는 사람, ❸ 최소한의 도구 및 시간, 그리고 최대한 간단한 방법으로 근육과 건강을 찾고 싶은 사람.

제약은 있다. 몸무게 80kg 이상인 사람들만 그 효과가 100% 들어맞는다는 점이다. 물론 사람 몸이라는 게 자극에 대한 반응이 제각각이고, 같은 몸무게라도 키에 대비해 생각하지 않을 수 없기에 80kg이라고 정확하게 못 박을 수는 없지만, 그 정도 몸무게쯤은 되어야 원래 취지인 체조 선수의 몸을 만들어낼 수 있다.

제목을 좀 더 정확히 하면 '몸무게 많이 나가는 사람을 위한 체조 선수 몸 만들기'라 볼 수 있겠다. 그렇다면 몸무게가 적게 나가는 사람은? 그냥 체조를 배우면 된다.

예전에 필자에게 플렌체를 배운 사람이 있었는데 오래지 않아 성공했다. 특별한 비법이 있어서가 아니다. 몸무게가 50kg 남짓이었기 때문이다. 즉 몸무게가 적은 사람이 체조 선수 몸을 얻고 싶다면 곧바로 체조 동작에 도전해도 된다.

반면 덩치가 큰 사람은 사정이 다르다. 무리하게 체조 동작을 따라 하다간 근육은 고사하고 흥미 실종과 부상을 덤으로 얻을 수 있다.

그리고 체조에는 수 많은 동작이 있지만, 모든 동작이 근육을 만들기 위해 존재하는 것은 아니다. **그중 근육을 만드는 데 결정적인 역할을 하는 운동은 소수다.** 이에 착안해서 덩치 큰 사람도 집에서 간단한 도구만으로 체조 선수 몸을 만들 수 있게 프로그램을 만들었다.

철봉을 수십 바퀴 돌고 링에서 십자 버티기를 하면서 잠을 잘 정도는 되어야 체조 선수 몸이 만들어지는 게 아니다. 너무나도 쉬운 (하지만 실행은 빡센) 방법으로 이상향 몸을 만들어낼 수 있음에 놀라게 될 것이다.

놀밀히시.

───────── **비교적 쉬운 그러나 강력한**

체조 선수 근육을 만드는 데 있어 꼭 필요한, 그러면서 '비교적 쉬운' 다섯 가지 맨몸 운동을 모아봤다. 체조 근육을 만들어내는 운동 조합이므로 체조

(gymnastics) 영어 앞부분만 따서 '짐머슬(gym muscle 5)'이라 부르기로 한다.

짐머슬 5

❶ **물구나무 푸시업**
❷ **턱걸이**
❸ **팔굽혀펴기**
❹ **바디 로우**
❺ **맨몸 스쿼트**

이 다섯 가지 운동만 열심히 하면 각 운동들이 상호작용하면서 시너지 효과를 가져와 특이한 체조 동작들에서 나올 수 있는 근자극까지 다 커버한다. 몸무게가 많이 나간다면, 이 다섯 가지 맨몸 동작들만으로도 충분히 체조 선수들 같은 몸을 가질 수 있다.

1권에서 한 팔/한 다리 MPT 5를 통해서 근육질 몸을 만들 수 있다고 했다. 여전히 유효한 말이지만 몸무게가 많은 사람의 경우에는 한 팔/한 다리로 하는 동작이 어려운 데다, 한 팔 턱걸이처럼 너무 높은 목표가 있을 때는 심리적으로 면서 지실 수가 있다. 그리고 맨몸 운동의 가장 큰 약점인 무게 개선의 불편함을 무시할 수 없다. 그나마 MAD 손가락 접기를 이용하면 편리하나, 이 또한 웨이트 훈련처럼 수치적으로 정확한 개선이 없으면 모티베이션을 받지 못하는 사람에겐 꾸준히 사용하기 어렵다는 점이 있다(그렇지 않은 사람은 이걸 해도 된다).

그래서 이번 프로그램에서는 두 팔 두 다리를 모두 다 사용한 운동으로만 프로그램을 구성했다. **MPT 5 한 팔/한 다리가 '강도 개선'을 사**

용했다면 이 프로그램은 텐션 증가를 위해 '횟수 개선'을 사용한다. 두 팔이 사용된 동작이라 너무 어렵지 않기에 심리적인 안정감이 크고, 숫자로도 개선 상태가 딱딱 나타나서 계속하고 싶다는 모티베이션이 확실히 자극된다.

무게 바디 로우

이사의 바벨 스퀴트 없이 허리도 반기지 가구힌다는 건 불가능하기에 한 다리 스쿼드도 과감히 제외했다. 몸이 큰 사람이 하기도 어려울뿐더러, 한 다리 운동으로 가게 되면 '간단한 방법으로 체조 선수 몸을 가진다는 취지'에도 부합하지 않는다고 판단했기 때문이다. 그리고 상체에 비해 상대적으로 다리 근육이 발달하지 않은 체조 선수들의 특수성도 한몫했다. 바벨 스쿼트가 단순히 다리 운동이 아닌 몸 전체 호르몬 작용에 영향을 미치기 때문에 바벨 스쿼트를 하면 더 빠른 결과를 얻을 수 있다는 점은 분명하다. 그러나 다음 프로그램만이라도 꾸준히, 그리고 열심히 하면 체조 선수 몸 만들기라는 목표는 성취할 수 있다.

체조 선수 몸 만들기 프로그램(몸무게 80kg 이상)

❶ **물구나무 푸시업 1세트×10회**(최종 목표)
❷ **턱걸이 1세트×20회**(최종 목표)
❸ **팔굽혀펴기 1세트×20회**(최종 목표)
❹ **바디 로우 1세트×20회**(최종 목표)
❺ **맨몸 스쾃트 1세트×30회**(최종 목표)

먼저 이 운동들이 어떻게 구성되어 체조 선수 몸과 같은 근육들을 자극할 수 있는지 간단하게 알아보자.

남녀 관계에서만 밀당(밀고 당기기)이 중요한 게 아니다. 운동에서도 마찬가지다. 다양한 각도로 상체를 밀고 당기게 되면 상체에 있는 모든 근육들을 자극할 수 있다. 이 프로그램에서는 상체 미는 운동으로 '물구나무 푸시업과 팔굽혀펴기', 그리고 상체 당기는 운동으로 '턱걸이와 바디 로우'를 택했다(하체는 스쾃트 하나로 끝나니 더는 설명이 필요 없고).

체조 선수 상체 근육 빌딩에 필요한 자극은 이 네 가지 운동의 밀당 안에 다 포함된다.

여전히 '이 운동만으론 자극이 빠질 수 있는 근육들이 있지 않을까' 걱정하는 사람이 있을 수 있다. 안심해도 된다. **이 다섯 가지 운동들은 서로 유기적으로 결합되어 몸의 구석구석을 강타한다.**

예를 하나 들어보자. 얼핏 보면 복근 운동이 없는 것 같다. 하지만 실상 상당히 많은 복근 운동이 들어가 있다. 우선 팔굽혀펴기를 하는 동안 몸을 일직선으로 유지하면서 버티는 것은, '플랭크 운동'으로 복근을 자극하는 것과 비슷한 효과를 가져온다. 요즘 다시 새롭게 조명받는 복근 운동은 플랭크 같은 아이소메트릭으로 복근을 자극하는 방식이다. 이러한 운동만으로 복근 생성은 물론 기능적인 복근 능력 함양도 가능하다.

마찬가지로 바디 로우도 복근 만들기에 큰 몫을 한다. 팔굽혀펴기 누운 자세로서, 몸을 직선으로 유지하려면 복근에 상당한 힘이 들어가야 하기 때문이다. 바디 로우를 할 때는 엉덩이가 아래로 처지지 않게 최대한 몸을 직선으로 유지하면서 시행하도록 한다. 그리고 예상과 다르게 턱걸이가 복근에 미치는 영향도 크다.

오래전 일이다. 체육관에서 어떤 사람이 몇 달 동안 턱걸이에 매진했는데 복근이 커졌다며, 복근 운동에는 턱걸이가 최고라고 옆 친구에게 강추하는 걸 무심코 들은 적이 있다. 당시 마음속으로 '오버하는군' 하는 정도로 여기고 무시했는데, 나중에 공부를 깊게 해보니 턱걸이에서 오는 복근 자극이 엄청 크다는 것을 알게 됐다.

이론은 충분했고, 실질적인 검증을 위해 여러 사람을 동원해서 실험해본 적이 있다. 우선 복근을 심하게 훈련해서 통증이 있게 한 후 그다음 날과 또 이틀 뒤에 턱걸이를 하게 해봤다. 복근이 너무 아파서(자극) 턱걸이를 제대로 못할 정도였다.

다른 실험도 했다. 복근 훈련을 오랜 기간 시키지 않다가 턱걸이를 집중적으로 하게 해봤다. 다들 복근의 통증이 생겨나고 며칠간 지속됐다고 했다. 사실 HIT 방식을 사용하는 사람들은 오래전부터 이 내용을 알고 있었다.

HIT 프로그램 중에는, 따로 복근 운동 없이 풀 다운 운동으로만 복근 운동을 대치하는 게 있는데, 그들은 수년간 훈련자의 실험을 거쳐 그 이상의 복근 자극은 필요 없다는 사실을 밝혀냈다.

턱걸이보다 한 수 아래인 풀 다운에서 오는 복근 자극이 그 정도면 턱걸이는 말할 필요도 없을 줄로 안다. 더 많은 운동을 찾기 전에 앞서 말한 짐머슬 5만 집중적으로 해보라. 다음에 설명할 올바른 방식으로 한다면 이것으로 충분하다.

———— 세트 및 횟수

이제 세트 및 횟수 그리고 실행 방법에 대해 구체적으로 말해보자. 최종 목표는 본 세트 1세트×20회다. 1회부터 시작해서 점차 횟수를 올려나가서 20회까지 성공하면 끝난다. 무게 개선이 아닌 횟수 개선이다. 각자 자신의 몸무게라는 변함없는 저항을 사용하기 때문에 무게 개선은 없고, 긴장하는 시간을 늘려감으로써 근비대를 이끌어내는 방법이다. 그래서 몸무게가 많다는 전제가 필요했다. 식이요법만 잘 지킨다면 최종 목표에 도달하기 전에도 이미 몸은 만들어져 있을 것이다.

최종 횟수에 예외는 있다. 물구나무 푸시업 같은 경우 가장 어렵고, 맨몸 스쿼트의 경우 비교적 쉽기 때문에 물구나무 푸시업은 10회 줄이고 반대로 맨몸 스쿼트는 10회 늘렸다. 즉 물구나무 푸시업은 1세트×10회, 맨몸 스쿼트는 1세트×30회다. 어쨌든 모든 운동을 다 하면 전체 100회가 된다. 여기까지만 보면 생각보다는 어렵지 않다는 느낌이 들 수 있다. 중요한 차이점 하나를 아직 말하지 않았기 때문이다.

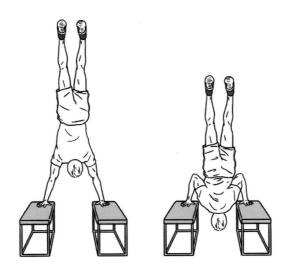

물구나무 푸시업

─────── 완전히 다른 운동으로 만드는 '템포'

'템포', 여기서는 다른 훈련에 비해 템포가 아주 중요시된다. 이 프로그램에서 사용되는 템포는 '포지티브 동작 3초/네거티브 동작 3초'다. 너 느린 템포를 사용할 수도 있지만 느린 훈련에 익숙하지 않은 사람들은, 너무 느리게 반복하면 지겨워하는 경향이 있어 3초/3초에 맞춰 프로그램을 만들었다.

더 느리게 하는 데 어려움이 없는 사람이라든지, 개인의 특성 차이가 너무 커서 혹시라도 3초/3초의 자극이 생각보다 적다면(대부분은 충분한 자극을 느낀다) 5초/5초까지 늘릴 수 있다.

더 이상은 필요치 않다. 3초/3초에 대해 턱걸이를 예로 들면 최대한 반동 없이 바를 서서히 잡아당겨 3초에 걸쳐 올라가고 3초에 걸쳐 서서히 내려온다. 이렇게 느린 템포를 끌어들인 이유는 뭘까? '텐션'을 위해서다. **긴장도를 최대한 높여 근세포를 강하게 자극해 근비대를 이끌어내는 것이 이 프로그램의 키포인트다.** 즉 천천히 한 회 한 회 온몸의 긴장을 느끼면서 근육을 강하게 수축해야 체조 선수 근육이라는 목적을 달성할 수 있다.

느린 템포를 사용하면 몸에 텐션을 주는 게 더 유리하다. 반동 없이 천천히 해야 몸에서 느껴지는 근긴장에 더 집중할 수 있기 때문이다. 고수로 갈수록 몇 가지 스킬을 첨가해서 긴장도를 더 높여줄 수 있다. 예를 하나 들자면 팔굽혀펴기를 할 때, 약간만 넓게 팔을 벌리고, 양손을 붙이려고 하는 동시에 가슴을 모으듯이 팔을 밀면서 올라오면 가슴 근육에 더 많은 텐션을 준다. 각자 긴장도를 높일 수 있는 방법을 찾아내도록 하라. 운동 개수가 적어서 거기만 집중하다 보면 응용하는 맛이 쏠쏠할 것이다.

이 프로그램을 할 때 주의할 점이 하나 있다. **중간에 쉼 없이 긴장을 계속 줘서 짧은 시간에 근육을 피로하게 만드는 것이 핵심**이기 때문에 모든 운동의 락아웃 자세에서는 절대로 쉬면 안 된다.

즉 팔굽혀펴기를 할 때, 락아웃을 하자마자 바로 내려와야지(급하지는 않게), 거기서 잠시라도 쉬어버리면 몸에 일시적인 휴식을 가져와 효과가 크게 감소한다. 텐션의 멈춤 없이 한 방에 실패 지점까지 가야 한다. 이것을 1주일에 세 번(예 : 월, 수, 금 또는 화, 목, 토) 한다. 다섯 가지 운동을 100회 그리고 1주일에 딱 세 번. 너무나 간단하다.

처음에는 전체 횟수가 100회에서 아주 멀겠지만 상관없다. 1회부터 시작해서 천천히 올려가도 된다. 각 운동의 강도가 다르기 때문에 모든 운동의 횟수가 같은 비율로 올라가지는 않는다. 팔굽혀펴기는 횟수가 빨리 오르는 반면 턱걸이는 늦게 오른다. 괜찮다. 다른 운동 횟수에 신경 쓸 필요 없이 각자의 운동에서 최선을 다해주면 된다. **단순히 횟수를 올리는 것보다 근육에 텐션을 주는 것이 더 중요하다.** 본 세트 1세트를 하드하게 워크해서 더 이상 힘이 안 들어갈 정도까지 텐션을 뽑아낸다면 최종 횟수에 다다르기 전이라도 몸은 이미 크게 자라나 있을 것이다.

다만 원하는 만큼 몸이 덜 커졌는데 이미 맨몸 스쿼트와 팔굽혀펴기에서 목표 횟수를 채웠다면 횟수를 더 올리기보다 템포를 5초/5초로 올리도록 한다.

여기엔 여러 가지 이유가 있다. 먼저 3초/3초를 잘했다고 생각하지만 많은 경우 점차 템포가 빨라지는 상황이 일반적이라, 더 느리게 5초까지 올리는 게 올바른 훈련으로 복귀하는 데 도움이 된다. 3초/3초로 목표 횟수를 달성할 때면 5초/5초도 지겹지 않을 것이다.

물구나무서기 푸시업은 시도조차 어려운 사람이 많다. 그럴 경우 그냥 벽에 다리를 대고 물구나무만 서면서 버틸 수 있을 때까지 버티다가 내려오도록 한다.

이런 방식으로 물구나무서는 횟수를 계속 늘려나가라. 이 횟수가 올라가게 되면 조금씩 팔을 굽히면서 밑으로 내려갈 수 있다. 물구나무 푸시업을 처음 할 때는 벽에 다리를 대나 상관없지만, 실력이 증가할수록 의자 2개 위에 각 손을 올려서 머리가 두 의자 사이 밑으로 내려가야 한다. 그래야 완전한 풀가동 범위의 1회가 된다(챕터 2 '맨몸 스트렝스 3대 운동' 참조).

짐머슬 5의 모든 동작은 풀가동 범위를 하는 걸 기본으로 한다. 절대 쉽지 않다. 그러나 그만큼의 효과는 보장한다.

운동에 걸리는 시간만 봤을 때는 1주일에 30분에 불과하다. 쉬는 시간과 워밍업 세트가 있기에 시간이 더 늘어나더라도 한 시간 30분을 넘기지 않는다. 후에 실력이 증가하면 훈련 사이 휴식일이 더 늘어난다. 훈련하는 인터벌이 서서히 길어져서 2주일 기준으로 처음엔 훈련일 6일, 그다음에 훈련일 5일, 다시 훈련일 4일 등으로 적어지면 주당 운동 시간은 더 줄게 된다. 최소 시간 투입에 최대 결과를 가져올 수 있다.

특히 살찐 몸으로 오랜만에 운동을 다시 하려는 사람은 숨이 차는 운동을 싫어한다. 한때 컨디셔닝 운동을 열심히 했던 사람이라도 한동안 안 하다가 하려면, 몸이 붇고 체력은 떨어져 있는데 자꾸 옛날 기록만 생각나서 더 하기 싫어진다. 하지만 앞의 운동들은 심폐기능을 많이 필요로 하지도 않고, 횟수를 1~2회만 하더라도 상관없기에 편안하게 시작할 수 있다. '이 정도만 해서 근육이 생길까?'라는 걱정은 하지 마라. 충분한 자극이다. 운동에 있어서는 이것만 해도 된다.

─────── 식이요법의 중요성

앞서 말했듯 운동보다 중요한 게 있다.

열나게 운동 관련해서 떠늘어놓고 딴말을 하는 데는 이유가 있다. 그만큼 식이요법이 중요하다는 것을 강조하고 싶어서다.

체조 선수들의 몸을 멋져 보이게 하는 일등공신은 아주 적은 체지방에서 오는 데피니션이다. 그래서 훈련을 올바르게 한다고 가정한다면 식이요법에 더 신경 써야 한다. **체지방을 줄이는 데 있어 기여도를 따지자면 평균적으로 식이요법이 80%, 운동이 20%이다.** 즉 타고난 사람이 아니고서는 제아무리 운동 열심히 해봤자 음식 마음대로 먹으면 말짱 꽝이다. 많은 사람들이 운동하면서 살이 잘 안 빠지면 운동 프로그램부터 고치거나 운동 시간을 늘리려고 한다.

식이요법부터 고쳐라. 이것이 8할이다. 8할을 놔두고 2할 가지고 아무리 장난쳐봤자 거기서 거기다. 운동 프로그램대로 했는데 결과가 신통치 않다는 사람들의 식이요법을 살펴보면 음식 섭취에서 잘못한 경우가 대부분이다. 지금까지 운동다운 운동이라곤 해본 적이 없는 사람이라면, 식이요법이 다소 부실하더라도 운동만 잘하면 효과가 있다. 그러나 이것도 장기적으론 어렵다. 오래지 않아 몸이 운동에 적응되고, 그다음부터는 열심히 운동해도 먹는 것을 조절하지 않고서는 답이 나오지 않는다. 그렇다고 군 훈련소처럼 하루 종일 훈련할 수도 없고.

적재적소에 그 시기에 맞는 식이요법의 여러 방법들을 잘 적용하면, 굳이 장거리 유산소 운동을 많이 하지 않더라도 상당량의 체지방을 제거할 수 있음을 알게 될 거다. **유산소 운동을 쓸데없이 길게 시키는 것은 식이요법 스킬에서 자신이 없는 사람이 취하는 행동이다.** 일정 정도의 유산소 운동량은 당연히 필요하지만, 누군가 지나치게 많은 시간을 요구한다면 식이요법 처방 능력을 한번 의심해볼 필요가 있다. 일반은 시중에 널리고 있는 다이어트 식이요법을 아무것이나 신뢰해서 따르다(간헐적 단식, 저탄수화물 다이어트, 존 다이어트, 고지방 다이어트 등). 필자가 처음 글을 쓸 때만 해도 말도 되지 않는 지식들이 난무했지만, 지금은 상황이 많이 나아졌다. 특이한 체질이거나 엘리트 수준의 몸을 만들고자 하지 않는다면(기회가 되면 3권에서 설명하겠다) 일반적인 식이요법 방법으로도 문제없다.

다시 강조하겠다. 몸 만드는 데 있어 8할이 음식이다. 식이요법을 등한시한 채 아무리 프로그램을 열심히 해봤자 소수의 선택받은 자가 아니고서는 뚜렷한 결과가 나오지 않는다. 반면 식이요법을 제대로 한다면, '체조 선수 몸 만들기 프로그램'만으로 체조 선수 몸을 보장한다. 어렵지도 않고, 위치 조절 가능한 턱걸이 바만 하나(조절이 귀찮으면 2개 살 것) 사면 집에서 누구나 할 수 있으며, 시간이 많이 걸리지도 않는다.

하다 보면 단순함의 재미에 서서히 빠져들 것임을 확신한다. 그리고 단순함과 그로 인한 재미는 꾸준히 운동할 수 있는 동력을 만들어줘 평생 근육 유지 및 건강에 도움이 되게 해줄 것이다.

다이어트가 중요하긴 해도 이 운동 프로그램이 더해져야 몸이 완성되기에, 마지막으로 체조 선수 몸 만들기 프로그램 실행 방법을 정리하면서 끝내도록 하겠다.

체조 선수 몸 만들기 프로그램(몸무게 80kg 이상)

❶ 물구나무 푸시업 1세트×10회(최종 목표)

❷ 턱걸이 1세트×20회(최종 목표)

❸ 팔굽혀펴기 1세트×20회(최종 목표)

❹ 바디 로우 1세트×20회(최종 목표)

❺ 맨몸 스쾃 1세트×30회(최종 목표)

ⓐ 3초/3초로 천천히 텐션을 유지하면서, 위의 횟수를 최종 목표로 서서히 다가가라(이게 쉬워서 더 잘할 수 있는 사람은 5초/5초).

ⓑ 처음부터 횟수 올리는 데 욕심내지 말고 몸의 긴장과 자극에

더 집중한다.

ⓒ 모든 운동의 본 세트 전에는 워밍업 세트로서 다소 빠른 템포로 해당 운동을 1~2세트 해준다.

CHAPTER 4

스피드

스내치

'낚아채다'라고 번역되는 스내치(snatch). 일상에선 불량스럽고 나쁜 의미로 쓰이지만 피트니스에서 '파도 파도 끝도 없는 보물 덩어리 운동'에 다름 아닌 이류이다.

　과거에 힘 좋은 놈을 구분하는 기준은 단순했다. 지금처럼 복잡하기만 한 기계들을 이용, 디지털 수치를 확인해가며 시답잖은 다리 올리기 테스트로 판단하는 것이 아니라 무시무시한 악력을 가졌다든지, 레슬링을 잘한다든지, 또 쉽게 움직일 수 없는 무거운 물건을 옮긴다든지 하는 인간의 원초적인 힘을 보여주는 것들로 평가됐다. **그중에서도 가장 무식하고 판단하기에도 가장 간단한 방법은 '누가 더 무거운 물건을 머리 위로 들어 올리나?'였다.**

이 테스트를 스포츠로 옮긴 것이 역도인데, 한때 세 가지 종목으로 구성됐으나 현재는 두 종목만 남았다. 하나가 '용상(聳上)'인 '클린 앤 저크'고 나머지 하나는 '인상(引上)'인 '스내치'다.

클린 앤 저크가 두 가지 동작으로 바벨을 머리 위로 올리는 종목이라면, 스내치는 번개처럼 한 방에 바벨을 머리 위로 리프팅하는 종목이다. 남의 돈을 잽싸게 낚아채야 할 소매치기가 어영부영하다면 진정한 소매치기가 아니듯이, 이 스내치 동작도 중간에 끊기면 진짜 스내치가 아니다. 인터넷을 보면 중간에 한 번 꺾이면서 두 동작으로 올라가는 어설픈 영상이 보이던데 그건 올바른 스내치가 아니다. 한 치의 망설임도 없이 찰나의 속도로 낚아채야 한다.

아는 사람의 눈에는 보인다. 이 동작이 얼마나 아름다운지.

뻘소리로 들릴 수 있지만, 필자 눈에는 웬만한 무용 선수의 몸짓보다도 이 스내치 동작이 더 우아하게 보인다. 장정 몇 사람 붙어야 겨우 무릎 위로 올릴 수 있는 거대 무게를 단 한 번의 동작으로 깔끔하게 머리 위로 쳐올리는 저 파워. 이런 장면을 볼 때는 경외심을 넘어 벌어진 입으로 침 두세 방울 정도는 흘려줘야 예의다.

스내치의 가장 멋진 점은 뭘까? 이걸 알기 위해선 다른 질문을 먼저 던져봐야 한다. 수많은 체력 요소들 중 스포츠를 잘하는 데 가장 중요한 한 가지가 뭔지? 두말할 것 없이 '파워'다. 파워가 높으면 대부분 스포츠에서 이미 승리를 거머쥔 것과 다름없다.

그럼 스포츠 중에서 가장 큰 파워가 나오는 순간은? 바로 '스내치의 세컨드 풀' 동작이다. **'스내치 세컨드 풀을 하는 순간 스포츠를 통틀어서 가장 강력한 파워가 나온다.'**

이 사실을 알고도 스내치가 간지나 보이지 않으면 이상한 거다. 스내

스내치

치를 배워야 하는 완벽한 이유다.

익도를 혼자서 연습하는 사람은 보통 클린부터 한다. 왜? 스내치보다 배우기 쉬우니까(물론 클린도 배우는 게 쉽진 않아 파워 클린 비스무리하게 흉내 내는 사람이 대부분이다).

스내치를 배우면 클린은 쉽게 배울 수 있고, 전체적인 몸 자극에서도 스내치가 앞서기 때문에 스내치를 먼저 배우는 게 좋다. 개인의 특성에 따라 스내치보다 클린을 더 어려워하는 사람도 있으나, 원래 운동역학상 스내치가 더 고급 운동이라 스내치를 더 힘들어하는 사람이 대부분이다. 그래서 스내치만 연습하다가 어느 날 클린을 하게 되면 뭔가 하다 만 것처럼 느껴질 때도 있다.

나무 봉이나 PVC 파이프처럼 아주 가벼운 무게만 있는 상황에서, 클린으론 충분한 운동량을 끌어낼 수 없지만 스내치는 빠르게만 반복한다면 빡셈을 온몸으로 경험할 수 있다. 한 회 한 회 정성을 들여서 리프팅한다면 오랜 시간 연습을 하지 않았는데도 땀범벅으로 변해 있을 것이다.

─────── 스내치에 대한 편견

이렇게 좋은 스내치가 아직도 대중의 오해와 배우기가 어렵다는 이유로 여전히 인기를 끌지 못한다는 점은 못내 아쉽다. 가장 대중적인 오해는 '역도를 하면 뚱뚱해진다'는 것이다.

역도로 유명한 선수들이 덩치 큰 몇몇의 선수들에게 국한되다 보니 아직까지 이 오해가 진실로 인식되고 있다. 밖으로 보이는 근육과 지방에 싸인 근육의 차이에 대해 아무리 말해봤자 원래 사람들은 자기가 기억하고 싶은 것만 기억하는 법. 체지방이 적은 '비교적 몸무게가 덜 나가는 역도 선수'들이 훈련하는 모습을 단 한 번이라도 보면 어느 스포츠 선수보다 멋진 근육과 몸매를 가지고 있음을 대번에 알 수 있을 텐데……. 아쉽기 그지없다.

그래서 스내치를 할 수 있는 체육관도 적을 수밖에 없다. 바벨을 편안하게 바닥에 던질 수 있는 곳을 만들자면 적잖은 투자도 해야 하는데 현재의 대중 인식으로는 한계가 자명하다.

배우는 데 시간이 많이 필요하다는 점도 걸림돌로 작용한다. 웨이트 트레이닝을 하는 사람은 대체로 시즌 안에 원하는 성과를 내고자 하는 바람이 있다. **스내치가 동작은 빨라도 배우기엔 대단히 느린 운동이다.** 고급 기술을 요하다 보니 그 기술을 익히는 데만 상당한 시간이 걸린다. 스킬을 배우는 기간 동안에 얻는 것들이 많은데도 아무래도 단기간에 배울 수 있고 그 효과가 바로 드러나는 운동에 시선이 더 가는 건 인지상정이다.

대중의 인식을 바꾸는 문제는 시간이 필요해서 당장 해결은 어려우나, 배우기 어렵다는 점은 다음과 같은 마음가짐으로 어느 정도 해결 가능하다.

"스내치를 배운다는 것은 아무나 따라올 수 없는 매우 특별한 일을 해내는 것과 같다".

케틀벨 운동과 비교해보자.

케틀벨은 조금만 배우면 누구나 쉽게 할 수 있다. 케틀벨 무게를 올리거나 반복을 더 많이 하는 것은 쉽지 않아도, 자세를 익히는 시간은 많이 걸리지 않는다. 큰 공간이 필요 없고 아무리 어려운 동작이라고 해도 자세 디테일만 배우면 된다.

반면 스내치는 가장 기본적인 동작을 익히는 데도 최소 몇 날이 걸린다. 이 점이 번거롭게 작용하나 배우고 나면 극강의 장점으로 변모한다. 쉽게 배울 수 없기 때문에 배우고 나면 '할 수 있는 사람'과 '할 수 없는 사람'이 명확히 구분되고, 남들과 차별화할 수 있는 진정 자랑질 운동이 되는 것이다.

게다가 퍼포먼스도 화려하다. 역도가 가능한 체육관에서 무시무시한 무게의 바벨을 스내치로 쳐올리는 걸 옆에서 지켜보라. 말 그대로 포스 작렬이며 다른 시시한 웨이트 운동과는 비교 불가다.

사실 바벨 운동 중에서 스쿼트, 데드리프트 같은 동작을 제외하고는 가르칠 게 많지 않다. 처음에는 생소해도 조금만 하면 누구나 할 수 있는 단순한 것들이다. **그러나 스내치는 복잡하고 기술의 완성은 끝없을 정도로 그 길이 멀다.** 이 고난도의 기술을 배우는 즐거움에다 스내치가 만들어내는 파워를 생각해본다면, 처음 일정 기간 힘들게 배우는 과정은 충분히 인내할 가치가 있다는 걸 알게 된다. 조금만 참으면 육체미와 건강은 물론, 남에게 퍼포먼스를 뽐내기에도 손색이 없는 멋진 운동을 평생의 친구로 만들게 될 테니.

─────── 스내치는 이론과 실기의 보물창고

스내치에는 실기를 제외하고 이론에서도 일생 동안 파고 남을 공부거리가 숨어 있다. **이론만 냅다 파더라도 노다지 덩어리인 것이다.** 사실 일선 코치들은 실기 코칭에는 뛰어나도 이론에는 밝지 못한 경우가 많다. 실기를 가르치는 데 바쁘고 워낙 이 분야의 이론이 방대하다 보니 따로 머리 싸매고 이것만 제대로 도서관에서 공부하지 않으면 알기 어려워서다. 그래서 외국에서도 이론적인 것들은 전문 기관 혹은 스마트한 전문인이 따로 연구하는 경우가 많다.

몇 년 전 체육과학연구원에서 장미란 선수가 스내치에서 바벨을 들고 앉을 때 오른발이 10cm쯤 뒤로 빠지는 습관을 발견하고 그 후 좌우 밸런스의 불균형을 찾아 교정해서 무게를 올렸다.

실기와 이론이라는 두 날개의 시너지로 인해 현대 역도 기술은 초창기와 비교도 할 수 없을 만큼 비약적인 발전을 이루었으며 장미란 선수의 예처럼 아직도 현재 진행형이다.

마지막으로 스내치 및 그와 관련된 동작을 이용해서 프로그램 만드는 것을 알아보자.

스내치 시퀀스 ONE

❶ 파워 스내치 앤 오버헤드 스콰트
❷ 행 스콰트 스내치
❸ 스내치

'스내치 시퀀스 ONE'은 스내치 시퀀스 중 대표적인 하나로 스내치와 관련된 세 가지 동작을 담고 있다(❶은 결합 동작이니 더 정확하게는 네 가지 동작).

❷ 행 스콰트 스내치는 바닥에서 시작하는 것이 아니라 행 자세에서 풀 스내치로 들어가는 동작이고, ❸ 스내치는 완전 가동 범위인 (풀) 스내치 동작이다.

이 3종 세트를 순서대로 훈련하면 파워를 만들면서 스내치 동작을 완성하는 데도 많은 도움이 되고, **연속으로 하게 되면 체력 훈련에도 아주 좋다**. 어떻게 조합하느냐에 따라 다양한 프로그램이 만들어진다.

스내치 시퀀스 ONE을 이용한 프로그램 2개를 알아보자.

가장 간단한 것은 일반적인 저반복 세트를 적용해 각 동작을 3세트×3회로 훈련하는 것으로 스피드 및 스트렝스 훈련으로 좋다.

오버헤드 스콰트

스내치 시퀀스 ONE 프로그램 1

❶ 파워 스내치 앤 오버헤드 스콰트 3세트×3회
❷ 행 스콰트 스내치 3세트×3회
❸ 스내치 3세트×3회

스내치는 고도의 기술을 요하는 운동이라 한꺼번에 생각해야 할 포인트가 너무 많다. 그래서 각 중요 부분에만 집중할 수 있게 동작을 여러 개로 나눠서 연습하고, 나중에 그것들을 합해서 스내치 동작을 완성시키면 편리하게 동작을 익힐 수 있다.

예를 들어 서드 풀인 세 번째 당김의 고난도 기술을 신경 쓸 필요 없이 '파워 스내치 앤 오버헤드 스쾃'를 통해 전체 동작을 한번 겪어보고, 또 퍼스트 풀에서 세컨드 풀로 넘어가는 어려운 기술을 생각할 필요 없이 '행 스쾃 스내치'를 통해 세컨드 풀에서 서드 풀로 넘어가는 데 집중하는 것이다.

두 번째 프로그램은 원래 이 묶음이 나왔던 의도대로 시퀀스처럼 연속으로 하는 것이다.

스내치 시퀀스 ONE 프로그램 2

(파워 스내치 앤 오버헤드 스쾃 1회＋행 스쾃 스내치 1회＋스내치 1회)×○세트

각 동작 중간에 휴식 없이 1회씩 반복한다. 이 세 동작은 각각 스내치의 주요한 포인트를 포커싱한 운동을 잘 결합한 시퀀스다. 각각을 한 번씩 다 해야 1회로 친다. 첫 번째 프로그램과 같은 양의 볼륨을 사용한다면 1회×9세트를 하면 된다. 묶음 자체가 잘되어 있어서 중간에 걸림 없이 북 흐르듯 하나의 동작이 가능하며, 볼륨을 늘리면 컨디셔닝 훈련으로도 아주 뛰어나다.

─────── **마무리하며**

이상으로 스내치에 대해 알아봤다.

금메달이 가장 많은 육상, 특히 트랙 앤 필드의 훈련에는 역도성 운

동이 꼭 들어간다. 그렇게 해야 탄탄한 기반을 쌓고 미래 엘리트 선수로의 성장 동력에도 큰 모멘텀을 줄 수 있다. 하체 파워의 바로미터인 수직 점프에서 최고 기록을 가진 역도 선수들의 파워를, 각 스포츠에 맞는 특수성 운동들과 결합하면 최강자를 만들어낼 수 있다.

자기 몸무게만큼의 무게로 스내치를 성공하는 건 엘리트 선수로 가는 첫 관문을 밟는 일이다. 여러 프로그램을 이용해서 자기 몸무게와 같은 무게로 스내치를 해내는 것을 첫 목표로 삼고 달려가라. 무슨 스포츠를 하더라도 큰 도움을 받게 될 것이다.

MMA 선수들을 위한
프로그램

종합격투기(MMA) 체력을 키울 수 있는 강력한 프로그램 두 개를 알아
보자. 하나는 앞서 배운 스내치를 이용한 '스피드 앤 파워와 컨디셔닝'
향상 프로그램이고, 다른 하나는 스트렝스 운동을 이용한 '스트렝스와
컨디셔닝' 향상 프로그램이다.

한국 선수들이 외국 선수들과 종합격투기를 하다 보면 급방 지치는
경우를 종종 발견할 수 있다. 체력만큼은 좋다고 생각한 선수들도 오래
지 않아 갑자기 느려지는 것을 보고 의아했을 텐데, 파워/스트렝스가 부
족하기 때문이다. **MMA에선 컨디셔닝뿐만 아니라 파워/스트렝스가 좋아
야 덜 지친다.** 서로 얽혀 힘을 겨루거나 테이크 다운을 시도하는 등 결정
적인 순간에는 파워/스트렝스가 필요해서다.

자기보다 파워/스트렝스에서 앞서는 사람과 몸으로 몇 번 부딪혀서 힘을 쓰다 보면 아무리 컨디셔닝이 좋아도 체력이 금방 바닥난다. 자기보다 덩치가 훨씬 큰 사람과 레슬링을 하는 것을 상상해보면 쉽게 이해할 수 있다.

그래서 **MMA 체력 단련을 위해선 파워/스트렝스 훈련을 먼저 특화해서 해주고 이후 각각 개인과 운동의 특성에 맞는 컨디셔닝 운동을 첨가하는 것이 기본이다.**

동시에 다음에 설명하는 '파워/스트렝스와 컨디셔닝'을 결합한 훈련을 가끔 병행해주면, 실제 MMA에 가까운 에너지 시스템을 흉내 낼 수 있어서 아주 좋은 결과물을 얻을 수 있다.

───── MMA 파워 및 컨디셔닝

MMA 체력을 키우기 위한 그 첫 번째 프로그램은 '슈퍼 삽질 2'와 '스내치'를 결합한 '슈퍼 삽질 2 MMA 파워'다.

우선 필자가 speedandpower.co.kr에서 소개한 슈퍼 삽질 2를 알아야 한다. 다음과 같이 케틀벨 두 개를 이용해서(24kg 2개 또는 16kg 2개) 세 가지 운동을 돌아가면서 반복하는 컨디셔닝 프로그램이다. 작은 공간에서도 온몸의 근육을 자극하면서 컨디셔닝을 키우는 굉장히 좋은 프로그램이니 케틀벨을 가진 사람은 꼭 해보도록 한다.

슈퍼 삽질 2(SSZ 2)

❶~❸ 번갈아가며 최대한 빨리 하기

❶ 케틀벨 프론트 스쾃트 15회―10회―5회
❷ 케틀벨 더블 스윙 15회―10회―5회
❸ 케틀벨 푸시 프레스/저크 15회―10회―5회

'케틀벨 프론트 스쾃트 15회 케틀벨 더블 스윙 15회―케틀벨 푸
시 프레스/저크 15회 그리고 다시 케틀벨 프론트 스쾃트 10회 케틀벨
더블 스윙 10회……'식으로 반복한다.

케틀벨 더블 스윙

MMA 파워 버전은 슈퍼 삽질 2 각 운동 사이사이에 스내치를 끼워
넣은 것이다. 스내치 횟수는 3회에서 시작해서 1라운드 넘어갈 때마다

1회씩 줄어든다(3회—2회—1회). 풀어서 보면 다음과 같다.

슈퍼 삽질 2 MMA '파워'

❶~❻ 번갈아가며 최대한 빨리 하기

❶ 스내치 3회—2회—1회
❷ 케틀벨 프론트 스콰트 15회—10회—5회
❸ 스내치 3회—2회—1회
❹ 케틀벨 더블 스윙 15회—10회—5회
❺ 스내치 3회—2회—1회
❻ 케틀벨 푸시 프레스/저크 15회—10회—5회

중요한 것은 파워이기 때문에 실력이 증가해도 스내치 횟수를 올리는 것이 아니라, 무게를 올리는 데 신경 써야 한다. **스내치 무게는 낮은 무게부터 시작해서 1차 목표로 자기 몸무게의 100%까지 잡는다.** 반대로 케틀벨은 컨디셔닝을 위한 것이기 때문에 고정된 무게로 최대한 빨리 하는 데 집중한다.

스내치는 무게를 올리는 것이 주된 포인트이나 경쟁을 통해 모티베이션을 향상시키는 데 활용하려면 프로그램에 약간의 변화를 준다. 스내치 무게를 60kg으로 고정하는 것이다.

이렇게 하면 모든 참가자의 사용 무게가 모두 같아지기 때문에 '누가 더 빨리 이 프로그램을 끝내는지'로 게임을 할 수 있다. 5분 미만에 이 프로그램을 끝낼 수 있다면 상당한 고수다(5분이란 시간에서 짐작하듯

케틀벨 프론트 스쾃트

UFC에 특화된 프로그램이다).

빨리 하려 노력하면 토 나올 정도로 힘든 루틴이니 처음 훈련할 때
는 너무 욕심내지 말고 올바른 자세에 집중하면서 점차 시간을 줄이는
노력을 하도록 한다.

━━━━━━ MMA 스트렝스 및 컨디셔닝

MMA 체력 향상을 위한 두번째 프로그램은 힘이 부족해서 쉽게 지치
는 종합격투가에게 적극 추천하고픈 스트렝스 버전이다. 슈퍼 삽질 2에다
맛스타 스트렝스 리프트(맛스리)를 결합했다.

슈퍼 삽질 2 MMA '스트렝스'

❶~❻ 번갈아가며 최대한 빨리 하기

❶ 프론트 스쾃트 3회 — 2회 — 1회

❷ 케틀벨 프론트 스쾃트 15회 — 10회 — 5회

❸ 스티프 레그 데드리프트 3회 — 2회 — 1회

❹ 케틀벨 더블 스윙 15회 — 10회 — 5회

❺ 밀리터리 프레스 3회 — 2회 — 1회

❻ 케틀벨 푸시 프레스 / 저크 15회 — 10회 — 5회

프론트 스쾃트와 스티프 레그 데드리프트는 자기 몸무게를, 밀리터리 프레스는 자기 몸무게의 65%를 1차 목표로 잡고 실력이 쌓일수록 무게를 올려나간다. 횟수는 똑같이 3회—2회—1회로 라운드를 돌 때마다 1회씩 내려간다.

'슈퍼 삽질 2 MMA 파워'를 경쟁으로 사용하기 위해 스내치 무게를 60kg으로 고정했듯이 '슈퍼 삽질 2 MMA 스트렝스'도 경쟁 게임으로 사용할 때는 다음과 같이 스트렝스 운동 무게를 고정한다.

프론트 스쾃트 80kg, 스티프 레그 데드리프트 80kg, 밀리터리 프레스는 50kg이다.

프론트 스쾃트의 실전성은 말할 것도 없고, 약간의 무릎 굽힘으로 허리를 숙여 리프팅하는 스티프 레그 데드리프트는 종합격투기에서 상대방을 뽑아 올리는 것과 많이 닮아 있어 잘 사용하면 실제 경기에 그대로 적용할 수 있다.

다른 프로그램에서는 느끼지 못했던 전방위적인 압박감과 힘듦의 즐거움을 한껏 만끽할 수 있을 것이다.

스트롱맨 훈련

──────── **강한 남자**

예전에 미육군사관학교 모집 비스무리한 포스트를 본 적이 있는데 기기에 크게 "Be Strong"이라고 적혀 있었다. 남자다운 남자가 되고 싶어 모인 집단의 모토가 저런 걸 보면, 강해진다는 말에는 모든 수컷들의 로망이 녹아 있는 게 확실하다.

그렇다면 문득 드는 생각.

'과연 이 세상에서 가장 강한 사람은 누구일까?'

정치·사회·경제까지 가면 '권력을 가진 자'나 '뇌섹남'까지 나올 수 있으니 스포츠 선수로 제한해보자. ('역도 선수 vs 체조 선수'에서 알아봤듯이) 스포츠 내에서도 강하다는 말을 어떻게 정의하느냐에 따라 다양한 답변이 나올 수 있다. 싸움으로 정의했을 땐 무기 사용이 가능하면 사격 선수나 양궁 선수, 맨주먹이면 MMA 파이터쯤 되겠다.

그럼 싸움을 제외하고 전반적인 체력 관점에서 본다면? 즉 어디 하나에 머무르지 않고 파워, 스트렝스, 스피드, 컨디셔닝 등 다방면에서 뛰어나 어떤 임무를 부여받더라도 묵묵하고 터프하게 미션 컴플리트하는 사람을 '강하다'고 정의했을 땐?

답은 '스트롱맨'이다. 우리말로는 '강한 놈'이라 번역되니 강하지 않을 도리가 없는 이름이다. 이들의 대회를 보통 "The World's Strongest Man"이라고 부르는데, 해석하면 무려 '이 세상에서 가장 강한 놈'이라는 뜻이 된다. 폴 앤더슨이니, 도그 헵번이니, 루이스 사이이 같은 전과상 사들이 신화적인 헤라클레스라면, 스트롱맨은 살아 있는 현대판 강한 남자다. 물론 옛날 장사들에게서는 찾아볼 수 없었던 약물 문제는 여전히 남아 있지만.

스트롱맨의 훈련법

그렇다면 스트롱맨들은 '과연 어떤 훈련을 하기에 그렇게 강해질까?'라는 궁금증이 자연스레 생긴다. 강한 남자를 만드는 스트롱맨 훈련에 대해 자세히 알아보도록 하자.

우선 스트롱맨 훈련에 대한 호의적인 증언(?)들은 차고 넘친다.

유명한 풋볼 코치는 "선수들에게 하나의 운동만 필요하다면 무엇을 시켜야 할까"라는 질문에 "슬레드(sled, 썰매) 밀기"라고 했고, 종합격투기 체력 단련 코치에게 최고의 체력 훈련 하나만 뽑아달라고 하니 "샌드백 훈련"이라 했으며, 한 올림픽 선수 코치에게 선수들을 시합에 내보내기 위해 시켜야 할 단 하나의 운동을 선택하라니 "슬레드를 몸 뒤에 묶어 끌면서 언덕을 달리는 것"이라고 했다.

당장에 필드에 내보내야 할 선수에게 하나의 운동이 주어진다는 가정하에 다들 스트롱맨 훈련을 고른 것이다. 왜일까? 다음과 같은 스트롱맨 훈련의 세 가지 장점 때문이다.

──────── 스트롱맨 훈련의 세 가지 장점

❶ 야생마 스트롱맨 훈련 도구

역도, 스쾃/데드리프트 운동들은 전부 바벨을 이용하지만 스트롱맨의 도구는 실생활에 가깝다. 바벨은 양쪽 균형이 맞아 다루기 쉽고 또 두께가 일정하고 손에 착착 달라붙어 악력의 필요성도 많이 줄어든다. 이것은 스트롱맨 도구가 가질 수 없는 바벨만의 큰 장점이다. 다만 실생활의 미션으로 가면 이 장점이 한계에 봉착한다. 두꺼운 바를 잡을 때의 터프함이라든지, 돌덩이를 들 때 악력의 한계와 허리가 구부러지는 당혹감은 바벨로는 경험하기 어렵다. 로그 리프트만 하더라도 그 두께 때문에 바벨처럼 파워풀한 세컨드 풀이 어려워 효율적인 리프팅이 불가능하다.

바벨이 '길들여진 말'이라면, 스트롱맨 훈련 도구는 '야생마'다. 바벨로 체력을 단련한 격투기 선수들에게 샌드백으로 훈련시켜 보면 알 수 있다. 무게를 낮춰도 힘들어서 정신을 못 차린다. 실생활의 거친 도구들을 그대로 들여와서 사용하는 스트롱맨 훈련이 강력할 수밖에 없다.

여기서 착각하지 말아야 할 점은 챕터 1 '웨이트 트레이닝, 바벨, 그리고 오버로드'에서도 살펴봤듯이 바벨이 스트롱맨 훈련 도구보다 앞서는 더 중요한 툴이라는 것이다. 처음부터 스트롱맨 훈련 도구를 이용하면 그 모양의 특이함과 언밸런스 때문에 효과적인 기초 체력을 쌓기 어렵다. **먼저 바벨로 기본을 만들어야 나중에 스트롱맨 훈련도 더 잘할 수 있다.**

바벨로 먼저 기초 체력을 다진 사람들이 실생활의 도전으로 나아갈 때 그 간격을 메워줄 수 있는 것이 스트롱맨 훈련인 것이다. **즉 바벨 훈련으로 근간을 쌓고 스트롱맨 훈련으로 그 포텐을 터트린다고 보면 된다.**

❷ 옮기고 버티고 던지고

스트롱맨 훈련에는 기존 훈련에서 찾아볼 수 없는 훈련들이 있다. 스트롱맨 대회 종목은 상당히 많지만 크게 다섯 가지로 카테고리화할 수 있다. ⓐ 역도 응용 종목, ⓑ 스쾃/데드리프트 응용 종목, ⓒ 옮기기 종목, ⓓ 버티기 종목. 그리고 하이랜드 게임에서 주로 쓰이는 ⓔ 던지기 종목도 포함된다.

섞어놓으니 산란해 보이시만 각 범주 안에 포함된 콘텐츠만 해도 한 다스가 넘는다. 옮기는 것 하나만 보더라도 옮기는 물건이 무엇인지, 들어서 옮기는지 끌어서 옮기는지, 어떻게 잡고(안는지, 등에 매는지, 손에 드는지) 옮기는지, 밀어서 끄는지, 당겨서 끄는지 등 베리에이션이 끊임없다.

역도나 스쾃 및 데드리프트에서는 찾아볼 수 없으나 실생활

에서는 자주 사용되는 형태 중 하나가 옮기기다. 스포츠의 대부분은 제자리에 서서 하지 않는다. 몸을 움직이면서 저항을 이겨내는 패턴인데, 그러한 체력을 키우기 위해서 스트롱맨 훈련의 옮기는 움직임이 꼭 필요하다.

'버티기'의 유용함도 간과할 수 없다. 역도나 데드리프트처럼 단시간에 끝나지 않고 오랜 시간 버텨야 하기에 자연스레 악력, 지구력에 도움이 된다.

'헤라클레스 홀드'처럼 신전을 받치고 있는 기둥처럼 큰 구조물을 양손으로 붙잡고 오래 버티거나, 차를 데드리프트해서 최대한 버티는 시간을 재기도 한다. 주로 차 자체보다는 차를 특수한 틀 안에 담아서 데드리프트로 버티는데, 그렇다고 하더라도 그 틀의 바는 바벨보다 굵은 경우가 많아서 악력을 더 필요로 한다.

역도와 파워리프팅만 한 사람들이 일반인들보다는 강한 악력을 가지고 있을지 몰라도, 이런 훈련을 하는 스트롱맨에 비할 수는 없다.

❸ 스포츠 퍼포먼스 및 일상의 일들을 카피하고 있다

우리 주위에서 볼 수 있는 물건들은 뭐 하나 깔끔(?)하게 생겨먹은 게 없다. 피아노든, 쌀가마든, 하물며 TV만 하더라도 옮기려 하면 그 모양의 불균형이 귀찮음을 야기한다. 스트롱맨은 이를 잘 반영하고 있다.

물건을 옮길 때도 파머스 워크만 하는 게 아니라 배럴을 나르거나 대형 모래 자루를 나르고, 아틀라스 스톤처럼 손으로 잡기 어려운 150kg이 넘는 돌을 들어 드럼통 위로 놓는 동작도 있다. 그리고 '덕 워크'라고 200kg이 넘는 추를 몸 앞에 들고 뒤뚱거리면서 옮기거나, 로그 리프트처럼 통나무를 리프팅하는 것들도 있는데, 하나같이 거친 일터나 일상에서 발생할 수 있는 상황을 그대로 옮겨놓은 것과 비슷하다. 심지어 일상 물건의 무게 그대로가 아니고 그보다 몇 배나 무거운 물건이다. 스트롱맨이 일상 작업의 미션을 받는다면 어떤 놀라움을 선사할지 짐작 가능하다.

스트롱맨 도구들이 100% 일상과 같지는 않다고 항변할 수 있다. 돌 모양도 말끔하지 않을 수 있고, 로그 리프트에서처럼 통나무에도 손잡이가 달려 있지 않다. 그러나 통나무 손잡이는 그 자리에서 비로 설치하면 되고, 150kg 돌을 옮기는 사람들이 모양 좀 균형 히 집혔다고 100kg 이하의 돌을 못 들 이유는 없다.

스포츠에서도 마찬가지 방식으로 스트롱맨 훈련이 석용될 수 있다. 럭비 같은 거친 운동에서 상대방과 부딪혀 앞으로 밀거나 뒤를 잡아채는 힘이, 트럭 혹은 거대한 앵커를 끌거나 타이어를 미는 것과 완전히 같지는 않지만, 트럭이 5톤 이상 되고 타이어가 400kg 이상이 되면 그것을 보상하고도 충분히 남는 힘이다.

필자에게 스트롱맨 훈련을 배운 적이 있는 한 분이, 가끔 회사에 인쇄물들이 쌓여 매번 4~5층까지 김김 나른다고 했다 (오래된 건물이라 엘리베이터가 없다). 배달 오신 분들은 전문적으로 일하는 사람인데노 묶음이 거서 하나씩만 어깨도 메고 옮기는데, 그분은 양손으로 뭉치 끈을 잡고 파머스 워크로 한꺼번에 두 개씩 옮긴다.

이걸 해본 사람은 안다. 묶음의 무게에 따라 다르겠지만 한 번도 쉬지 않고 간다면 4층 다르고, 5층 또 완전히 다르다. 아니나 다를까 일이 끝나고 나면 배달 오신 분들은 꼭 그분의 정체(?)를 물어본다고 한다. 회사 내에서 가장 강한 놈이라는 인식은 당연히 가지고 계시고.

노가다 하는 분들이 모든 걸 잘할 것 같지만, 근지구력 쪽에 가까워서 가볍고 오래 하는 일 위주로 잘하지, 지구력과 더불어 힘과 파워까지 필요한 일은 어려워한다. **노가다가 한 명의 인부라면 스트롱맨은 포크레인이자 지게차다.**

150kg 이상의 무게를 양손에 하나씩 들고 뛰어다니는 스트롱맨을 생각해봐라. 일반인의 스쾃트 1RM 무게보다도 무거운 것을 한 손에 하나씩 들고 농부의 걸음을 선보이는 그들. 슈퍼맨이 따로 없다.

─────── 스트롱맨 훈련의 한계

이렇게 좋은 스트롱맨이 왜 대중의 훈련 안으로 파고들지 못했을까?
두 가지 정도의 이유가 있다.

❶ 아는 만큼 보인다
스내치에서 알아봤듯이, 좋은 운동이라는 대중의 인식이 먼저 퍼져야 그것을 할 수 있는 공간과 도구가 확보된다. 그 안에 숨겨진 멋진 보물들이 보여야 가슴이 뛰면서 나머지가 해결되는 것이다.

바벨로 하는 운동은 세계 어디를 가나 똑같은 무게이고 그래서 경쟁이 쉽게 된다. 모양도 가지런하고 균형도 맞아서 항상 비슷한 데이터를 만들어주니 실력을 비교하기도 쉽다. 그래서 바벨로 데드리프트하고 곧이어 푸시업 같은 것을 섞어주는 서킷 훈련을 하면 일반인의 눈엔 뭔가 대단해 보인다.

반면 TV를 통해 본 스트롱맨 선수들은, 몸무게가 120kg에서 150kg에 근접하니 실제로 지닌 파워를 떠나 엄청 둔해 보인다. 엄청난 파워와 그 지속 능력을 보여주고 있음에도 지방으로 감싸진 그들의 근육질 몸이라든지, 다양한 종목 안에 감춰진 파워 및 스트렝스들을 자세히 읽을 여유가 없다.

무거운 돌을 리프팅하더라도 그 대단함을 모르는 사람들에겐 그냥 미련한 곰처럼 보인다.

퍼포먼스가 멋지지 않아 보이는 것이다.

언젠가 모델 한혜진이 웨이트 트레이닝의 중량 올리기 재미에 빠진 뒤 장미란 선수가 달리 보인다고 인터뷰한 걸 본 적이 있다. 이처럼 경험한 사람들은 자연스레 그 진가를 알고 추종(?)하게 되지만 그렇지 않은 사람들에겐 끊임없이 그것의 가치를 알려줘야 한다.

스트롱맨도 마찬가지다. 아직까지 대중은 고깃덩어리 한 무더기가 나와서 차력쇼를 선보이는 정도로만 생각한다. 애슬릿 선수들에게 스트롱맨 훈련을 '응용'하면 엘리트 선수로 격상될 만큼 강력하고 버라이어티한 훈련인데도 스트롱맨 이벤트의 주인공들이 무제한급이다 보니 자칫 떡대들의 놀이로만 한정되어 보이는 것이다.

일상에서 강한 놈으로, 스포츠에선 엘리트로 양성할 수 있는 멋진 훈련이라는 인식의 전환이 오면 스트롱맨 훈련의 위상도 같이 올라갈 것으로 본다.

❷ 대표 주자의 부재

대표 운동이 없다는 것도 약점이다. 히트가 되려면 주력 상품이 있고 스타가 있어야 한다. 역도에서는 스내치 하나를 골라 왜 멋진지 이유를 진득하게 설명하면 그것에 쉽게 포커싱된다.

하지만 스트롱맨 종목은 개수가 너무 많고, 뭐가 어디에 좋은지도 모르겠고, 따라 하고 싶더라도 뭐부터 시작해야 할지도 모르니 자연스레 관심이 떨어진다. 아이러니하게도 스트롱맨 운동은 다 좋아서 인기를 끌기 어려운 것이다(이를 해결하기 위해 3권에선 대표 주자 몇을 선발해서 그 효용성을 집중 조명해보도록 하겠다).

———— 스트롱맨 훈련의 과제

인식 변화 및 대표 주자의 선전(?)과 더불어 스트롱맨이 피트니스 세계에 들어오기 위해 꼭 필요한 것이 있다. 바로 '무게 조정과 다양한 시간 및 거리'.

스드롱맨 대회도 하나의 스포츠이기에 어쩔 수 없이 정해진 무게, 제한된 종목 및 도구, 그리고 제한 시간 및 거리 등 스트롱맨 대회만을 위해 특화된 부분이 존재한다. 즉 날것 그대로의 스포츠를 사용하다간 대중과 가까워질 수 없다. 보는 즐거움이 덜하고, 실제 이 스트롱맨 훈련을 사용해서 체력을 키우려는 선수들도 남의 일인 양 바라보게 된다. 스포츠 특성에 맞게 훈련 시간 및 중량 등에 변화를 줘서 각 스포츠에 요구되는 에너지 시스템에 맞춰야만 훈련의 동반자로 같이할 수 있다 .

일반인들은 굳이 돌덩이 100kg 이상을 들 필요도 없고, 양쪽 합해

300kg을 넘는 무게를 파머스 워크로 걸을 필요도 없으며, 400kg 타이어를 뒤집을 필요도 없다. **도구와 강도/볼륨을 자유자재로 하게 되면 실제 스트롱맨 대회보다 더 다양하고 모든 스포츠에 필요한 각양각색의 프로그램들을 만들 수 있다.**

예를 들어 돌덩이라든지, 통나무의 포스에 밀려 스트롱맨 대회에서는 잘 쓰이지 않지만, 샌드백 훈련도 스트롱맨 훈련의 일종으로 볼 수 있다. 샌드백은 무게 조절이 가능해 바벨의 장점을 카피할 수 있으므로, 개인의 피트니스 능력에 맞게 강도 조절을 해서 훈련할 수도 있고, 또 남들과 같은 조건으로 시험도 칠 수 있다.

한 번에 하나의 종목만 할 필요도 없다. '캐리 앤 드래그'처럼 두 가지 운동을 합해서 빨리 끝내는 훈련을 할 수도 있고, 세 가지 이상의 스트롱맨 훈련을 메들리로 연결할 수도 있다.

즉 스트롱맨 훈련의 대중화를 위해선 거리, 시간, 무게 등의 조정으로 몸무게 100kg 미만인 일반인들 및 스포츠 엘리트 선수들에게 적합하게 새로운 기준을 만드는 작업이 필요하다. 모든 사람들이 공감할 수 있는 일반인에게 맞는 표준안이 마련된다면, 관객들의 시선도 무시(?)에서 존경으로 바뀔 것이고, 스포츠 퍼포먼스 향상을 위한 필수 훈련으로도 자리매김할 것이다.

깨끗한 파워,
파워 클린

필자는 모든 스포츠의 스피드와 파워를 즐기나, 대중에게 가장 인기 스포츠인 공(ball)으로 하는 운동은 별로 좋아하지 않는다. 축구에도 열광하는 편이 아니라서 2002년 월드컵 스페인전 당시에도 운동장에서 달리기를 하다가 크게 들려오는 함성 소리로 우리나라가 이겼음을 알 정도다. 그럼에도 공으로 하는 스포츠 중 정말 좋아하는 운동이 있으니 럭비와 미식축구이다.

처음 럭비를 접했을 때가 약 20년 전쯤으로, 호주에서 우프를 하던 시절 밤에 주인아저씨와 TV를 봤을 때다. 호주와 뉴질랜드 간의 국가대항 럭비전이었는데 경기 전 사용된 폭죽량만 봐도 빅 이벤트임이 짐작됐고, 호주팀을 우리 팀으로 삼고 열띤 응원을 하다 보니 이전에 그냥 지나치듯이 보아온 럭비와는 완전히 다른 느낌이었다. 쏜살같은 빠른 스피드는 기본에 크나큰 덩치에도 좀처럼 지치지 않는 체력, 거구들에서 발산되는 힘과 파워 등 경기 규칙 및 스코어를 잘 모르더라도 장면 하나 하나에서 크게 흥분되는 무엇이 있었다.

몇 년 뒤 뉴질랜드에 여행 갔을 때도 비슷한 열기를 목격하게 된다. 유명 스포츠 브랜드 옷조차 온통 럭비를 상징하는 문양과 글이 부착되어 있는 데다, 서점의 피트니스 섹션에 가봐도 럭비와 관련된 책들이 즐비했다.

특히 뉴질랜드 럭비팀은 시합 전 상대팀의 기를 꺾으려 원주민 마오리족이 전쟁을 나갈 때 추는 춤인 하카(haka)를 재현하는데, 그 장면을 보고 있자면 용맹무쌍한 전사의 모습이 가장 잘 나타난 게 럭비 선수가 아닐까라는 생각을 하게 된다.

필자는 럭비팀 이름을 외운다든지, 각 포지션의 선수들 신상을 파악하는 덴 관심 없다. **오로지 그들의 끝없는 스태미나와 파워에 주목하고 그걸 성취하는 방법들만 파고들 뿐이다.** 해서 이번엔 럭비 혹은 미식축구 선수들의 체력 향상에 기여하는 운동 하나를 알아보고자 한다.

앞서 언급했듯 미식축구 코치이자 피트니스 전문가로 유명한 빌스타라는 사람이 있다. 그가 미식축구 선수들에게 가장 중요하다고 가르친 세 가지 운동이 있었으니…… 1권 마지막에서도 소개한 '빅 3(BIG 3)', 즉 '큰 세 놈'이라 불리는 '파워 클린, 벤치 프레스, 스쿼트'가 그 주인공이다.

그중 파워 클린은 '애슬릿 운동(athlete exercise)'이라고 칭할 만큼 운동선수라면 반드시 해야 할 운동이다. 만약 미식축구의 운동 중 단 하나의 운동만 허락된다면 그건 당연히 파워 클린이라고 했다(필자는 다르다. 하나만 고르라면 스콰트다. 챕터 1 '스콰트vs역도' 참조).

"파워 클린으로 자극받는 근육을 보여주려면 해부학 차트가 따로 필요하다"라는 말이 있을 정도로 파워 클린은 거의 모든 몸을 자극한다.

파워 클린

스콰트 자세로 내려가서 바를 받는 '클린'을 연습하면 당연히 좋겠으나, 복잡한 역도 기술을 배우는 데 너무 많은 시간을 투자하는 게 싫은 사람들은 파워 클린을 먼저 시작한다. 파워 클린은 순간 스프린터 능력 및 상대방과의 저항 능력 등 격렬한 운동에서 보이는 모든 동작에 적용된다.

한때 최고의 격투가 중 한 명이었던 캔 샴락 또한 파워 클린으로 격투기 체력을 키웠다. 상대방과 힘이 맞부딪치는 종합격투기에선 무거운 웨이트로 파워 클린을 하는 게 중요하다. 다음에 설명하게 될 역도 세컨드 풀을 보면 알게 될 텐데 사람을 들어 메치기에 굉장히 유용한 동작이다.

파워 클린의 효과를 알 수 있는 방법이 하나 있다. 파워 클린 훈련을 하기 전과 하고 난 후 점프를 해보면 몸 느낌이 다르다. 그전보다 편안하게 높이 뛸 수 있다. 심지어 낮에 파워 클린으로 연습하고 저녁에 언덕을 달리면 그냥 달리기만 했을 때보다 훨씬 더 몸의 가벼움을 느낄 수 있다.

역도 선수들을 얘기할 때 회자되는 말이 있다. **가장 빠른 스프린터를 제외하고는 단거리에서 가장 빠르고, 가장 높이 뛰는 높이뛰기 선수를 제외하고는 가장 높이 뛴다는 것**. 실제로도 20~30m 되는 초단거리에서는 역도 선수들이 가장 좋은 기록을 보이고 있으며, 이는 파워의 근본이 되는 힙(hip)의 파워를 누구보다 잘 갖췄기 때문이다. 더 나아가 데드리프트와 스쿼트 같은 스트렝스 운동의 무게를 올리는 데도 파워 클린이 한 몫한다(물론 스트렝스가 스피드에 더 큰 영향을 미치지만).

그래서 조지 헥터라는 사람은 파워 클린과 파워 풀을 데드리프트 루틴에 항상 포함시켰다고 한다. 데드리프트의 약 60% 무게로 파워 클린을 반복했는데, 242파운드 몸무게에 무려 825파운드라는 경이적인 기록을 세웠다. 파워 클린이 힘을 쓰는 느린 운동에도 도움을 주는 운동임을 알 수 있다(챕터 1 '스피드 앤 파워'에서 설명했듯이, 스피드 훈련이 스트렝스에 도움을 주는 걸로 이해하면 쉽다).

파워 클린의 올바른 자세

파워 클린은 클린에 비해 스킬 수준이 낮은 데다, 고반복을 통한 체력 향상만이 목적인 사람들은 파워 클린 자세에 조금은 관대(?)하다 보니, 그런 모습만 본 사람들은 자세 연습을 별로 중요치 않게 생각할 수 있다.

그러나 잘못된 동작이 계속되면 부상 확률이 높아지고, 미래에 더 고급 운동으로 나아가고자 하는 사람에게 정확한 스킬은 필수이며, 무엇보다 파워 클린 그 자체의 무게를 올리는 데도 기술이 큰 역할을 하기 때문에 처음부터 제대로 된 기술을 익히는 것이 좋다.

보통 엘리트 파워리프터들은 본인의 파워 클린 두세 배 정도의 무게로 데드리프트를 할 수 있다고 한다. 이는 계산해보면 데드리프트의 약 40% 무게로 파워 클린을 할 수 있다는 말인데, 엘리트 역도 선수들이 데드리프트 85% 정도의 비율로 파워 클린을 하는 걸 비교해봤을 때 아주 낮은 수준이다.

역도싱 운동은 스킬 비중이 꽤나 높다. 처음에 자세 연습을 올바르게 해야 나중에 웨이트 증가가 원활해진다. 클린 기술이 복잡 다양하여 끝이 없듯이 파워 클린 또한 제대로 파헤쳐보려면 책 한 권 분량은 필요한지라 여기서 다 다룰 순 없고, 이번 시간에는 역도 동작에서 가장 중요시되는 '세컨드 풀(두 번째 당김)' 부분만을 살펴보도록 하겠다.

'퍼스트 풀(첫 번째 당김)'은 바닥에서 바벨을 들어 올리는 동작이고, 세컨드 풀은 퍼스드 풀 뒤에 허벅지가 마와 닿고 난 뒤 힙을 폭빅직으로 펴면서 바벨을 가슴 위로 올리는 동작이다. 이는 레슬링의 수플렉스처럼 사람을 안아 공중으로 날려서 뒤로 넘기거나, 점프를 필요로 하는 모션에 가장 도움이 되는 동작이다. **이렇게 발달된 힙의 파워는 순간적인 파워를 필요로 하는 모든 순간에 그 위력이 유감없이 발휘된다.**

이를 마스터하기는 쉽지 않다. '무릎 이중 굽히기' 같은 기술 하나만 설명해도 머리에 쥐부터 난다. 처음엔 단순하게 퍼스트 풀에서 얻은 동력을 바탕으로 몸을 최대한 파워풀하게 신전시켜 거기서 발생하는 힙

스냅 파워로 웨이트를 들어 올리는 모션을 머리에 담는다. 이것을 지속적으로 반복하는 걸 머리와 몸으로 연습토록 한다. 전체 동선에서 웨이트를 최대한 몸 가까이 붙이도록 노력하고.

파워 클린을 할 때 자주 발생하는 오류가 있는데 팔 힘으로 리프팅하려는 것이다. 암벽등반을 예로 들면 이해하기 쉽다. 암벽등반을 처음 하는 사람들이 가장 많이 저지르는 실수 중 하나가 주로 팔 힘과 악력 위주로 암벽을 오르려는 것이다. 상체의 전반적인 힘과 악력이 당연히 중요하나, **아무리 숙련자라도 손의 힘은 한계가 있고 대부분의 힘은 발에서 나온다.** 다리 힘이 상체 힘보다 월등히 강하기 때문이다.

그리고 상체를 쓰는 데도 순서가 있다. 초보자들은 팔을 완전히 펴지 않으려는 습성이 있다. 무서워서 그러기도 하나 아직 힘쓰는 방법을 몰라서 그렇다.

암벽에 매달려 있을 땐 팔을 완전히 펴서 등의 힘을 써야 오래 버틸 수 있다. 팔을 굽히면 작은 근육인 이두근이 주로 개입돼 금방 지쳐버린다. 큰 근육의 힘이 더 강하기에 그것에 우선적으로 의존해야 하는 것이다. **왜 빅머슬 7 같은, 큰 근육 위주의 운동이 중요한지 알 수 있는 대목이다.**

암벽등반에서 설명한 실수가 파워 클린에도 똑같이 적용된다. 비벨을 들 때 일단은 다리와 힙의 힘이 가장 큰 역할을 해야 하고, 그다음 등과 승모근이 최대한 개입하도록 몸을 사용해야 한다. 그러기 위해서는 처음 바닥에서 바벨을 들 때(퍼스트 풀)는 물론이요 몸이 완전히 펴질 때(세컨드 풀)까지는 팔을 구부려서는 안 된다.

보통 승모근이 귀에 붙을 정도로 상체를 온전히 신전하기 전에 팔을 굽히면 이를 '파워가 샌다'라고 표현한다.

최대한 크고 힘이 좋은 근육을 먼저 개입시키고 그다음으로 힘이 좋은 근육을 순차적으로 사용해야 가장 효율적으로 파워를 만들어낼 수 있는데 성급하게 작은 근육들을 먼저 사용하면 무거운 웨이트를 다룰 수가 없다. 이 때문에 아이러니하게도 몸이 지쳐 있을 때 파워 클린 자세가 더 잘 나오기도 한다. 처음엔 팔이 생생하다 보니 자기도 모르게 팔에 힘을 많이 넣지만, 횟수가 거듭될수록 팔에 힘이 빠져 다리와 힙의 힘을 사용하는 것이다.

힘이 다 빠진 뒤 무리한 동작을 하면 부상을 입을 수 있으니 이걸 주류 자세 연습 방법으로 사용해선 안 된다. 파워 클린을 할 때 무리한 고반복의 피로로 인해 몸을 뒤로 억지로 젖히면서 오는 허리 부상이 적지 않기 때문이다. 몸을 신전시킬 땐 과도하게 뒤로 젖히는 동작보다는 수직적인 움직임에 집중한다.

참고로 무거운 무게로 파워 클린을 할 때는 발을 공중에 띄우는 점프 동작이 도움이 되나 고반복일 때는 뒤꿈치만 드는 정도로 해도 무방하다. 팔이 먼저 굽는 걸 예방하기 위한 팁 하나. 그립을 잡을 때 팔꿈치가 뒷방향이 아니라 밖으로 향하게 하라. 그러면 일찍 팔을 굽히는 동작이 어려워진다.

파워 클린과 함께 연습할 수 있는 베리에이션 동작

❶ 파워 풀

파워 풀이란 파워 클린에서 마지막에 바를 가슴에 받는 동작을 생략하고 다리와 등의 힘으로 힘차게 위로 당기는 동작이다.

파워 풀은 여러 가지 장점이 있다.

첫째 랙(rack) 자세를 취하기가 힘들거나 또는 유연성 부족으로 인해 손목에 부상을 입은 사람들이 무리 없이 할 수 있다.

두 번째로는 힙의 파워로만 올리게 되기 때문에 몸을 완전히 펴게 되는 훈련도 겸할 수 있으며, 이는 '쉬러그' 운동과 더불어 승모근 발달에 많은 도움을 준다.

세 번째로 파워 클린을 할 수 있는 무게보다 높은 무게를 이용할 수 있기 때문에 몸에서 무거운 무게에 적응이 되어 나중에는 파워 클린 무게를 올리는 데도 효과적이다.

파워 풀 운동을 할 때에는 다리와 힙의 힘으로만 웨이트를 순간적으로 쳐올려서 앞에 놓인 가상의 높은 선반 위로 웨이트를 가볍게 올려놓는다는 생각으로 훈련하길 바란다.

❷ 행 파워 클린

파워 클린을 고반복해서 컨디셔닝 운동으로도 사용 가능하지만, 그보다는 무게를 점차 올려나가는 스피드 앤 파워 운동을 기본으로 삼고 훈련해야 한다. MAD 5대 체력 순시를 보면 알 수 있을 것이며, 그때서 파워 클린고도 고반복 컨디셔닝 운동으로 이용하기 좋고, 파워 클린보다도 쉽게 배울 수 있는 운동을 하나 가르쳐 주겠다. 행 파워 클린이다.

TV 스포츠 뉴스에서 열심히 땀 흘리는 태릉선수촌 레슬링 선수들을 취재할 때면 화면에 꼭 잡히는 장면으로, 바벨을 잡아 허리까지 내리고 어깨까지 올리고를 빨리빨리 반복하는 동작이다. '행(hang)'이란 말에서 알 수 있듯 바를 바닥에서 든 상태에서 시

행 파워 클린

작하는 건데, 여기서부터 웨이트를 가슴 위로 올렸다 다시 내리면 고반복이 어렵지 않고 빨리 반복할 수 있어 좋다.

행 파워 클린은 바닥에 종이컵 떨어지는 것도 두려워하는 헬스클럽에 다닌다든지 처음부터 파워 클린 전체 동작이 어려운 사람이 부분 동작으로 자세 연습하기에도 좋다.

행 파워 클린은 바벨에 한정되지 않고 케틀벨이나 덤벨을 사용할 수도 있다. **남자들은 케틀벨은 24kg, 덤벨은 25kg 두 개를 들고 '10분에 파워 클린 100개'를 1차 목표로 계속 숫자를 올려나간다.**

파워 클린 단독으로 할 수도 있고 (푸시) 저크 동작과 더불어서 해주면 전반적인 근육 자극에 더욱 효과적이다. 저크 운동을 상체를 단련시키는 운동인 줄만 아는 사람이 있는데 온몸 운동이며, 이 운동 단독으로만 시행해도 굉장한 효과를 누릴 수 있다(챕터 3 '보디빌딩 3대 운동 체지방 제거 프로그램' 참조).

푸시 저크

이상으로 파워 클린에 대해 알아봤다.

그냥 좋다는 말로는 그 효과를 다 설명하기 힘든, 상대적으로 쉬우면서도 특별함을 지닌 운동이다. 럭비에 도움이 되는 운동으로 파워 클린을 시작했지만, 럭비와 미식축구는 물론이요 거의 모든 스포츠 종목에 도움이 될 수 있다.

그 자체로도 좋지만 다양한 스트렝스 운동들과 결합된 프로그램을 이용하면 더욱더 힘과 파워가 필요한 스포츠 체력 단련용으로 제 역할을 톡톡히 할 수 있다.

지금까지 스쿼트나 데드리프트 같은 운동으로 스트렝스를 키워 튼튼한 기반을 만들었다면, 이제 그 실전적인 힘을 실제 필드에서 맘껏 쓸 수 있게 파워 클린에 혼신을 쏟아보도록 한다.

일차적으로 오버로드에 중점을 둬서 스피드 앤 파워 운동으로 가져가고, 때때로 그 역할이 필요한 상황이 올 때 컨디셔닝 운동으로도 활용하길 바란다.

골프 비거리를 위한
웨이트 트레이닝

골프 비거리와 관련된 훈련을 소개하는 인터넷 기사들을 보면 아쉬움이 많다. 실질적인 골프 비거리에 도움이 되는 파워를 키우는 운동이 아니라, 코어 운동이니 기능성 운동이니 하는 안정근 관련 훈련이 대부분이다.

그런 운동도 나름 도움은 되지만 직접적으로 비거리를 늘리는 훈련으로는 여전히 부족하다. 늘어나는 골프 인구에 비해 올바른 정보가 부족한바, 이 글을 통해 진정 비거리에 필요한 웨이트 트레이닝이 무엇인지 알아보겠다.

골프에서 비거리가 모든 걸 결정하지는 않는다. 다른 스포츠와 마찬가지로 자세와 기술이 먼저다. **하지만 기술이 갖춰지고 나면 비거리를 위한 파워 훈련은 필수다.**

야구도 다르지 않다. 공을 잘 던지기 위해선 당연히 자세와 기술이 필요하나 테크닉만으로는 한계에 부딪히게 된다. 기술로 극대화된 공의 스피드에 힘과 파워를 플러스하게 되면 당연히 훨씬 더 빠르게 공을 던질 수 있다. 그래서 미국 프로야구 선수들은 모두 웨이트 트레이닝을 하고 있다 .

골프 기술의 섬세함은 골프 연습장에 가서 '김 프로님'에게나 배우고, 필자는 골프 비거리에 필요한 힘과 파워를 키우는 훈련에 대해 가르쳐주겠다. 제대로 된 웨이트 훈련은 당신을 지금보다 훨씬 높은 상급자 위치로 올려줄 것이다.

비거리서 관련된 웨이트 트레이닝은 크게 두 가지 카테고리로 나눠 살펴보기로 하자. 첫 번째, 골프를 하는 데 사상 근본이 되면서도 세일 중요한 '기본 운동', 두 번째, 골프에 특화된 디테일한 운동으로 '복근 운동'과 '악력 운동'이다.

모든 운동이 다 그러하긴 하나 특히 골프는 악력과 몸통이 중요하기 때문에 기본 운동에 이것을 더한다.

또 맨몸으로 하는 운동 중 도움이 되는 것도 있으나, 여기서는 웨이드 드레이닝만 한정해서 다룬다.

——————— **데드리프트**

비거리를 위한 웨이드 운동 중 그 첫 번째는 '데드리프트'다.

사람들은 웨이트 하면 벤치 프레스를 가장 먼저 떠올린다. 웨이트의 '웨' 자만 나와도 "가슴이 나오면 스윙하는 데 불리하니 어쩌니, 그래서 골프하는 사람들은 웨이트가 안 좋으니 어쩌니"라며 새가슴 같은 소리를 한다.

당신네들 잘못이 아니다. 아직까지 웨이트 하면 가슴이고, 가슴 운동 하면 갑바 크기에 탁월한 벤치 프레스가 모든 피트니스의 만물박사처럼 여겨지는 한국 헬스의 후진성 때문이다. 벤치 프레스가 좋은 운동이기는 하나 훨씬 더 스포츠 퍼포먼스에 직접적으로 적용되는 실전적인 운동이 있다. 어떤 운동일까?

초보자들이 비거리를 위해 투자해야 하는 기본적인 1번 운동은, 죽음의 리프트라는 그 이름과는 달리 여러분에게 활력을 팍팍 실어줄 데드리프트이다.

데드리프트

필자에게 이메일로 운동에 대해 질문을 해오는 사람들이 많이 있다. 메일이 많다 보니 자세한 설명은 힘들어 골프 관련해서는 간단하게 이 운동 하나만 처방했는데도, 이후 비거리가 늘었다며 고마움의 답장을 보내주는 이가 적지 않았다.

데드리프트 자체가 '다리'와 '등' 그리고 '악력'을 한꺼번에 키워주기에, 골프 비거리에 필요한 대부분의 힘이 이것으로 가능하다. 모든 운동이 그러하지만 골프 또한 하체의 견고함이 중요한 관계로, 스쾃트 다음 가는 하체 운동인 데드리프트의 역할은 정말 중요하다.

골프 비거리는 한자리에 서서 수십 번 휘두르는 것은 의미가 없고 단 한 번의 스윙을 얼마나 강력하게 하는지가 중요하다. 즉 웨이트로 환산하면 1RM(1번만 반복이 가능한 최고 무게)을 올리는 것이 관건인 것이다. 그래서 기벼운 무게를 가지고 데드리프트를 여러 번 반복하는 것보다 고중량 서반복 운동을 해서 1RM을 올리는 것이 훨씬 더 중요하다.

처음 웨이트를 하는 사람은 빈 바를 가지고 자세부터 제대로 배우고 무리 없이 무게를 조금씩 올리시라. 고중량/초저반복을 하게 되면 근비대(근육이 커지는 것) 거의 없이 힘 위주로 기를 수 있으므로 혹시 근비대를 두려워해서 웨이트를 멀리하시는 분이 있다면 쓸데없는 걱정은 접어두긴 바란다.

━━━━ 파워 클린

데드리프트로 골프에 필요한 전반적인 힘, 즉 스트렝스를 키웠다면 이제는 파워를 키울 때다(구체적인 스피드와 파워의 의미는 **챕터 1 '스피드 앤 파워' 참조**).

데드리프트만으로도 비거리가 상당수 늘어나지만 골프 스윙 자체가 스피드와 파워를 요하는 운동인지라 스피드를 키우기 위한 역도성 운동이 필요하다. 필자가 골프 초보자를 위해 선택한 운동은 '파워 클린'이다.

파워 클린

챕터 4 '깨끗한 파워, 파워 클린'에서 말한 바 있다. 빌스타 빅 3 중 파워 클린은 '애슬릿 운동'이라고 칭할 만큼 운동선수라면 반드시 해야 할 운동이며, 만약 미식축구의 운동 중 단 하나의 운동만 허락된다면 그건 당연히 파워 클린이라고.

파워 클린은 클린에 비해 배우기도 쉽고 고반복을 하기에도 좋으나, 골프 비거리를 위해서는 반복을 많이 할 필요 없이 데드리프트처럼 최대 중량을 올리는 데 힘써야 한다. **이 데드리프트와 파워 클린의 1RM 무게만 제대로 올라가도 당신의 비거리는 정말 비약적인 발전을 하게 될 것이다.**

단지 주의할 점이라면 이 두 가지 운동 다 허리를 많이 사용하기 때문에, 훈련을 할 때는 서로 다른 날에 한다거나 같은 날에 하게 될 경우 몸 상태에 맞게끔 강도 조절에 신경 쓸 필요가 있다.

이상으로 힘과 파워를 키우는 큼직한 기본 운동을 소개했다. 우선 이걸 잘하는 게 제일 중요하다. 그다음이 디테일 운동이다. 이 점을 명심하고 골프 특성에 맞춘 디테일 훈련 두 가지를 알아본다.

──── 첫 번째 디테일 : 복근

필자는 복근을 식스팩, 즉 왕(王) 자 중심이 아닌 몸통 전체로 본다고 말했다. "땅으로부터 다리를 통하고, 허리를 통하고, 등을 통해서 파워를 얻는다"는 이소룡 말에서 허리도 결국 몸통을 뜻한다.

실전적인 모든 운동의 원리는 통한다지만, 특히 골프의 경우 격투기의 펀치와 닮은 것들이 많다. **몸통 단련이 하드 펀치와 골프 스윙에 미치는 영향은 아주 크다.** 여러 가지 복근 운동 중에서도 격투기와 골프에 더욱더 중요한 운동이 있으니 바로 트위스트, 즉 '비틀기'성 복근 운동이다.

한 유명 파이터는 "짧은 시간 내에 한 명을 가르쳐서 격투기 시합에 내보내야 하는 상황에 처한다면, 격투기 기술만 1년 동안 배운 사람보다 농장에서 볏단을 옆으로 던지는 일을 1년 동안 한 사람을 선택하겠다"고 했다.

과장된 말이긴 하나, 비트는 동작이 격투기 실전성에 미치는 영향력을 잘 표현했다고 본다. 비료 포대나 연탄을 차에서 던지는 동작 혹은 올리고 내리는 동작이 왜 좋은지가 여기서 설명이 된다. 비트는 동작은 레슬링 시합 중 서로 엉키는 동작에서 필수적으로 발생하는 동작이다.

복싱에서 펀치를 날릴 때도 몸의 무게가 손에 완전히 실려야 강한 펀치가 나오는 법, **팔 자체의 힘보단 다리에서 나오는 힘을 몸통 비트는 힘으로 이끌어야 몸의 파워가 효과적으로 전해진다.**

비트는 운동은 격투기 선수도 필수적으로 연습해야 하는 운동이다. 골프는 아예 운동 자체가 옆으로 스윙하는 것이다 보니 비트는 운동이 중요할 수밖에 없다.

비트는 운동은 상당히 많지만 골프와 직접적으로 관련된 웨이트 훈련 세 가지를 알아보겠다.

❶ 풀컨택 트위스트

파이터는 물론 골퍼들이 특히나 신경 써서 해야 하는 운동이다. 올림픽 던지기 선수가 이것 하나로 거리를 늘렸다는 비기(祕記)다. 제대로 시행하면 복근에서 느껴지는 포스가 다르다. 이전의 다른 복근 운동에서 느껴보지 못한 자극을 확인할 수 있다.

시행 방법은 327쪽 첫 번째 일러스트처럼 바벨을 한쪽 방향으로만 올렸다 내리는 방식(바닥과 맞닿는 부분은 수건을 대도록)과, 두 번째 일러스트처럼 몸을 반대 방향으로 완전히 비틀어 오른쪽 왼쪽을 번갈아가며 시행하는 방법이 있다.

다만 주의할 것은 무게를 위로 올리면서 비틀 때 팔의 힘으로 올리고 내리기보다는 최대한 복근에 힘을 주고 그 자극을 계속 유지하면서, 복근의 힘으로 올리고 내리는 데 집중해야 한다는 점이다. 작은 차이지만 결과는 다르다.

플컬태 F 위스F 1, 2

❷ 한 팔 덤벨 스내치 비틀기

328쪽 일러스트처럼 한 팔 덤벨 스내치 동작에 몸통을 틀면서 하
는 운동이다. 한 팔 덤벨 스내치를 계속해온 사람도 처음에 하면
많이 어색하다. 어색한 운동을 처음부터 무겁게 하면 부상 위험

한 팔 덤벨 스내치 비틀기

이 있으니, 자세 연습 겸 작은 무게부터 시작해서 점차 무게를 올려간다.

파워 클린의 무게를 지속적으로 올리고 있다면 특히 이 운동은 무게보다 복근의 비틀리는 힘에 먼저 집중할 필요가 있다.

헬스장에서 한 팔 스내치를 하는 사람은 거의 보기 힘들고, 이 운동은 존재 자체도 모르는 사람이 많다. 혼자 뻘짓하는 것 같아 시행하기가 부담스럽다는 사람들이 더러 있는데 남 눈 의식하면 정말 아무것도 못 한다. 골프의 스윙에 필요한 파워를 주고 싶은 사람은 열심히 하시라.

❸ 웨이트 골프 스윙

마지막 운동은 골프 자세를 그대로 흉내 내는 웨이트 골프 스윙이다.

야구 선수가 시합 나가기 전 두 개의 방망이를 사용해 연습한 후 타석에서 하나만 휘두르는 원리로, 다소 무거운 웨이트를 들고 골프 스윙의 모양대로 옆으로 흔드는 것이다.

케틀벨은 무게 중심과 손잡이 때문에 옆으로 흔들기에 용이하나, 없는 사람들은 덤벨이나, 웨이트 원판을 앞에 들고 양옆으로 왔다 갔다 흔들기 바란다.

골프는 한쪽으로만 스윙하는 운동이다 보니 몸 밸런스에 문제가 생긴다. 이런 운동을 통해 **항상 반대되는 방향으로도 근육을 사용함으로써 부상 예방 및 밸런스 향상에 힘쓸 필요가 있다.**

복부에 제대로 힘이 가해지지 않고 무거운 걸 들면 자세가 많이 엉클어지는 동작이니 주의해서 하시라. 처음부터 골프 자세처럼 많이 숙여 하지 말고 처음에 서서 하다가, 복부의 자극에 익숙해지면 천천히 숙임의 정도를 늘린다.

——————— 두 번째 디테일 : 악력

❶ 강력한 악력기

악력 자체가 몸의 파워를 키워주기도 하지만 악력이 좋을수록 골프채에 최고의 힘을 실어 보낼 수 있다.

골프에서 사용하는 악력도, 펀치에서 쓰는 악력과 원리가 같다. 처음엔 어깨와 손에 힘을 풀고 있다가 펀치가 상대방에 맞는 순간에 강하게 주먹을 쥐는 것이 그대로 통용된다. 몸에 너무 힘을 주면 뻣뻣해지니, 릴렉스한 상태를 유지하다가 골프채로 공을 치는 임팩트 순간에 악력을 강하게 쥐는 것이다.

악력의 힘에 따라 공에 가해지는 파워의 차이는 아주 크다.

악력 자체도 골프 스윙의 특성상 1RM이 중요하니 강도가 약한 악력기를 수백 번 주무르기보다는(물론 이것도 같이 하면 좋다), 강도가 강한 악력기를 골라서(speedandpower.co.kr 캡악력기 추천) 1RM을 키우길 바란다.

악력은 복부의 근육과 더불어 몸 전반에 파워를 불어넣는 운동이니 소홀히 할 수 없다.

❷ 리스트 롤러

골프에 좋은 또 다른 악력 운동은 리스트 롤러, 즉 추감기이다. 봉에 줄을 단 웨이트를 걸어서 그 봉을 돌리며 줄을 감아서 웨이트가 딸려 올라오게 하는 훈련법이다. 이소룡이 애정한 운동으로 장점을 다 풀어내기가 어려울 정도다. 리스트 롤러 응용 운동만으로도 한 챕터 분량이니 여기서 다 다룰 순 없고 직접 응용할 수 있는 예시만 몇 개 적어놓겠다.

- **봉의 굵기를 달리한다.**
- **원통형 모양의 봉이 아니라 사각형 모양의 봉을 이용한다.**
- **뭉뚝한 사각형뿐만 아니라 송곳지 같은 얇고 넓은 판자를 사용한다.**

봉의 두께 및 생김새에 따라 그 효과는 다양하게 변하니, 여러 가지 자극을 주면서 악력과 손목 힘을 강화해주도록 한다.

다만 골프 비거리 늘리는 게 이 글의 주제이니 위와 같은 다양한 리스트 롤러를 하더라도 골프채와 비슷한 굵기의 봉을 사용하는 방식을 가장 기본적인 훈련법으로 두길 바란다.

골프 비거리 '더' 늘리기

챕터 4 '골프 비거리를 위한 웨이트 트레이닝'을 통해 골프 비거리를 늘리는 운동에 대해 알아봤다. 이번엔 그보다 더 수준 높은 운동 및 훈련을 통해 비거리를 더 늘려보도록 하자. 이전 내용이 초급이었다면, 이 내용은 중급에 해당한다. 초급에서 만한 운동만 제대로 파고들어도 중급은 물론이요 고급 수준으로 진입할 수 있다. 더 좋은 운동, 더 좋은 프로그램으로 빨리 옮겨 타는 것보다, 초급 훈련이라도 얼마나 열심히, 그리고 꾸준히 하느냐가 더 중요하다.

　기초적인 훈련을 잘 마쳤거나 예전부터 '제대로' 웨이트 훈련을 했던 사람은 지금부터 소개하는 프로그램을 이용한다. 골프 동작과 연관된 좀 더 파워풀한 운동들을 사용했기에 더 효과적이고 빠르게 골프 비거리를 비약적으로 늘릴 수 있다.

스포츠에서 스킬과 파워의 상관관계는 이전 내용에서 많이 언급했으니, 여기선 칸트의 명언을 빌려 핵심 표현만 하나 던지겠다.

"파워 없는 스킬은 공허하고, 스킬 없는 파워는 맹목적이다."

말 그대로다. 파워 없이 스킬만 난무하면 깔짝거림에 다름 아니고, 반대로 스킬 없이 파워만 이용하면 비효율적으로 힘만 쓰는 무식인이 된다. 두 개가 두 바퀴처럼 같이 굴러가야 누구보다 빨리 톱에 갈 수 있다.

앞서 말했듯 골프 스킬은 김 프로에게 맡기고 여기서는 골프 비거리를 늘리는 파워 훈련 위주로 간다.

골프 비거리 5대 운동

❶ **스쾃트**
❷ **무게 턱걸이**
❸ **파워 스내치**
❹ **풀컨택 트위스트**
❺ **악력기 클로징**

이전 글 '골프 비거리를 위한 웨이트 트레이닝'과 비교해보면 알겠으나, 복근과 악력을 위한 운동이 줄어들었다. 실력이 늘수록 더 많은 운동을 하는 것보다 이미 하고 있는 운동에 집중해서 강도를 높이는 전략이 더 중요하다(그다음 고급으로 가면 각 개인의 단점을 보완할 디테일한 여러 운동들을 추가할 순 있다).

'골프 비거리를 위한 웨이트 트레이닝'(이 글은 2008년 〈딴지일보〉에

연재한 내용이다)에 대한 피드백을 꽤 받았는데, 한결같았던 실수가 어느 운동 하나도 제대로 잘하지 못하고 수박 겉핥기만 하다가 그친 것이었다.

당신이 여기에 해당한다면 가장 먼저 운동 개수부터 줄여라. 기본 운동 위주로 하고 나머지는 짬이 날 때 더하도록 한다. **기본 운동을 더 잘하는 것이 새롭게 운동을 첨가하는 것보다 훨씬 강력하다.** 기본을 잘하고 나서 복잡한 것에 도전해야 한다. 기본이 부실하면 위에 쌓을 수 있는 건 아무것도 없으니.

이 프로그램에서도 그 점을 감안해서 기본 운동은 3개로 하고, 복근 및 악력과 관련된 운동은 (골프에 다이렉트로 적용 가능한) 한 가지씩만 뽑았다. 복근/악력 운동의 종류는 많지만 중립 구분에선 이것만 필해도 된다.

──────── 스쾃

어떤 스포츠를 하든 하체의 힘이 가장 중요하다. 스쾃는 하체 운동 중 치고이니 이 운동을 포함하고 시작하면 무조건 안전빵이다.

이전 내용에서 데드리프트를 포함시킨 것은 다리와 등을 한 방에 해결할 수 있어서였다. 데드리프트 하나에 목숨 걸어 엄청난 실력을 쌓는다면 모를까, 굳이 하나의 운동만 해야 하는 제약된 상황이 아니라면 데드리프트보다는 스쾃가 낫다.

데드리프트 하나보다는 '스쾃+무게 턱걸이' 조합이 훨씬 더 강력하다. 스쾃로 하체를 자극하고, 등은 무게 턱걸이로 조진다. 힘을 내는 데 이 두 가지만 제대로 해도 80% 이상은 먹고 들어간다. 복근의 힘을 키울 수 있는 운동도 포함되어 있으나, 스쾃트와 무게 턱걸이만으로도 복근의 힘을 크게 향상시킬 수 있다.

스쾃트

여러 개를 해서 양을 늘리려는 마인드보다 이미 하고 있는 운동을 하드하게 실행해서 효율을 올릴 생각을 먼저 해야 한다. **체형이 독특하거나 스쾃트 랙이 없는 경우 또는 스쾃트 자세를 제대로 배울 수 없는 초보자라면 (스쾃트보다 배우기 쉬운) 데드리프트를 활용한다.**

골프에서 스쾃트는 좀 더 특별하다. 움직이면서 싸우는 것이 아니라 제자리에 굳건히 발 딛고 서서 단 한 번의 큰 파워를 만들어내는 스포츠라 스쾃트의 역할이 다이렉트하다. 골프에서 다리는 힘과 파워를 얻는 것과 더불어 땅에 강하게 지지하는 역할을 해야 한다. **스쾃트처럼 두 발로 딛고 서서 안정된 자세를 유지할 때 몸의 파워를 온전히 사용할 수 있**

다. 그래서 (다른 분야의 스포츠도 그러하지만) 특히 골프를 하는 사람들은 역량 있는 코치에게 스쾃트를 배우는 게 좋다.

단순히 스쾃트 무게를 올려도 도움은 되나, 다리의 안정성에 더해 힘을 효과적으로 주는 느낌, 또 다리 및 몸통에 집중하는 디테일 등 스쾃트 고급 수준이 느끼는 다양한 몸의 감각들을 골프에 그대로 적용해야 땅과 온전히 하나 되어 괴력을 발휘할 수 있기 때문이다.

적당히 하는 스쾃트와 올바르게 하는 스쾃트는 전혀 다른 운동으로 간주해도 된다. 골프에 쏟는 돈이 아깝지 않은 사람들은 꼭 올바른 스쾃트를 배우는 데 투자하시라.

─────── **무게 턱걸이**

이소룡의 명언을 다시 한 번 상기해보자.

"땅으로부터 다리를 통하고, 허리를 통하고, 등을 통해서 파워를 얻는다."

손이 말단이라 모든 것의 종착역이기는 하지만, 메이저 근육의 관점에서 마지막에 몸의 힘을 전달하는 곳은 등이다.

무게 턱걸이는 등이 전반적인 스트렝스와 근육 발달에 가장 좋은 운동이다. 등의 힘이 커져야 다리에서 올라온 힘을 그대로 전달해 공을 멀리 보낼 수 있다. **스쾃트로 단련한 하체의 힘을 무게 턱걸이로 키운 등으로 한껏 뿌린다.**

맨몸 턱걸이는 여성뿐만 아니라 운동을 하지 않는 남성들에게도 어렵다. 그래서 처음엔 풀 다운이나 고무밴드 운동으로 일시적으로 대용

무게 턱걸이

할 수는 있으나 중급 이상으로 가고자 하는 사람들은 반드시 무게 턱걸이로 가야 한다. 다양한 형태의 서포트를 받아서 보조 턱걸이부터 바로 연습해도 된다.

세계적인 여성 골프 선수였던 아니카 소렌스탐이 무거운 중량으로 무게 턱걸이 훈련을 한다는 기사를 본 적이 있다. 그녀를 월드 클래스로 만든 운동 중 하나가 바로 무게 턱걸이인 것이다.

파워 스내치

스쿼트로 다리를 그리고 무게 턱걸이로 등의 스트렝스를 만들어놨으니, 이제 파워 스내치로 다리와 등에 스피드를 장착해 파워를 생성시킬 차례다. 스내치를 할 수 있다면 좋겠으나, 스킬 향상에 너무 많은 시간을

파워 스내치

쓰기 어려운 사람은 파워 스내치만 열심히 판다. 파워 스내치는 생각보다 배우는 게 어렵지 않다. 오버헤드 스쿼트를 잘할 만큼의 유연성도 필요 없고, 스내치 고급 기술도 필요 없다.

파워 스내치의 가치는 크다. 1권에서 설명했듯이, 파워 스내치 중량으로 그 사람의 경기력을 알아볼 수 있다고 했다. **다른 모든 조건이 동일할 때 파워 스내치 중량으로 그 사람의 승리를 점칠 수 있을 만큼 스포츠에서 바로미터가 된다.**

파워 스내치가 파워 클린에 비해 더 폭발적인 움직임을 필요로 하나, '랙 자세'가 없기 때문에 오히려 파워 클린보다 더 쉽게 접근할 수도 있다. 또한 파워 스내치는 데드리프트와 관련된 근육들을 뒷받침해주기 때문에 혹시라도 데드리프트를 빼먹어 아쉬워하는 사람이 있다면 이 운동으로 만족할 것이다.

———— 풀컨택 트위스트

골프 비거리를 위한 복근 운동으론 풀컨택 트위스트 하나만 제대로 판다. 복근 운동의 종류는 넘쳐나고 도움이 되는 운동들도 많으나, 여러 운동을 어설프게 할 바엔 풀컨택 트위스트 하나에 집중한다.

골프에서 복부 힘을 쓰는 데 풀컨택 트위스트만큼 잘 어울리는 운동도 드물다. 또 웨이트를 이용한 운동이다 보니, 아주 적은 무게를 이용해서 초보자도 할 수 있고 아주 무거운 무게를 장착해서 고급자도 할 수 있다는 장점이 있다. **이 때문에 필자는 이 운동을 '비틀기 복근 운동의 왕'이라 칭한다.**

짐자직으로 오버로딩하는 게 필요한 운동이기는 하나, 높은 무게에 욕심내서 자세를 흐트러뜨리는 것은 조심해야 한다. 항상 올바른 자세가 나오는지에 더 방점을 두고 그게 가능할 때만 중량을 올려나간다.

———— 악력기 클로징

한 번의 힘이 중요한 골프에서는 마지막 타격 순간에 누가 더 강하게 그립을 쥘 수 있느냐가 중요하다. 이미 무게 턱걸이와 파워 스내치를 통해 그립을 잡고 있는 동안 버티는 문제는 해결되고 마지막 임팩트일 때 더 강하게 쥐어짜내는 훈련을 해야 한다. 이건 악력기를 통해 가능하다. 여러 번 반복해서 쥘 수 있는 악력기 말고, 강도별로 단계가 나뉘는 COC 같은 악력기(speedandpower.co.kr)가 좋다.

상급자로 가기 위해서는 악력 훈련은 필수다. **당신이 아는 프로 선수가 악력 훈련을 하지 않더라도 당신은 해야 한다.** 그 프로 선수들은 오랜 기간 훈련을 거치면서 악력 훈련이 저절로 된 사람들이고 당신은 그러하지 않기 때문이다. 또 그 프로들도 악력 운련을 제대로 안 했나면 더 잘할 수 있는 여지를 놓치고 있을 공산도 크다.

——— 스트렝스 훈련법

이제 이 다섯 가지 운동들을 어떤 식으로 훈련할지? 그 구체적인 훈련법에 대해 알아보자. 골프 비거리 같은 경우 한 번에 사용하는 파워가 크면 되다고 했다. 쉼 없이 연날아서 잘 때릴 필요가 없다. 고중량 저반복 훈련이 특히 중요한 스포츠다. 고중량 저반복 훈련 방법은 다양하게 있지만, 필지가 소개하고픈 섯은 나음 세 가시나.

'5×5 시스템, 5 − 4 − 3 − 2 − 1 시스템, 싱글즈 훈련'.

이 세 가지를 잘 배합하면 스트렝스 및 파워를 증진시킬 수 있다.

지금까지 10회 이상 고반복 위주로 했던 사람들은 우선 5×5 시스템으로 갈아탄다(5×5 시스템에 대해서는 다른 부분에서 설명을 많이 했으니 여기선 간단하게 말한다).

5세트×5회를 하라는 의미이며, 초보자는 5세트 전부 다 본 세트로 하고, 그간 웨이트 경력이 좀 있는 훈련자는 첫 2세트를 워밍업 세트로 그리고 나머지 3세트만 본 세트로 한다. **두 경우 모두 다 무게가 올라갈수록 5세트 중 워밍업 세트가 많아지고 본 세트는 줄어들어야 한다.**

5×5 시스템을 아주 잘 사용해왔다면 싱글즈로 바로 갈 수도 있으나, 중간에 하나 거치면서 더 자연스럽게 갈 수 있다. '5−4−3−2−1 시스템'을 이용하는 것이다. 이것도 5×5 시스템처럼 활용 방식이 다양하나, 가장 많이 사용하는 방법은 5회−4회−3회−2회−1회 모두를 본 세트로 실행하는 것이다.

스쿼트를 예로 들어보자.

워밍업 세트를 두세 번 해주고, 그다음에 5−4−3−2−1 시스템의 첫 번째 본 세트로 100kg×5회를 한다고 가정해보자. 그때 105kg×4회, 110×3회, 115×2회, 120×1회 하는 식으로 점차 무게를 올려나간다. 주의할 점은 120kg이 1RM이 되어선 안 된다는 것이다. 실력이 늘수록 훈련 시 맥스 무게를 드는 날은 줄어들어 아주 가끔이어야 한다.

5−4−3−2−1 시스템을 몇 달 해주고 나면 이제 싱글즈 훈련으로 넘어간다.

싱글즈는 여러 면에서 의심을 받는다. 웨이트 훈련을 잔 모르는 사람은 이 정도 양으로 효과가 있을까. 반대로 웨이트 훈련을 해본 사람은 그렇게 무겁게 해서 혹시 부상을 입지는 않을까 등등.

욕심을 부리거나 잘못된 자세를 가지거나 올바르지 못한 방법을 사용한다면, 위의 염려가 실현(?)될 수 있으나, 이 모든 걸 제대로 한다면 그 결과물은 어마무시하다.

일반적으론 5×5와 5−4−3−2−1 시스템을 6개월 이상 훈련해서 몸이 적응됐다 싶을 때 싱글즈에 도전한다. 싱글즈는 말 그대로 렙을 1회만 하는 걸 반복하는 훈련이다. **1회를 한다고 해서 맥스 무게를 항상 사용한다는 의미는 당연히 아니다.** 90%까지만 가도 아주 강도 높은 훈련이 된다. 싱글즈는 1회를 반복하는 훈련법을 말하기에 굳이 5세트로 한정 지을 필요는 없지만, 실제로 많이 사용되기도 하고 지금까지 5세트 방식을 하는 것에 익숙하기 때문에 5세트로 한다.

즉 5세트×1회, 풀어 쓰면 1회 – 1회 – 1회 – 1회 – 1회가 되는 셈이다.

다양한 싱글즈 방법 중 여기서는 가장 많이 사용되는 두 가지 방식만 논하겠다. 처음에는 이 5세트를 전부 본 세트로 활용하는 것이다. 예를 들어 5회 반복 워밍업 세트를 2~3세트 하고 같은 무게를 가지고 본 세트로 1회 – 1회 – 1회 – 1회 – 1회를 한다. 여기서도 무게가 맥스하고는 거리가 멀어야 된다. **맥스의 90%를 하더라도 적은 훈련 무게가 아니다.**

그다음 방법을 가르쳐주면 아마 더 이해가 쉬울 것 같다. 훈련을 더 할수록 훈련 무게는 증가하기 때문에(자연스레 맥스 무게도 오르고) 1회에 걸리는 몸의 충격이 만만치 않다. 이때 5세트를 전부 다 본 세트로 하기는 어렵고 어센딩 세트처럼 무게가 점차 올라가는 방법을 쓴다. 예를 들어 워밍업 세트를 간단하게 1~2세트만 하고, 맥스의 50% 정도 되는 중량을 들고 1회를 한다. 이때 가벼운 무게로 1회를 하면서 자세라든지 호흡을 가다듬는 것이 굉장히 중요하다. 그다음 60% 무게로 1회, 70%×1회, 80×1회, 마지막으로 90%×1회를 하고 마친다.

실력이 증가하면 이렇게만 하더라도 온몸이 탈진할 정도가 된다. 글로만 보고 판단하지 말고 실제로 해보길 바란다.

참고로 파워 스내치나 악력 훈련은 굳이 5×5를 사용할 필요가 없다. 모두가 다 그런 건 아니지만 파워 스내치의 경우 하이 스킬이기 때문에

3회 이상 되면 대부분 자세가 무너지는 경향이 있다.

5-4-3-2-1 시스템은 역도성 운동에 쓰기도 하기 때문에 악력 훈련과 더불어서 이 운동부터 시작해도 되고 그게 아니면 3×3 시스템을 이용한다. 동작을 3회 이하로 해서 자세와 오버로드에 중심을 두고 중간에 충분한 휴식을 취한다.

——————— 마무리하며

이상으로 '골프 비거리 더 늘리기'에 대해 알아봤다. 다시 얘기하지만 골프는 한 번에 힘을 쓰는 것이 중요한 스포츠다. 지구력은 크게 중요하지 않기 때문에 5×5에서 5-4-3-2-1 그리고 싱글즈까지 점차 강도를 올려가면 된다. 다만 무조건 줄여가기보다는 상황에 맞게 잘 배합하는 것이 중요하다.

예를 들어 5×5는 스트렝스뿐만 아니라 근육 발달에도 좋은 점을 활용, **스트렝스 향상을 위해 가더라도 주기화를 둬서 다시 5×5를 활용해 근육 발달과 함께 간다면 더 좋은 파워를 얻을 수 있다.** 어차피 체급으로 나눠서 하는 스포츠가 아닌 고로, 필요한 부분에 근육이 붙는다면 아무런 손실 없이 몸에 파워를 더 늘릴 수가 있다.

앞의 내용만 잘 따라 하더라도 당신의 골프공은 하늘 높은 줄 모르고 멀리멀리 날아갈 것이다. 고집스럽게 웨이트 훈련은 경시하고 골프만 치는 사람보다는 훨씬 더 높은 곳까지 공을 올려 보내게 될 것이다.

올림픽 선수를 꿈꾸며

———— 스프린트 중심으로*

"달리기는 땅 위에서 일어나고,
스프린트는 그보다 더 위에서 일어난다." ᴾᴵᴸᴸ ᴅᴜ카

"더 빨리, 더 높이, 더 힘차게."

　이 올림픽 문구는 사람을 흥분케 하는 힘을 가지고 있다.

---

* 2008년 베이징올림픽이 끝나고 쓴 내용. 수정 보완했으나 현장감을 살리기 위해 그 올림픽에서
　일어난 사건은 그대로 두었음.

스포츠 승리에 결정적인 역할을 하는 '스피드 앤 파워'를 이만큼 깔끔하게 표현한 것이 있을까? 올림픽이 존재하는 한 영원할 모토다.

스피드 앤 파워를 날것 그대로 잘 보여주는 대표적인 운동이 육상과 수영이다. 그동안 스타 부재로 찬밥 신세였던 수영은, 박태환 한 명에 의해 단숨에 인기가 급부상했다. '더 빨리'라는 단순한 말이 사람을 얼마나 긴장시키고 흥분시키는지를 다들 경험했을 것이다.

'숨을 죽인다'라는 말만큼 이것을 잘 표현한 말이 없다. 선수 한 명의 작은 몸동작 하나하나에 열광하고, 엎치락뒤치락하는 순위를 볼 때면 똥꼬에 절로 힘이 들어간다. 박태환으로 인해, 여태 수영이 그렇게 재밌었는지 몰랐다는 사람들이 한둘이 아니다.

필자는 확신한다. 육상에서도 그런 스타가 한 명만 나온다면, 지금껏 관심 밖이었던 육상이 축구 이상으로 재밌어질 수 있다는 것을…….

육상뿐만 아니다. 500m 카약 이순자 선수가 변변한 지원도 없이 홀로 올림픽 무대에 나갔다. 예선에서 탈락하지 않고 순위권에 올라갔다면, 이름마저 생소한 카누/카약 경기에서도 충분히 오르가즘을 느낄 수 있다는 걸 새삼 알게 될 것이다.

육상은 '더 높이'에서도 단연 앞선 비주얼을 선사한다. 베이징올림픽에서 '더 높이'의 진수는 단연코 날개 없이도 하늘을 날 수 있다는 것을 보여준 '이신바예바'였다. 무릇 장대높이뛰기라 함은 어린 시절 오락실에서 ─요구르트 빈 통까지 재활용케 하며─ '누가 누가 버튼 빨리 누르나?'가 전부인 게임이었으나, 세계 기록을 24번이나 경신해가면서 금메달을 딴 그녀로 인해 세계인들은 '더 높이'의 짜릿함을 제대로 알 수 있게 되었다.

장대높이뛰기는 간단해 보이지만, 기술적인 부분을 제외하고도 아주 종합적인 스포츠다. 빨리 뛰는 건 기본, 장대를 넘는 상체 힘도 뛰어나야 한다. 그리고 균형감과 코오디네이션 능력까지도 갖추어야 하는 만능 스포츠다. 체력 훈련이 다양해야 함은 당연하다.

그렇다고 훈련 프로그램을 만들기 위해 '운동에너지, 탄성에너지, 위치에너지 변화 등'과 같은 어려운 단어를 알 필요는 없다. 그런 전문용어는 상대방에게 잘난 체하고 싶을 때나 사용하시고, 각 단계마다 필요한 최대치의 힘과 파워를 곰곰이 생각해보면 어렵지 않게 필요 훈련을 유추할 수 있다.

첫째, 빨리 뛰지 못하면 그만큼의 높이 뛸 수 있는 추진력을 상실하게 되니 장대를 집는 정확성과 타이밍만 보장된다면 최대한 빠른 속도로 달리는 것이 유리하다.

둘째, 상체 파워가 별로 작용하지 않는 장거리 달리기와는 달리 장대높이뛰기에서는 장대를 잡고 버티면서 당길 수 있는 '강력한 당기는 힘'과, 바를 넘기 위해 다리를 위로 끌어올리는 데 필요한 '파워풀한 복근의 힘'이 필요하다.

셋째, 장대를 더 높이 밀어 올릴 수 있는 '미는 파워'가 물 흐르듯이 자연스럽게 따라와야 한다. 따라서 각 단계에 필요한 스트렝스와 파워 훈련을 각각 해줘야 되는 전신 스포츠다.

이렇게 온몸의 파워를 요구하는 스포츠를 하면서 다이어트까지 신경 쓰면 '이신바예바' 같은 미끈한 식스팩도 확보할 수 있다.

육상은 어디 하나 버릴 게 없는 모두가 보석 같은 종목이나 여기선 그중에서도 꽃이라 불리는 '스프린트'를 중점적으로 살펴보겠다.

베이징올림픽에서 육상 최고의 스타는 누가 뭐래도 '우사인 볼트'다. 다른 경쟁자들과 비교할 수 없는 스피드와 파워로 세계 기록을 갈아

치우며, 전 세계를 흥분시켰다. **스프린트는 '더 빨리'를 보여주는 정점에
서 있는 스포츠이다.**

스프린트

스프린트가 보기에는 단순해도 그 훈련 과정은 복잡하다. 더 많은 무
게를 리프팅하는 데 수많은 훈련 방법과 이론이 존재하듯, 빨라지는 데
도 수많은 훈련 방법과 이론들이 있다. 그 방법과 이론들을 일일이 설명
할 순 없으나 우선은 큰 그림을 볼 수 있게 전체적인 훈련 단계를 알려
주고, 100m 달리기에서 일어나는 단계별 프로세스를 통해 스프린트 훈
련에 대한 감도 잡을 수 있게 도와주겠다.

훈련하는 각 단계를 설명하는 방법들은 많지만, 이해하기 쉬운 것 중
하나가 다음과 같이 7단계로 나누어보는 방법이다.

스프린트 훈련 과정 7단계

❶ 기본 훈련 및 테스트
❷ 스트렝스와 파워 훈련
❸ 볼리스틱 훈련
❹ 플라이오메트릭 훈련
❺ 스포츠 로딩 훈련
❻ 스프린트 자세와 스피드 지구력 훈련
❼ 초과 스피드 훈련

스포츠 로딩이나 초과 스피드 훈련은 달리기 자세를 망친다는 이유로 기피하는 코치도 있다. 다만 전체적인 훈련 단계를 이해하는 데는 도움이 되니 그 점 감안해서 보시고.

❻ 스피드 지구력이라는 말이 눈에 띌 것이다. 가장 짧은 거리라고 생각했던 100m 달리기 연습에서 지구력이라는 말이 생소하다. 하지만 스프린트에서 일어나는 3단계의 프로세스를 이해하게 되면 고개를 끄덕이게 된다.

100m는 대중에겐 아주 짧은 거리로 여겨진다. 이 정도 거리면 처음부터 끝까지 최고 속도로 달릴 수 있을 것 같고, 학교에서 달리기를 한 때도 그렇게 했던 것 같으나, 원래 최대 속력이 유지되는 시간은 약 3~4초, 거리로는 약 30~40m 정도밖에 되지 않는다. 그래서 미식축구 선발전에서도 가장 중요한 테스트 중 하나가 40야드 달리기이다.

100m 단거리 달리기에서는

- 맨 처음 스타트부터 시작해서 가속이 이루어지고(약 0~30m),
- 중간 지점에서 속도가 피크에 도달해 최고조에 오르고(약 50~70m),
- 그 피크에 오른 속도를 누가 더 최고에 가깝게 오래 유지(약 80~100m) 하느냐로 승패가 갈린다.

즉 마지막에 상대방 선수를 따라잡는 듯이 보이는 멋진 장면도, 마지막 순간에 가속이 이루어지기보다는(예외가 있긴 하지만) 실상은 최고조에 이른 파워를 누가 더 잘 유지하느냐에 따른 결과다.

단거리 달리기의 이 3단계 프로세스는 'MAD 5대 체력' 순서와도 일맥상통한다. 먼저 유연성을 바탕으로 최대한 몸의 가동 범위를 늘리고, 그다음 스트렝스와 스피드를 쌓아 파워를 키워놓은 뒤, 그것을 오랫동안 지속할 수 있는 지구력 연습을 해야 최고의 기량을 발휘할 수 있는 프로세스를 그대로 닮아 있다.

───────── 스트렝스의 역할

스프린트에서 스트렝스의 역할을 자세히 살펴보자.

빨리 달린다는 것은 스트라이드(보폭) 길이에 스트라이드 반복 수를 곱한 값이 높은 것이다. 즉 한 번 내딛는 보폭이 길고 그 반복 수가 많으면 빨리 달릴 수 있다. '무조건 다리를 빨리 움직이는 게 최고가 아닌가'라고 생각하지만, 빈도수를 올리는 훈련은 시간이 많이 걸리고 개선 폭도 크지 않기 때문에 스트라이드 보폭 쪽으로 고개를 돌리는 게 더 낫다. 엘리트 스프린터도 평균 초당 다섯 번의 스트라이드 정도로 100m

를 달린다. 이 정도는 한 번에 내딛는 보폭만 줄인다면 일반인들도 충분히 구사할 수 있는 빈도수다. 즉 (스프린터에 따라서는 스트라이드 빈도수를 늘리는 경우도 있으나) **한 번 내딛는 보폭의 길이를 늘리는 데 더 중점을 둬야 하는 것이다.**

한 번의 보폭 길이가 적으면 속도가 느려지게 된다. 꼬마 애가 아무리 빨리 다리를 움직여봤자 보폭 크기가 확연히 작으면 느릴 수밖에 없는 이치와 같다. 물론 단순히 보폭만 늘리는 것은 의미가 없다. 스트라이드에 맞게 자기 몸무게를 충분히 컨트롤할 만한 파워가 없으면, 빈도수가 현저히 줄어든다.

어쨌든 스프린트에서 결정적인 역할을 하는 것은 스트라이드(보폭)이고, 그것을 늘리는 파워는 스트렝스 훈련에 의지하니 스트렝스 훈련이 중요할 수밖에 없다.

이 점에서 볼트는 재밌는 얘깃거리를 남겼다. 볼트 이전엔 스프린트에서 가장 적절한 키는 175~180cm인 게 정설이었다. 키가 크면 보폭이 커서 유리할 것 같지만, 키가 너무 크면 처음 스타트에서 가속을 이끌어내는 것도 쉽지 않다. 또 팔다리가 너무 길면 근육 만들기가 어렵듯 몸무게에 상응하는 파워를 만드는 것도 쉽지 않아서, 무조건 키만 크다고 유리한 게 아니다. 오히려 키가 커서 뚜아 경우가 너 많다.

처음엔 볼트도 자기 체형에 맞게끔 스타트 후에도 너 많이 뛸 여지가 있는 200m 선수로 시작했으나, 훈련을 통해 100m까지 휩쓸게 되었다. 베이징올림픽에서 9.7초를 깨며 세계 신기록을 세울 때 볼트의 스트라이드 빈도수는 단지 41번에 불과했다. 불리하다고 생각했던 그 큰 몸을, 자유자재로 사용할 수 있게끔 힘과 파워 향상을 이뤄내면서 유리함으로 바꾼 것이다.

스프린트 훈련의 큰 원칙을 알아보자. 웨이트 트레이닝 원칙과 같다. **'less is more'**(적을수록 더 좋다)다. 양보다 질이다.

유명 스프린터 코치가 했던 말 중 하나, "나는 100% 에너지 중에서 90%를 선수들이 오버트레이닝하지 않게 만드는 데 쓰고, 나머지 10%만 운동을 더 시키는 데 씁니다."

다른 스트렝스나 파워 훈련도 마찬가지지만, 100m 스프린트만큼 휴식의 중요성이 필요한 경우도 드물다. 사람 몸에서 느끼는 피로와 뇌에서 느끼는 피로는 다르고, 스프린트가 뇌에 가하는 충격은 매우 크므로 첫째도 휴식이고 둘째도 휴식이다.

중추신경계는 기본적으로 48시간의 휴식이 필요한데, 그것도 최대치의 95% 정도만 썼을 때의 이야기며 만약 100%를 다 썼다면 10일 이상까지도 휴식이 필요하다.

휴식을 잘 이용하는 만큼, 훈련의 강도는 아주 높다. 스트렝스 훈련에서 통용되는 주요한 표현이 있다.

"과거보다 더 무겁게 들거나, 아니면 그냥 집에 가거나."

보다 질 높은 훈련을 하지 않을 거면서, 체육관에서 시간 보내는 것은 시간낭비일 뿐만 아니라 다음 훈련에도 악영향을 끼친다. 스프린트 훈련도 마찬가지라서 과거보다 더 퀄리티 높은 훈련을 하지 않을 거면 그냥 쉬는 게 낫다. 쉽게 얘기해서 자기 기록에 훨씬 못 미치는 기록으로 100번을 뛰는 것보다, 더 나은 기록으로 단 한 번 뛰는 것이 더 좋다는 얘기다.

말의 문구에 너무 얽매이지 말고 그 스피릿을 잘 이해하도록 한다.

오버트레이닝을 겪지 않으면서 최상의 훈련 성과를 이루어내려면, 지식적으로 많이 알고 개인의 회복 특성도 잘 파악해서 적절한 프로그램을 처방해줘야 한다. 꿈나무를 키우고 있는 중·고등학교 코치들이 현재 사용하고 있는 프로그램을 올림픽 코치에게 보여주며 조언을 구하는 외국의 Q&A를 보면, 과장 좀 보태서 **99%는 훈련을 줄이라는 대답이다.** 어떤 프로그램은 일반인의 관점에선 아주 적은데도, 그래도 많으니 줄이란다.

체육관과 필드에서 이루어지는 자세 및 파워 훈련을 제외하고, 100m 스피드를 키우는 달리기 훈련 그 자체의 볼륨은 아주 적다.

코치마다 다르긴 하지만 강력한 스프린트 달리기의 1주일 평균거리가 2,000m 미만인 코치도 많다. **이게 하루 거리가 아니다. 1주일 거리다.** 휴식하는 날 서서히 달리는 것을 포함해도 1주일에 10km를 넘지 않는다. 그러고도(혹은 그래서) 올림픽에서 메달을 따냈다.

대중에게 금메달은 무조건 많은 양의 훈련만 떠올리게 만들지만, 그건 마라톤 선수들처럼 장거리 달리기에나 해당되며, 마라톤마저도 요즘엔 양보다는 질을 추구한다. 하루 10km를 매일 달리는 마라톤 동호인에게 그 거리가 우습게 무너는 올림픽 선수가 되기 위해선 볼륨보다는 퀄리티에 중점을 둔 훈련을 해야 한다는 사실을 절대 잊어선 안 된다.

스프린트 이야기 중심으로 적긴 했어도, 육상 종목에서 비슷한 에너지 시스템이 쓰이는 종목에 응용할 수 있는 내용들이다. 빠른 스프린트로 모멘텀을 얻을 수 있는 스포츠들은 말할 것도 없고.

서두에 밝혔듯 한국 육상에서도 박태환 같은 스타가 빨리 나오길 기대해본다. 그래야 축구보다 스프린트 경기에 열광하는 필자 같은 사람에게도 올림픽에서 볼거리가 더 풍성해질 테니.

CHAPTER 5

단기
지구력

체력의 다른 이름
'컨디셔닝'

단기 지구력은 크게 두 가지 체력을 포함한다. '컨디셔닝'과 '근지구력'
이다. 우선 컨디셔닝부터 살펴보고 인도레슬러 프로그램을 통해 근지구
력을 알아보겠다.

컨디셔닝이 국내에선 생소하나 외국에선 많이 알려진 체력이다. 컨
디셔닝이라는 의미를 가장 잘 담고 있는 국어는 흔히 우리가 '체력 좋다'
할 때 쓰는 그 '체력'이 아닌가 싶다. 산을 지치지 않고 올라가고, 축구에
서 끊임없이 뛰어다니는 사람을 보고 우리는 보통 체력이 좋다라고 말한
다. 광의적으로 스트렝스, 스피드, 지구력 등을 총칭하는 말로 이미 체력
이라는 단어를 쓰고 있으니 '협의적인 체력' 의미로만 컨디셔닝 단어를
쓴다고 이해하면 되겠다.

컨디셔닝을 굉장히 특별하고 때로는 아주 복잡한 것으로 선전하는 코치도 있으나, 실제론 어려운 개념이 아니다. 쉬운 예를 하나 들어주겠다. 5km를 서서히 뛰어 30분에 들어오는 사람이, 5km를 20분 안에 들어오기 위해 열심히 뛰면 컨디셔닝 훈련이 된다. 짧게는 1분 미만, 보통은 10~20분 이하, 길어도 30분 이내의 시간 안에, 최고의 거리를 달리거나, 반대로 다양한 거리를 상정해놓고 최대한 빨리 끝내게 하는 체력이 컨디셔닝인 것이다. **즉 운동 종류가 아니라 운동 강도로써 컨디셔닝 운동이 결정된다.**

이 말은 굉장히 중요하다. 많은 사람들이 컨디셔닝 운동이 따로 있다고 착각한다. 컨디셔닝 훈련을 만들기에 편리한 운동은 있어도 컨디셔닝만을 위한 운동이나 소합은 따로 있지 않다. 하나의 운동만 하든, 여러 가지 운동을 섞어서 하든 30분 이내로 쉴 새 없이 빡세게 굴리면 컨디셔닝 훈련이 된다.

20분 동안 열심히 달리기, 케틀벨 10분간 스윙하기, 클린 앤 저크 30회 이상 고반복하기, 그리고 '달리기+턱걸이+케틀벨 스윙'처럼 다양한 맨몸 운동 및 바벨/케틀벨 운동들을 섞어, 빠른 반복을 통해 심폐기능을 강하게 자극하는 훈련은 모두 다 컨디셔닝이다.

여기서 질문 하나. 요즘 유행하는 모 커뮤니티 워크아웃처럼 '데드리프트 1회+2단 줄넘기 50회×5라운드'로 훈련한다고 치자. 이처럼 스트렝스와 컨디셔닝 훈련을 한데 섞어놓으면 어떤 훈련이 될까? 그래도 메인은 컨디셔닝 훈련이다.

스트렝스 훈련이란, 강하게 힘을 쓰고 그다음 충분히 쉬어주고 또 강하게 힘을 쓰고 충분히 쉬어주는 패턴, 즉 한 가지 운동을 골라 저반복과 긴 휴식을 반복하는 걸 말한다. 설사 한 워크아웃 안에 스트렝스

케틀벨 스윙

훈련이 포함된다손 치더라도 유산소로 진행되는 운동(앞의 예:2단 줄넘기 50회)으로 인해 전체적인 운동 시간이 길어지면 자극되는 메인 시스템은 컨디셔닝이 될 수밖에 없다. 심지어 똑같은 박스 점프를 한다고 해도 저반복으로 각 회마다 최대한 높이 뛰고 그다음 충분히 쉬고를 반복하면 스피드/파워 운동이지만, 시간을 단축하면서 고반복 횟수를 하려고 한다거나, 같은 시간 안에 더 많은 횟수를 하려고 하면 컨디셔닝 운동으로 변한다.

운동 종류가 같아도 횟수와 세트 중간 휴식 시간에 따라 완전히 다른 체력 훈련이 되는 것이다. 스트렝스나 스피드 훈련처럼 한 세트가 아주 짧은 시간에 끝나는 워크아웃과 달리, 연속되는 운동 시간이 무산소 영역을 벗어나게 되면 어떤 운동들의 조합이더라도 결국 컨디셔닝 같은 단기 지구력 없이는 그것을 마칠 수 없게 된다.

더 이해하기 쉽게 장기 지구력인 마라톤을 예로 들어보자.

마라톤을 하는 중간에 물구나무 푸시업과 스쿼트를 집어넣어 '10km 달

리기+물구나무 푸시업 5회+10km 달리기+스콰트 5회+10km 달리기+
물구나무 푸시업 5회+12.195km 달리기+스콰트 5회' 이런 식으로 워크
아웃을 구성했다 치자.

이렇게 중간중간에 스트렝스 운동을 집어넣더라도, 운동이 지속되
는 전체 시간은 몇 시간이 걸리기 때문에 이를 두고 스트렝스 운동이라
부를 수 있는 사람은 아무도 없다. 물구나무 푸시업 또는 스콰트만을 따
로 분류해서, 세트마다 충분한 휴식을 주면서 훈련해야 스트렝스 훈련
이다. 큰 틀에서 봐야 한다.

클린 앤 저크를 30회 이상 고반복으로 반복하는 것은 당연히 컨디셔
닝 훈련이니 말할 것도 없고, 클린 앤 저크를 저반복으로 한다고 해도,
다른 운동과 결합되어 쉬는 시간이 줄고 운동 시간은 늘면 단기 지구력
훈련인 컨디셔닝이 된다. 그래서 여러 가지 운동들이 섞여 있는 워크아
웃의 기록을 단축하려 한다면, 거기에 포함된 체력 훈련은 분리해서 따
로 해줘야 한다. 즉 '10km 달리기+물구나무 푸시업 5회+10km 달리기+
스콰트 5회+10km 달리기+물구나무 푸시업 5회+12.195km 달리기+스
콰트 5회' 워크아웃(또는 테스트)을 잘하기 위해서는 무식하게 이 테스
트를 계속 반복할 것이 아니라, **스콰트와 물구나무 푸시업만 따로 분리해
서 스트렝스 훈련으로 힘을 기르고, 또 장기 지구력 훈련으로 장거리 달리
기 및 인터벌 달리기 훈련을 별도로 해줘야 하는 것이다.**

이것을 기본 훈련으로 삼고 열심히 노력한 뒤, 해당 워크아웃(또는 테
스트)을 나중에 포함시킴으로써, 해당 워크아웃 그대로 반복 훈련하는
것보다 훨씬 더 좋은 기록을 세울 수 있다. 이해하기 쉽게 장기 지구력으
로 설명했지만, 단기 지구력에 해당하는 컨디셔닝(또는 근지구력) 운동을
스트렝스(또는 스피드/파워)와 결합한 워크아웃도 마찬가지다.

같이 섞어 하는 워크아웃을 그대로 하기보다는, 스트렝스와 컨디셔닝을 각각 별도로 훈련해서 각 체력을 최고조로 올린 후, 그것이 결합된 운동을 보충해주는 것이 가장 빠른 지름길이다.

파워 스내치

이 점을 명백히 이해해야 매번 '새로운 트렌드'라고 이름만 바꿔 달고 나오며 특별할 것은 전혀 없는 최신 훈련 방식에 속아 넘어가지 않을 수 있다. 예를 들어 열 가지 또는 스무 가지 이상으로 체력을 쪼개고 나눈 이론을 가지고, 여러 가지 체력이 뒤섞인 워크아웃을 제시하면서 이것만 하면 그 열 가지 또는 스무 가지 체력을 한꺼번에 다 키워준다고 선전하는 체육관이 있다 치자. 듣기엔 근사할 수 있지만 합리적인 사람이라면 다음의 질문을 던져봐야 한다.

- **과연 누가 각 워크아웃에서 여러 가지(열 가지 또는 스무 가지) 체력 중 어떤 체력이 몇 퍼센티지(%)씩 포함되어 있고 또 그 워크아웃을 하면 해당 체력들이 몇 퍼센티지씩만큼 발달한다고 정확하게 말해 줄 수 있는가?**
- **혹 그 워크아웃의 창시자가 각 체력의 상승률을 말해줬다고 해도, 또 다른 전문가가 나와 그게 틀렸고 다른 퍼센티지라고 말하면 과연 누 가 옳다고 심판할 수 있는가?**
- **무엇보다도 워크아웃 안에 포함되는 운동들을 따로 봐서 퍼센티지 로 나눴어도 결국엔 서로 합해지면 단기 지구력 또는 장기 지구력으 로 변하는데 이 부분을 어떻게 설명할 것인가?**

서로 다른 결론이 나오는 기준 없는 워크아웃(또는 테스트)을 가지고는 효율적인 훈련이 절대로 불가능하다. 그리고 백번 양보해서 여러 가지 체력들이 섞여 있는 워크아웃을 모든 사람들이 다 동의할 수 있는 절대적인 기준으로 발라내고 그것만 해도 각 체력들이 증가한다고 가정하더라도 전술했듯이 여러 체력들을 섞어서 훈련하는 것보다, 각 체력들에 해당하는 훈련을 따로 하는 것이 훨씬 더 빠르고 더 높이 성장할 수 있다는 것을 알아야 한다.

오버헤드 스쾃트

밀리터리 프레스(이하 밀프)외 1km 단리기기 겹합번 넒러아웃은 잘 하려 한다고 생각해보자. 우선은 밀프를 잘하려고 하든, 1km를 잘하려고 하든, 제대로 하고 싶다면 밀프와 1km 달리기 중 하나만 선택해서 집중해야 한다. 두 가지 운동을 한꺼번에 다 연습하면 각각의 운동이 서로에게 마이너스 영향을 미쳐서 기록이 둘 다 나빠진다.

그럼 각 운동의 기록이 떨어지는 걸 감수하고서라도 한꺼번에 두 가지를 다 잘하려는 사람은? 그래도 한 세션에서 밀프만 열심히 해서 밀프 무게를 올려나가고, 다른 세션에서는 인터벌 달리기 연습 등을 통해 1km 속도를 올려주는 운동를 따로 재구는 짓이 그 두 가지들 한꺼번에 섞어 훈련하는 것보다 한층 더 실력을 빨리 증가시킨다. 두 마리 토끼를 잡으려면 하나를 포기해야 나머지 한 마리를 확실히 잡을 수 있으며, 두 마리 다 잡고자 한다고 해도 두 손을 나누어 오른손/왼손에 한 마리씩 잡고자 하면 안 되고, 두 손을 이용해서 하나씩 하나씩 각각 잡는 게 효과적이라는 말이다.

혹시나 어쩔 수 없이 매일, 매주 운동 종류가 바뀌면서 여러 가지 운동들을 돌아가면서 하는 프로그램을 사용할 수밖에 없는 입장이라면 다음의 방법을 통해 그 프로그램의 질을 판단하라. 다른 건 다 제쳐두고, 스트렝스 훈련을 하는 날만 추려서 본다. 그렇게 간추린 것이 '좋은 스트렝스 프로그램'인지 '후진 스트렝스 프로그램'인지만 살펴보면 대략적인 답이 나온다. 즉 **그 프로그램에 있는 스트렝스 훈련일만 가지고 훈련했을 때 과연 어느 정도 스트렝스가 성장할 수 있을지 꼼꼼히 따져보면 프로그램의 가치를 곧바로 알 수 있다.** 스트렝스 훈련 중간에 쉬는 날은 일정한지, 최소 3주 이상은 같은 워크아웃이 통일성 있게 진행되는지, 일관적이며 무게 개선을 따르고 있는지 등.

이와 더불어 각 운동에 대한 무게 퍼센티지(%)가 주어지고 약 3~6주 사이클에 따라 강도 또는 강조 포인트가 달라지게 제시해주는 프로그램이라면 더욱 좋고.

다른 지구력성 운동들로 그 스트렝스 훈련을 보충해주겠다는 순진한 기대는 하지 말고, 순수하게 스트렝스 훈련을 하는 날만 골라내서 평가해야 한다. 컨디셔닝 훈련은, 먼저 좋은 스트렝스 훈련이 바탕이 되고 그 위에 쌓아 올려질 때 최고의 기능이 발휘된다. 원래부터 완벽하지 않은 스트렝스 프로그램에 아무리 좋은 컨디셔닝 훈련을 얹어봤자 효과는 금방 바닥나고 장기적인 발전도 기대할 수 없다. 따로 연습하기만 한다면 훈련 초기부터 두 가지 체력을 병행하면서 발전해나갈 수는 있으나, 그럴 경우에도 스트렝스 훈련이 중심이 되어야 한다.

다시 말하겠다. 각 체력들을 혼합해서 길어지는 워크아웃을 만들면, 결국은 단기 지구력인 컨디셔닝(또는 근지구력) 훈련으로 변모하게 된다. 그리고 그 워크아웃을 잘하기 위해서도 순수 체력 훈련을 따로 해주는 것이 더 낫다. 해서 어쩔 수 없는 상황이 아니면 이것저것 혼합된 프로그램은 피하도록 하고, 발달시키려는 체력이 확실하게 구분된 프로그램들을 어떤 방식으로(예:'각 체력 훈련을 주당 며칠 할지?', '서로 다른 체력 훈련을 같은 날에 할지 다른 날에 할지?' 등) 결합할지에 대해서 깊이 숙고해야 한다.

여러 가지 운동을 섞어서 하는 워크아웃이 전혀 필요 없다는 말은 아니다. 컨디셔닝 운동을 하고픈데, 본인에게 잘 맞고 재밌는 워크아웃이 있다면 1~2개만 골라서 하라. 다만 그렇게 하더라도 선택한 워크아웃을 단지 몇 달에 한 번만 하면서 장기적인 발전을 바라서는 안 된다. 1~2수마다 정기적으로 훈련에 포함시켜 발전 정도를 상시 체크하면서 나아가야 한다. 그리고 이와는 별도로 탄탄하게 구성된 스트렝스 및 스피드 훈련은 꼭 따로 챙겨야 하고.

자, 이제 전체적인 컨디셔닝 개념에 대한 감을 잡았으니, 컨디셔닝 운동에 대해서 좀 더 자세하게 파고들어 가보자.

컨디셔닝은 크게 두 가지로 나눌 수 있다. 스킬 컨디셔닝과 일반 컨디셔닝이다. 앞에서 설명한 워크아웃들처럼 특정 스포츠와 다이렉트로 연결되지 않는 것은 모두 다 일반 컨디셔닝이다. 반면 스포츠의 스킬이 포함된 모의 훈련은 스킬 컨디셔닝이다.

—————— 스킬 컨디셔닝

무슨 운동을 하든 처음부터 목표가 확실해야 빨리 성공한다. 욕심나는 스포츠 종목이 있고 그 스포츠를 지치지 않고 지속할 수 있는 컨디셔닝을 원한다면, 바로 스킬 컨디셔닝 운동으로 뛰어들어야 한다.

수영을 잘하려면 경기하고픈 종목의 수영만을 열심히 해야 하고, 축구를 잘하려면 축구 경기를 모방한 모의 축구를 열심히 해야 하고, 복싱을 잘하려면 스파링을 가장 열심히 해야 한다는 말이다. 이것이 바로 스킬 컨디셔닝이다.

그 해당 스포츠의 스킬이 사용되는 실전 모의 훈련을 열심히 하는 것. 아무리 바벨 들고 클린 앤 저크 반복해봤자, 스파링을 하면 오래지 않아 지친다. 일반 컨디셔닝 운동이 도움이 되긴 하나, **컨디셔닝에 있어서는 그 어떤 훈련도 해당 스포츠의 모의 훈련만큼 성과를 가져올 수 없다.** 그래서 장기간의 훈련 사이클을 돌린다고 했을 때, 각 사이클마다 각각(스킬/일반)의 비중은 달라지겠으나, 전체적으로는 평균 '80(스킬):20(일반)'이 되도록 스킬 컨디셔닝에 투자해야 한다.

잘하고자 하는 스포츠가 있으면 최대한 빨리 그 스포츠에 시간을 할애해서 스킬을 배우고 또 그 스킬을 이용한 스킬 컨디셔닝에 도전하라. 처음부터 바벨, 맨몸 운동, 케틀벨 등을 조합한 일반 컨디셔닝에 시간을 너무 낭비하지 말고.

그럼 바벨이 필요한 곳은 어딜까? 그렇다. 스트렝스를 쌓을 때다. 개선이 편리한 바벨과 덤벨로 스트렝스를 만드는 게 가장 좋다. 필자가 올림픽 체력을 원하는 사람들에게 종종 하는 말이 있다.

"체육관에선 바벨/덤벨로 스트렝스를 쌓고, 그다음 필드로 나가서 스킬 컨디셔닝에 전념하라."

체육관은 스트렝스를 키우는 공간이다. 다른 체력 운동을 전혀 하지 말라는 말은 아니지만, 체육관의 존재 목적은 더 큰 힘을 쌓고 그 힘으로 필드에서 파워를 발휘하는 데 도움을 주기 위함이라는 것을 꼭 기억하라. 지금은 잘 모르더라도 언젠가 이 말의 중요성을 이해할 날이 올 것이다. 일반 컨디셔닝 운동은 전혀 하지 않고, 체육관에서 스트렝스를 쌓는 동시에 필드에서 스킬 컨디셔닝 운동만 열심히 하고서 금메달을 따는 사람들은 수두룩하다. 컨디셔닝 관점에서만 봤을 때는 해당 스포츠를 그대로 하는 스킬 컨디셔닝이 가장 중요하기 때문에 어찌 보면 당연한 귀결이다.

참고로 훈련 사이클에 맞게 강도를 조절하면서 올바르게 훈련한다면 스킬 훈련 및 스킬 컨디셔닝 운동은 거의 매일 할 수 있다. 그러나 고강도 스트렝스 훈련은 특별한 경우를 빼고는 1주일에 평균 3일을 넘지 않는 게 좋다. 운동선수들이 매일 스킬 연습과 스킬 컨디셔닝 훈련을 하는 걸 보고, 많은 사람들이 스트렝스 운동도 매일 해야 하는 걸로 착각하는데 서로 다른 체력 훈련이기 때문에 분리해서 봐야 한다(안타깝지만 이런 것도 몰라서 무작위로 막 시키는 코치들이 꽤 많다).

─────── 일반 컨디셔닝

스킬 컨디셔닝을 제외한 일반 컨디셔닝은 언제 사용할까?

크게 세 가지만 살펴보면 ❶ 특별히 참가하는 스포츠가 없을 때, ❷ 참가하는 스포츠가 심폐기능을 별로 자극하지 않는데(예 : 양궁, 사격) 컨디셔닝 운동을 하고 싶을 때, ❸ 그리고 스킬 컨디셔닝 훈련을 좀 쉬고자 계획된 사이클에 또는 스킬 컨디셔닝 훈련의 보조적 역할로서 사용할 때다.

일반 컨디셔닝 운동 종류는 아주 많다. 이미 설명했듯이 운동 종류가 아닌 일정 시간 내 강도에 따라 컨디셔닝 훈련으로 결정되기 때문에

스프린트

스트렝스 및 스피드/파워 운동들을 이것저것 결합 후 일정 강도 이상으로 유지해서 시간만 늘리면 모두 다 컨디셔닝 운동이 되기 때문이다.

이렇게 많고 복잡한 일반 컨디셔닝 운동 중에서 필자가 생각하기에 가장 뛰어난 컨디셔닝이 있다. 맨몸으로 하는 경우와 외부 무게로 하는 경우 두 가지로 나눴다.

❶ 맨몸 컨디셔닝

맨몸만 이용할 경우 가장 효과적인 일반 컨디셔닝 운동은 '빨리 달리기', 즉 '스프린트'다. 이는 크게 세 가지로 나누는데 ⓐ 인터벌 달리기, ⓑ 경기 달리기, 그리고 ⓒ 템포런이다. 여기선 인터벌 달리기에 대해서만 간단하게 알려주겠다. 가장 좋은 결과를 가져다주는 (일반) 컨디셔닝 운동을 물어보는 사람들이 많은데, 복잡한 운동들은 모두 잊고 우선 인터벌 달리기를 공략하라. 인터벌 달리기만큼 심폐기능을 빡세게 자극하면서 '성장률을 정확하게 체크'할 수 있는 운동도 없다.

특히 아무런 도구 없이 어디서나 쉽게 할 수 있고, **다양한 휴식 인터벌 및 운동 인터벌 길이를 조정해서 여러 스포츠 특성에 알맞게 훈련이 가능하다.** 이렇게 말하면 또 인터벌 달리기 중간에 버피나 클린 고반복 같은 것을 섞어 넣으려는 사람들이 있는데, 그러지 마라(다만 효과는 떨어지더라도 단지 더 재미가 있어서 그런 훈련을 하겠다면 이해는 한다). **중간에 휴식이 들어가기 때문에 위대한 훈련이 되는 것이다.** 좀 더 복잡하고 화려하게 워크아웃을 구성해서 뭔가 더 대단하게 보이려고 하는 마케팅을 항상 경계해야 한다.

🏋 외부 무게 컨디셔닝

'스트롱맨 훈련'이 치고다. 필자는 스트롱맨 훈련을 스톤, 통나무, 큰 앵커처럼 바벨이나 덤벨보다 일상의 물건들과 더 닮아 있는 외부 물체를 이용한 운동의 통칭으로 본다. 그래서 좀 더 넓게는 '사람의 몸' 자체를 외부 무게로 이용한 '레슬링'까지 확대한다.

외부 물건 중에서 '똑같은 무게'를 사용한다고 했을 때 어떤 것이 가장 다루기 힘들까? 불규칙한 모양의 돌? 쉴드? 바로 사람이다. 사람이 가만있으면 상관없지만, 레슬링처럼 저항하기 시작하면 그것을 다룰 때 필요한 힘은 크게 상승한다.

그렇다고 사람을 다루는 힘이 무한성 올라가는 것은 아니다. 예를 들어 몸무게가 100kg인 '저항하는 사람'을 컨트롤하는 데 있어, 그 사람의 힘과 기술에 따라 스톤 100kg에서 200kg까지 '저항력'이 다양하다고 가정하자. 그러나 어차피 200kg 이상을 쉽게 다룰 수 있는 힘을 가진 사람이라면 그 어떤 사람을 만나든 쉽게 제압할 수 있다. 힘이 훨씬 적은 꼬맹이가 미친 듯이 저항한다 해도,

기본적인 힘이 있는 어른이면 쉽게 통제할 수 있는 것과 같은 이치다. 과거 힘 좋은 올드 스트롱맨들이 레슬링을 병행했던 이유가 여기에 있다. **힘이 너무 강해버리면 심지어 기술마저도 제압해버리기 때문이다.** 그러나 기술을 하나도 모르면 너무 큰 힘이 필요하기 때문에 기본적인 기술 습득은 기본이 되어야 한다.

그렇다면 무게 단위당 가장 상대하기 어렵다는 사람 몸을 이용한 훈련이 제일 좋을까? 그렇지는 않다. 다양한 몸무게 및 힘을 가진 파트너를 구하기가 어렵고, 사람의 저항이라는 것이 측정하기 어렵기 때문에 저항 측정이 가능하면서도 실생활에 가까운 물건을 이용하는 일반적인 스트롱맨 훈련이 더 장점을 가질 때가 많다. 그리고 레슬링이나 종합격투기같이, 상대방과 직접 접촉하는 스포츠가 아니라면 일반적인 스트롱맨 훈련만 잘해도 충분하기 때문에 굳이 사람을 이용한 훈련에 집착할 필요는 없다.

스트롱맨 도구 중에 가장 쉽고도 다루기 편리한 것 중 하나는 케틀벨이다. 배럴이나 쉴드 같은 물건에 비해서, 손잡이나 무게 중심 이동에 유리해서다. 그래서 뒤이어 케틀벨을 이용한 컨디셔닝 내용을 다룬다.

일반 컨디셔닝을 정리해보면, 맨몸으로 하는 컨디셔닝 훈련의 정점에는 '스프린트'가, 그리고 외부 무게를 이용하는 컨디셔닝 운동의 정점에는 '스트롱맨 훈련'이 있다. 이 두 가지가 일반 컨디셔닝 훈련 중에서 가장 뛰어나다. 바벨과 덤벨을 사용하는 방법도 상황에 따라 사용할 수 있지만, 실전 적용 면에서 우위를 따지자면 이 두 가지가 더 뛰어나다. 물론 바벨/덤벨이 더 편리한 컨디셔닝 훈련도 있고 이것의 장점이 더 돋보이는 컨디셔닝 조합도 있으나 전체적으로 보면 스프린트와 스트롱맨 훈련이 정점에 있는 것이다.

여기서 또 복잡해지고 싶어 하는 사람들의 심리 때문에 재차 강조하자면, 앞에서 좋다고 말했던 모든 것을 한꺼번에 섞어서 훈련하려고는 하지 마라(예:스프린트+스트롱맨 훈련). **좋은 것들을 더 할수록 더 좋은 것이 되는 것이 아니라 오히려 나쁜 것이 된다는 말을 명심하라.**

——————— 마무리하며

정리해보자. 'MAU 5대 세덕'을 설명하며 밀렸듯 '스트렝스가 기반이 된' 컨디셔닝이 전제되어야 장기전에서 가장 빨리 승리한다. 그리고 아주 짧은 시간이 걸리는 '스트렝스 또는 스피드/파워 운동'을 선택했을지라도 횟수가 많아지거나 다른 운동들과 결합되어 운동 시간이 길어지면 컨디셔닝(또는 근지구력)이 된다. 또한 혼합되어 있는 워크아웃을 잘하기 위해서는 각각의 체력 훈련을 따로 해주는 게 좋다.

컨디셔닝 훈련은 크게 스킬 컨디셔닝과 일반 컨디셔닝으로 나뉘는데, 당신이 잘하고자 하는 스포츠가 있다면, 처음부터 스킬 컨디셔닝에 집중하는 게 옳다. 즉 일반 컨디셔닝 운동에 너무 많은 시간을 할애하고 있으면 스킬 훈련을 할 수 있는 체력이 줄어들어 정작 스포츠에서 실력을 쌓을 시간을 낭비한다. 그리고 일반 컨디셔닝 운동을 하고자 한다면, 스프린트와 스트롱맨 훈련(그리고 역도성 운동)을 하라. 이 길이 가장 빠르다.

완전 초보자를 위한
컨디셔닝 훈련

제대로 운동을 하고 싶은 완전 초보자(이하 완초)가 필자에게 운동에 대해 문의하면 '빅머슬 7' 자세를 배우면서 스트렝스를 쌓는 걸 먼저 추천한다. 그러면 "헬스클럽에 갈 상황이 아니고……, 그렇다고 집에 바벨을 놓을 수도 없고……, 운동 자세를 배우기도 어렵고……" 등의 답변들이 준비했다는 듯이 돌아온다.

아직 운동이 습관화되어 있지 않은데 턱걸이는 하나가 안 되고 팔굽혀펴기조차 몇 회 못 하는 완초에겐 맨몸 운동 루틴을 줘도 오래 지속하지 못하는 것도 현실이다.

이 문제를 해결해주기 위해 나섰다. 가장 간단한 도구와 운동 하나만 가지고, 저질 체력인 완초의 늪에서 벗어나고 거기서 더 나가면 고급자까지도 꿈꾸어볼 수 있게 만들어주는 툴. 쇠목탁이라는 이름이 더 잘 어울리는 '케틀벨'이다.

———————— **케틀벨**

〈닌자 어쌔신〉에 나오는 비가, 영화에 나오는 몸을 만들기 위해 케틀벨을 사용했다는 게 알려지면서 이 훈련 도구에 대한 관심이 높아졌다. 하지만 인기를 얻게 되면 거품이 생기는 법. 어디까지가 맞고 어디까지가 거품인지를 먼저 밝혀야 한다. 그래야 지엽적인 조류에 휩쓸리지 않고 장기적인 훈련 방향을 세울 수 있으니까.

외국의 상당수 기사들이 **케틀벨을 만능인 것처럼 광고하는데 실상은 그렇지 않다.** 케틀벨을 칭송하는 사람은 달리기, 멀리뛰기, 각종 PT 등의 운동을 각각 훈련한 사람보다, 케틀벨 하나로 훈련한 사람이 이 모든 테스트에서 더 좋은 기록이 나왔다고 주장한다.

그건 케틀벨의 능력이 아니라, 스윙이나 스내치에서 오는 실전적인 운동의 성과나, **다른 도구를 사용해서 그리 실전적인 운동을 하면 같은 결과를 얻는다.** 케틀벨도는 스윙을 하고, 덤벨로는 컬을 하고서 더 그 결과물을 가지고 케틀벨의 우수성을 짐쳐서는 안 된다.

바벨이나 덤벨을 사용했을 때는 말할 것도 없고 맨몸 운동만으로도 필자는 더 좋은 기록을 만들어낼 수 있다. 달리기를 포함한 맨몸 운동과 케틀벨 중 하나만 택하라면 당연히 필자는 전자를 택한다.

결정적으로 케틀벨은 스트렝스 훈련에 부적합해서 이 도구의 경쟁력은 떨어진다. 편리성과 효과성에서 바벨을 따라갈 수가 없다.

케틀벨을 이용한 스트렝스 훈련이 있긴 하다. 하지만 아주 가벼운 무게도 올릴 수 있고 무한대로 오버로드 가능한 바벨에 비교하면 그 효과는 미비하기 짝이 없다. 스트렝스 테스트를 위해 무거운 케틀벨로 프레스를 시도해보는 것까지는 상관없으나, 이걸로 스트렝스를 훈련하는 것은 매우 비추다. 바벨이 없는 상황에서만 대체할 수 있겠다.

그럼에도 케틀벨만의 장점이 있으니…… 바로 '컨디셔닝' 훈련이다. 원래 발생 목적이야 무엇이든지 간에, 케틀벨은 컨디셔닝을 위해 태어났다고 해도 과언이 아닐 만큼 컨디셔닝 훈련에 적합하다. 컨디셔닝의, 컨디셔닝에 의한, 컨디셔닝을 위한 도구다.

다음 공식(?)을 기억하면 훈련 프로그램을 만드는 데 도움이 된다.

'바벨=스트렝스 도구, 케틀벨=컨디셔닝 도구'.

'MAD 5대 체력'에서 밝혔듯 컨디셔닝 훈련은 스트렝스 훈련을 앞설 수 없다. 스트렝스 훈련을 항상 우선시하고 그것의 지속적인 상승에 노력해야 전체적인 체력이 증가할 뿐만 아니라 컨디셔닝도 증가한다. 그 반대로 하면 처음에는 효과가 있는 듯 보이나 장기적으로는 정체기에 빠지기 쉽다.

하지만 앞시 언급했듯이 그러기에 어려운 상황에 있거나 이미 스트렝스 훈련을 해온 사람은 케틀벨 훈련을 보충해줌으로써 건강을 쌓고 체력의 완벽성에 좀 더 다가설 수 있다. 특히 완초는 전반적인 체력이 바닥이기 때문에, 몸 전반적인 시스템을 자극할 수 있는 컨디셔닝 운동을 해주면 간단한 방법으로 여러 가지 효과를 한 방에 누릴 수 있다.

다음의 케틀벨을 이용한 컨디셔닝 목표를 달성하게 되면, 완초 딱지를 떼게 된다. 집에서 할 수 있어 간편하기도 하고 또 마음만 먹으면 보통은 12주 미만, 길어도 18주면 대부분은 목표 달성이 가능하니 의욕을 가지고 할 수 있어 좋다. 그뿐 아니라 실력이 증가해서 케틀벨 무게를 상승시키게 되면, 컨디셔닝 분야에 있어서는 고급자로도 나아갈 수 있다.

컨디셔닝 능력에 따라 다음과 같이 3단계로 나눴다.

케틀벨 스윙 단계별 목표

❶ 컨디셔닝 초급자

10분 안에 16kg 케틀벨 스윙 300회 이상

❷ 컨디셔닝 중급자

10분 안에 24kg 케틀벨 스윙 300회 이상

❸ 컨디셔닝 고급자

10분 안에 32kg 케틀벨 스윙 300회 이상

프로그램은 무지 간단하다. 행하는 게 어려울 뿐.

케틀벨로 할 수 있는 운동들은 많지만 케틀벨만의 장점을 살린 실전 운동은 딱 두 가지밖에 없다.

●스윙식 리프트
●프론트 스쾃

이 두 가지만 하면 케틀벨의 장점은 90% 이상 뽑는다. 이 두 가지 동작만이 바벨로는 따라올 수 없는 움직임이며, 나머지는 바벨/덤벨로 더 잘할 수 있다. 바벨은 스윙 동작 자체가 불가능하고, 덤벨은 동작은 가능하지만 무게 중심 및 밸런스 때문에 케틀벨보다 덜 효과적이다.

프론트 스콰트의 랙 자세는 바벨로는 고반복이 어렵고 덤벨로는 자세가 잘 나오지 않는다. 케틀벨 프론트 스콰트는 '슈퍼 삽질 2'와 '슈퍼 삽질 근육 버전'을 해보면 그 장점을 알 수 있다. 손목 아랫부분에 잘 정착해서 고반복을 해도 팔에 피로감이 적다.

다리 사이로 들어갔다 나온 후 추진력을 얻어 호를 그리며 앞으로 케틀벨을 올리는, '스윙식 리프트'는 세 가지가 있다.

- **케틀벨 스윙**
- **케틀벨 클린**
- **케틀벨 스내치**

이 동작을 스윙식이 아닌 역도식(수직 움직임)으로 할 수도 있지만, 케틀벨로 굳이 이걸 할 필요는 없다. 그건 바벨이나, 덤벨로 하면 된다. 스윙식 동작만이 케틀벨의 장점을 극대화할 수 있다.

세 가지 스윙식 리프트 중 스내치가 가장 많은 에너지를 소모해서 그것부터 시작하는 게 좋지 않겠냐고 생각할 수 있으나 먼저 스윙을 택한 데는 이유기 있다. 쉽게 배울 수 있고 두 손으로 하기 때문에 스드랭스도 크게 필요 없어서 초보자가 안정적으로 할 수 있으며 이걸 잘해서 한 손으로 스윙이 가능한 뒤 가동 범위를 점차 늘리게 되면 스내치도 자연스럽게 성공할 수 있기 때문이다.

그리고 팔굽혀펴기를 몇 개 못 하는 사람도 케틀벨 스윙은 무게만 낮다면 누구나 고반복으로 할 수 있는 것도 큰 장점이며, 반대로 무게를 올려가면 고급자까지 사용할 수 있다.

스윙의 단점도 있다. 스내치처럼 확실하게 1회 성공 여부를 파악할 수 없어서 경기에서는 잘 쓰이지 않는다는 점. 하지만 우리의 목적은 훈련이다. 300회 중 몇 회는 가동 범위가 적더라도 크게 문제 삼을 필요가 없다. 다른 사람과 경쟁하는 것도 아니고 어차피 무게와 횟수가 올라갈수록 컨디셔닝 능력은 증가하니까 더 무거운 무게로 더 빠른 시간에 스윙을 하고자 하면 된다(물론 실력이 증가할수록 한 회 한 회의 편차를 줄여나가는 노력은 필요하다).

영화 〈300〉의 성공으로 인해, 필자는 300이란 숫자를 자주 인용한다. 사람들이 기억하기도 쉽고 우연찮게 고반복 케틀벨 운동과도 잘 맞아떨어지기 때문이다. 이 프로그램 기준도 각각 300회나.

〈300〉의 전사들을 생각하면서 이 프로그램을 완수하려 노력하면 더 효과적일 수 있겠다. 실제 영화 〈300〉의 몸짱들을 만드는 훈련에도 이 케틀벨이 사용되었으며, 〈닌자 어쌔신〉의 배우 몸을 만들었던 코치도 〈300〉에서 몸을 만들어냈던 그들이다(speedandpower.co.kr에서 '영화 300 프로그램'이라는 이름으로, 앞의 세 가지 스윙식 리프트를 결합한 프로그램이 있으니 다양한 훈련을 원하는 사람은 참조하시라).

이 프로그램에 사용되는 케틀벨은 세 가지다. 체력이 약한 현대 남성에게 드는 운동에 열정적인 여성을 위해 8kg 케틀벨도 나왔고, 또 반대로 보디 빌더한 사람들을 위해 40kg, 48kg까지 나오기도 했으나 원래 오리지널은 16kg, 24kg, 32kg이다. 쉽게 **초급용(16kg)**, **중급용(24kg)**, **고급용(32kg)**으로 **이해하면 되는데, 굳이 더 무거운 무게의 케틀벨은 필요 없고 이 세 가지 무게만 잘 이용해도 케틀벨의 장점은 대부분 다 얻을 수 있다.** 32kg 케틀벨로 스윙이 300회 이상 가능하다면 어디 가서 컨디셔닝으로 뒤질 일은 없다. 케틀벨 32kg 300회 능력이 기본(?)으로 장착되어 있으면 ─ 특이성이 아주 강한 운동이 아닐 때 ─ 생소한 컨디셔닝 운동을 하더라도 금방 따라잡는다.

케틀벨 32kg 300회 성공이 강력한 데는 컨디셔닝 말고 다른 이유도 있다. **스트렝스 훈련이 따라와야 32kg 케틀벨 스윙 10분 300회가 가능하기 때문이다.**

16kg 케틀벨 스윙에서 24kg 케틀벨 스윙으로 업그레이드하기 위해선 16kg만 열심히 흔든다고 되는 것이 아니다 (물론 개인차가 있으니 드물게 성공하는 사람도 있겠으나) 스트렝스를 올려줘야 더 **빠르고** 더 쉽게 높은 무게로의 컨디셔닝이 가능하다.

간단히 생각해보라. 32kg 케틀벨이 무거워 아예 들지도 못하는 힘을 가지고 어떻게 스윙을 할 수 있겠는가? 그걸 컨트롤할 수 있는 힘이 있어야 컨디셔닝이고 뭐고 도전할 수 있다.

당신이 완초라면 아무 생각 하지 말고 16kg 케틀벨로 어떻게 300회 스윙을 성공할까에만 집중하라. 몸무게와 기본 스트렝스의 차이에 따라 16kg으로도 버거운 사람들이 종종 있다. 이런 분들은 8kg부터 시작해서 체력을 쌓고 다시 16kg으로 넘어가도 무방하다.

케틀벨 스윙의 개수를 올리는 방법에는 많은 것들이 있지만, 가장 먼저 '맛스타 초보 삽질'(맛초삽)에 도전해본다.

1권에서 '하루 5분 파워 프로그램'을 본 사람은 잘 알 것이다. 1분의 위력을. 거기서 설명하기를 템포를 빠르게 하기 위해서 운동을 15초 단위로 끊어서 할 수 있다고 했다. 맛초삽도 바로 15초 단위로 증가시켜 나가는 프로그램이다.

· 맛스타 초보 삽질 운동법 ·

① 60초(1분)가 1세트이며, 전부 10세트를 운동하기 때문에, 걸리는 시간은 토털 10분이다.

② 세트마다 15초 동안 10회의 케틀벨 스윙을 하고 나머지 45초는 쉰다(15초 스윙+45초 휴식).

③ 모든 세트에서 이것이 가능(15초에 10회 스윙)하게 되면, 10분 동안 전부 100회의 스윙을 성공하게 된다(10회×10세트=100회).

④ 그 이후에는 세트당 30초까지 스윙 시간을 늘린다(30초 스윙+30초 휴식).

⑤ 세트마다 30초 동안 스윙하는 횟수가 20회에 도달할 때까지 조금씩 개수를 늘려나간다.

⑥ 모든 세트에서 이것이 가능(30초에 20회 스윙)하게 되면, 10분 동안 200회 스윙을 성공하게 된다(20회×10세트=200회).

⑦ 똑같은 방식으로 스윙 시간을 15초 더 늘려서 세트를 '45초 스윙+15초 휴식'으로 바꾼다.

⑧ 횟수를 조금씩 늘려서 모든 세트에서 45초 동안 30회가 가능해지면 결국 최종 목표인 10세트(10분) 동안 300회를 성공하게 된다.

⑨ 테스트 시는 10분을 정해놓고 중간에 알아서 쉬면서 스윙하면 된다.

⑩ 완초들은 휴일을 제외하고 매일 해도 상관없으나, 몸이 피곤하면 언제든지 휴식할 수 있고, 매 4주마다 볼륨을 반으로 줄이거나 완전히 쉬어주는 것이 좋다.

유튜브를 이용하면 자세 배우기는 어렵지 않다. 'kettlebell swing'으로 치면 많은 동작들이 나온다. 다양한 방식이 있지만 가슴에서 눈높이 정도까지만 올리는 걸 기본 동작으로 한다. 프로그램에서 제시한 숫자도 이 기본 동작 기준이다.

다른 방식으로(머리 높이까지 올리기, 네거티브 동작 가속 등) 하는 스윙 동작의 장단점은 다음에 기회가 될 때 설명하겠으나 그냥 기본적인 것만 잘해도 된다. **어떤 스윙 방식으로 하느냐보다 개수와 무게 올리는 게 더 중요하다.**

나중에 실력이 올라가면 스트렝스 훈련을 첨가하라고 했다. 바벨을 사용해서 스트렝스 볼륨을 최소한으로 훈련하고픈 사람은 맛스리(프론트 스콰트, 스티프 레그 데드리프트, 밀리터리 프레스)를 사용해본다. 저반복으로 수행해서 무게를 올려나가 보시라.

스트렝스 훈련이 도입되면 컨디셔닝 볼륨과 강도도 주기화에 맞추어 계획적으로 실시하는 게 좋다. 다양한 요소들이 복합적으로 얽혀 있어 이 둘의 컴비네이션을 한마디로 설명할 수는 없지만, 기본적으론 '**개인의 회복 능력'에 따라 프로그램을 만들어야 한다.** 즉 스트렝스 훈련의 강도가 올라가면, 컨디셔닝 빈도수 및 강도는 내려가야 한다. 서로 반비례 관계라고 생각하면 쉽다.

간단한 예를 하나 들자면, 1주일 6일 컨디셔닝 훈련을 점차 3일로 줄이고 이것도 모자라면 3일도 '강, 약, 중'으로 고강도(강) 훈련 일수를 줄여나가는 방법을 쓴다.

──────── **마무리하며**

이상으로 케틀벨 스윙을 이용한 컨디셔닝 훈련에 대해 알아보았다.

스윙식 리프트는 동작이 일정 이상 강도를 유지하면서도 고반복이 가능해서 컨디셔닝 훈련에 이상적이다. 또 컨디셔닝 훈련은 식이요법과 스트렝스가 기반이 된다면 체지방 제거에도 큰 효과를 가져온다. 즉 케틀벨 스윙을 잘만 이용하게 되면 체력 증가뿐만 아니라 체중 조절도 가능하다.

게다가 스윙 동작은 하체뿐만 아니라 상체까지(악력 포함) 단련하기 때문에, 단일 종목으로 그 효율 및 효과의 탁월성은 말할 것도 없다. 나중에 컨디셔닝에 더 욕심이 생겨 맨몸 운동 및 스트롱맨 운동을 포함시킨다면 더 나은 작품을 만들 수 있다.

복잡한 것 싫어하는 완초들을 위해 마지막 한 문장으로 정리해본다.

"먼저 바벨로 빅머슬 7 스트렝스를 쌓고(이게 어려운 상황에서만 생략), 이후에 케틀벨 스윙으로 컨디셔닝을 쌓으라. 그리고 이 모두를 식이요법과 병행하라."

그럼 무슨 운동을 하더라도 너무 잘하고 있는 대견스런 자신을 보게 될 것이다.

레벨 업 컨디셔닝 훈련: 원 암 케틀벨 스내치

앞에 나온 '완전 초보자를 위한 컨디셔닝 훈련'에서 케틀벨 스윙에 대해 알아보았다. 이것만 열심히 해도 된다. 스트렝스 훈련과 더불어 케틀벨 무게를 올려나가면 문제없다. 그런데도 레벨 업 컨디셔닝 훈련을 소개하는 이유는 새로운 시도를 하고픈 사람과 짧은 시간 내에 더 큰 자극을 원하는 사람이 있기 때문이다.

레벨 업이라 칭한 이유는 기술의 고급성 및 1회 운동량이 커서다. **많은 운동을 해서 좋을 건 없으나, 많은 운동을 알아서 나쁠 건 없다.** 필요에 맞게만 쓴다면.

케틀벨 스윙 그다음 단계로 사용해볼 컨디셔닝 운동은 '원 암 케틀벨 스내치'다.

원 암(혹은 한 팔) 스내치는 케틀벨이 나오고 나서야 유행한 종목은 아니다. 과거 역도 종목에서도 원 암 바벨 스내치는 존재했었다. 한 팔 용상도 같이 있었는데 1928년 암스테르담 대회 이후로 둘 다 공식 대회에서 빠졌고, 1972년 뮌헨올림픽 이후로 추상까지 사라져 지금의 우리가 보고 있는 현재 역도 모습을 갖추게 됐다.

한 팔 역두 운동이 없어진 이유는 그 기능성이 후져서가 아니다. 여러 가지 이유가 있으나 가장 단순한 것은 시합 시간이 너무 길어서였다. 시간 문제로 밀려난 것이다.

해본 사람은 안다. 두 말로 히는 스내치와 원 암 스내치의 근 차이를. 스내치는 고사하고 바벨로 원 암 데드리프트를 들려고 해도 쉽지가 않다. 가로로 긴 바의 특성상 그 중심을 잡고 균형을 놓치지 않으며 리프팅하기는 상당히 어렵다.

원 암 데드리프트로 유명했던 고녀는 이 운동에서 보인 탁월한 능력으로 세기적인 장사로 등극하기도 했다.

바벨 중심을 잡고 한 팔로 들어 올리는 스내치는 거의 묘기에 가깝다. **악력이 뛰어나야 하고 손복 힘도 굉장히 좋아야 한다. 톰봉 안성근도 뒷받침되어야 좋은 기록을 낼 수 있다.** 그래서 한 팔로 하는 스내치를 잘하게 되면, 다양한 자세가 나오는 격렬한 스포츠에 도움이 된다.

또 한쪽으로의 스트렝스 불균형은 효율적 실력 발휘를 100% 못 하게 하고, 나중에 부상 문제도 일으킬 수 있는데, 한 팔/한 다리 운동으로 이 균형을 잡을 수 있다.

'그럼 원 암 바벨 스내치로 하면 되지 왜 원 암 케틀벨 스내치냐?'라는 의문이 들 수 있다. 원 암 바벨 스내치와 원 암 케틀벨 스내치로 할 수 있는 체력 훈련이 서로 달라서다. 무거운 무게가 가능한 원 암 바벨 스내치가 스피드 앤 파워 운동에 적합하다면 원 암 케틀벨 스내치는 그 도구의 모양과 운동 형태상 컨디셔닝 운동에 더 적합하다.

케틀벨의 장점을 살린 운동은 ❶ 스윙식 리프트와 ❷ 프론트 스콰트 두 가지며, 그중 스윙식 리프트에는 ⓐ 케틀벨 스내치, ⓑ 케틀벨 클린, ⓒ 케틀벨 스윙 세 가지가 있다고 했다. 이 세 가지 스윙식 리프트 가운데 한 팔로 하는 것 중 가장 많은 에너지를 소비하고 가장 힘든 운동이 원 암 케틀벨 스내치이다. 그래서 **원 암 케틀벨 스내치를 '케틀벨 리프트의 왕'이라고 부른다.**

스윙은 하나의 케틀벨을 두 팔로 이용하니 힘이 덜 들고, 클린은 랙 자세까지만 올리기 때문에 적은 파워로도 가능하지만, 스내치는 강력한 파워를 이용해서 케틀벨을 머리 위까지 올려야 하기 때문에 빡셀 수밖에 없다.

케틀벨 스내치도 바벨 스내치처럼 바닥에서 시작해서 직선으로 머리 위로 올려서 운동할 수도 있으나, 스윙식 리프트의 특성을 살려 다리 사이로 스윙 동작을 넣어서 하는 '행 파워 스내치' 형태의 운동을 권한다. 이게 케틀벨만의 장점이기도 하고, 컨디셔닝 훈련에 필요한 고반복을 하는 데도 유리하기 때문이다.

케틀벨 스윙이 초보자도 쉽게 배울 수 있고, 두 손을 사용하므로 무게에 대한 부담감이 적다는 장점이 있다면, 반대로 원 암 케틀벨 스내치는 빠른 시간 내 심박수를 올려서 훈련을 힘들게 만드는 장점이 있다. 케틀벨 스윙으로 타는 듯한 호흡 곤란을 느끼지 못하는 사람들도, 원 암 스내치를 하는 순간 '제대로 임자 만났다'는 생각이 들게 된다.

원 암 케틀벨 스내치

물론 케틀벨 스윙 중에서도 더 힘들게 하는 스윙 방법이 있고, 또 간단하게 무게를 올려나가면서 강도를 높일 수도 있지만, 같은 무게의 케틀벨로 하는 운동으로서 그리고 다양한 근육 자극 차원에서 볼 때 원 암 케틀벨 스내치의 역할은 분명 있다.

유튜브 영상을 보면서 자세를 확인해보고 여러 번 노력해봤는데도, 원 암 케틀벨 스내치가 안 되는 사람은 다음 세 가지 방법 중 하나를 이용한다.

❶ 바벨로 스트렝스를 쌓고 나서 한다.
❷ 현재 쓰고 있는 케틀벨보다 가벼운 케틀벨로 원 암 스내치를 연습한다.
❸ 반대로 현재 쓰고 있는 케틀벨보다 더 무거운 케틀벨로 스윙 연습한다.

❶, ❷는 쉽게 이해할 것이다. **❸**의 경우는 케틀벨 스내치보다 한결 무거운 무게를 사용할 수 있는 케틀벨 스윙의 특성을 활용한 것으로, 무거운 케틀벨 무게에 익숙해지다 보면 그보다 아래 단계 케틀벨이 상대적으로 쉬워지는 원리를 이용한 것이다.

원 암 케틀벨 스내치로 훈련하는 방법은 여러 가지가 있다. 인터벌 훈련을 할 수도 있고 앞 편에서 소개한 맛초삽 방법을 사용할 수도 있다. 다양한 인터벌 훈련들에 대해서는 3권에서 다시 소개하도록 하고 이번에는 가장 간단하고 효과도 좋은 방법 하나를 소개한다. 다음에 제시하는 기준 중 자기 수준에 맞는 걸 하나 골라서 1주일에 3일 열심히 훈련하는 것이다.

원 암 케틀벨 스내치 단계별 목표

❶ 레벨 업 컨디셔닝 초급자
　 5분 안에 16kg 케틀벨 한 팔 스내치 100회 이상
❷ 레벨 업 컨디셔닝 중급자
　 5분 안에 24kg 케틀벨 한 팔 스내치 100회 이상
❸ 레벨 업 컨디셔닝 고급자
　 5분 안에 32kg 케틀벨 한 팔 스내치 100회 이상

스윙과 마찬가지로 한 팔 스내치도 목표가 있어야 모티베이션을 가지고 빨리 달려갈 수 있다. 한 팔 스내치는 스윙보다 힘들기 때문에 5분에 100개 하는 걸 기준으로 삼는다. 팔은 언제든지 번갈아가며 스내치를 하되, 5분 안에 최대한 많이 반복하도록 노력한다.

스내치도 스윙과 마찬가지로 무게에 따라 수준이 정해진다. 눈으로만 보지 말고 직접 해보면 '레벨 업 컨디셔닝 고급자'라는 말이 괜히 붙은 게 아니라는 것을 알게 된다. 웬만한 사람은 32kg 케틀벨로 한 팔 스내 치 1개 하는 것도 어렵다. 스트렝스를 쌓고 그보다 낮은 무게의 케틀벨로 컨디셔닝 연습을 하고 난 뒤 천천히 도전해야 한다.

이런 프로그램만 잘 활용해도 컨디셔닝 능력으로 어디 가서 꿀릴 일은 없으나, 일반적인 기준을 훨씬 뛰어넘는 괴물 수준의 컨디셔닝 능력을 필요로 하는 종합격투기 선수를 위해 프로그램을 하나 더 소개하겠다. 앞에 나온 프로그램들을 모두 결합한 프로그램이다.

이전에 '슈퍼 삽질 2 MMA 파워'와 '슈퍼 삽질 2 MMA 스트렝스'를 통해 종합격투기 선수에게 맞는 프로그램을 설명한 적이 있다. 거기에 포함된 바벨 운동을 할 수 없는 사람은 오직 컨디셔닝에 집중된 다음 프로그램을 이용하면 좋다.

MMA 컨디셔닝 프로그램

❶ 32kg 원 암 케틀벨 스내치 5분
❷ 휴식 1분
❸ 24kg 원 암 케틀벨 스내치 5분
❹ 휴식 1분
❺ 16kg 원 암 케틀벨 스내치 5분

딱 봐도 머리 아프지만, 실제로 해보면 토 나오는 루틴이다. 종합격투기의 숨 막힘을 그대로 재현했다. 일반적인 MMA 5분 경기에 1분 휴식 패턴을 따르고 있고, 라운드가 갈수록 스트렝스가 감소되는 걸 감안해서 케틀벨 무게를 점차적으로 낮춘 프로그램이다. 컨디셔닝 프로그램이라고 해도 32kg 원 암 케틀벨 스내치는 웬만한 스트렝스 없이는 시도조차 불가능하니 일정 이상의 스트렝스를 기본으로 깔고 간다는 전제가 숨어 있다.

스트렝스가 약해서 이 오리지널 프로그램에 바로 도전하기는 어려울 경우, 우선은 앞에서 제시한 레벨 업 컨디셔닝 프로그램을 먼저 해서 기초 체력을 만들도록 한다.

"난 죽어도 MMA 컨디셔닝 프로그램을 해보고 싶다"는 사람은 케틀벨 무게를 낮춰서 스케일을 다운시켜서 한다. 케틀벨 32kg을 24kg으로, 24kg은 16kg으로, 16kg은 8kg으로 바꾼다.

이것도 쉽지 않다면 레벨을 한 단계 더 낮춰 24kg을 16kg으로, 16kg은 8kg으로, 8kg은 한 번 더 8kg으로 하는 방법을 이용한다. 컨디셔닝 능력이 대단치 않다면 이것만 열심히 하더라도 헛구역질 나올 만큼 충분한 운동량이 된다.

MMA 컨디셔닝 프로그램의 최종 목표는 각각(32kg, 24kg, 16kg) 100회씩이다. 이 프로그램에서 300이란 숫자를 다 채울 수 있는 사람은 MMA 대회에 나간다고 해도 컨디셔닝 난조로 패하는 일은 없을 것이다. 이건 최종 목표에 해당하니 서두르지 말고 차근차근 주어진 시간 안에 최대한 많이 반복하려는 노력만 유지하도록 한다.

혹시라도 악력이 약하거나 자세 문제로 인해 원 암 케틀벨 스내치 고반복이 너무 힘든 사람은 원 암 케틀벨 클린으로 대신할 수 있다. 다만 한 팔 클린은 강도가 많이 낮기 때문에, 스트렝스나 컨디셔닝이 너무 약한 사람이 아니라면, 케틀벨 2개로 하는 '더블 케틀벨 클린'을 이용해본다. 이때 스내치보다 낮은 무게의 케틀벨 2개를 사용한다(예:24kg 한 팔 스내치를 하고자 했다면 16kg 2개).

더블 케틀벨 클린

클린을 올바른 자세로 하게 되면, 거의 다리 힘만으로 동작이 가능해서 팔에는 많은 힘이 들어가지 않는다. 그래서 **호흡 곤란(?)이 오기 전에 상체 근실패로 인해 한 팔 스내치를 끝낼 수밖에 없는 사람들이, 좀 더 심폐기능에 중점을 두고 강하게 자극하려고 할 때 사용하면 좋다.**

또한 더블 케틀벨 클린은 모든 케틀벨 운동의 기본이 되니 이차에 배우는 게 좋다. 프론트 스쾃트를 하든, 푸시 저크를 하든 첫 준비 자세는 클린으로 만들어낸 랙 자세에서 시작하기 때문이다(더블 케틀벨 클린과 마찬가지로 '더블 케틀벨 스내치'를 생각하는 사람도 있겠으나, 가벼운 케틀벨을 사용하지 않는 이상 고반복보다는 파워 쪽에 가까운 운동이 되기 때문에 이 글의 의도에서 벗어난다).

인터넷을 보고 있자면 누가누가 더 많은 컨디셔닝 훈련을 만들어내는 지 경쟁이라도 하는 듯하다. 운동 종류가 많은 루틴이라고 좋은 프로그 램은 아니다. 이 기본적인 케틀벨 한 팔 스내치만 가지고도 볼륨과 강도 만 조절하면 컨디셔닝에 있어서는 잡다한 운동들의 실전성과 빡셈들을 다 녹다운시킬 수 있다. 지겨움이 문제가 되지 않는다면 굳이 다양한 운 동을 할 필요도 없다.

케틀벨 스윙, 원 암 케틀벨 스내치, 더블 케틀벨 클린, 이 세 가지를 가지고 어떻게 컨디셔닝 훈련을 만들어나갈지 생각하라. 이 세 가지 운 동의 변조면 케틀벨로 얻을 수 있는 컨디셔닝 능력은 모두 다 얻을 수 있다.

인도 레슬러
프로그램

단기 지구력은 크게 컨디셔닝과 근지구력으로 나뉜다.

컨디셔닝 프로그램은 앞서 많이 설명했으니 근지구력 프로그램을 하나 소개한다. 유연한 힘(유연성을 남보한 스트렝스)은 모든 스포츠와 퍼포먼스 실력 상승에서 가장 중요한 요소다. 이게 기반이 되고 난 뒤, 단기 지구력이나 장기 지구력 훈련을 하면 더 빨리 그 체력들을 증가시키며 또 더 효율적으로 사용할 수 있다고 했다(1권 'MAD 5대 체력').

이렇게 설명을 해도 딴소리하는 사람들이 꼭 있다. 단기/장기 지구력 훈련 없이 스트렝스 훈련으로 모든 게 해결되는 것처럼 왜곡해, 실질적인 스트렝스의 역할은 무시한 채 그 무용론을 펼치는 것이다. 스트렝스 훈련을 한다고 스킬 훈련이 저절로 되는 게 아니듯 스트렝스 훈련만으로 근지구력을 저절로 쌓을 수 없다. **잘하고자 하는 스포츠 및 퍼포먼스가 있으면 거기에 맞는 단기/장기 지구력 훈련을 꼭 해야 한다**(물론 스트렝스 크기가 곧 그 승패를 좌우하는 스트렝스성 스포츠는 다른 체력의 덧붙임 없이도 잘할 수 있다).

근지구력도 컨디셔닝처럼 크게 ❶ 스킬 근지구력과 ❷ 일반 근지구력 두 가지로 나눌 수 있다. 특정 스포츠를 잘하려면 그와 관련된 스킬 근지구력 훈련을 가장 우선시해야 한다. **스포츠 모의 훈련을 하는 가장 큰 이유가 경기 감각을 익히는 것과 더불어 바로 '스킬 근지구력'과 '스킬 컨디셔닝'을 키우기 위함이다.**

이를 잘 설명해주는 오래된 실험이 있다. 복싱 선수와 태권도 선수 스파링이다. 두 명 다 각자의 스포츠로 스파링하면 생생하게 버텼으나, 상대방의 스포츠로 싸울 때면 금세 지쳤다. 주로 손을 사용하는 복싱과 반대로 발을 사용하는 태권도이기에 사용되는 근육이 많이 달라서다. 마찬가지로 하키에 쓰이는 근지구력이 수영에 쓰이는 근지구력에 그대로 적용될 리 없고, 약물로 체면을 구긴 투르 드 프랑스의 영웅 랜스 암스트롱이 처음 참가한 마라톤에서 기대 이하의 실력을 거둔 것도 같은 맥락이다.

그래서 어떤 근지구력 훈련을 해야 하는지 묻기 전에 스스로에게 어떤 스포츠 및 퍼포먼스를 잘하고픈지 먼저 물어봐야 한다. 목표로 하는 스포츠가 있으면 거기에 관련된 스킬 근지구력 훈련을 가장 먼저 해야 하니까. 일반 근지구력 훈련은 ❶ 아직 하고픈 스포츠가 없는데 지구력 훈련으로 건강과 몸매 둘 다를 챙기고 싶거나 ❷ 스킬 근지구력으로 인해 생긴 근육 불균형을 해결하고픈 사람들에게 좋다.

특히 웬만하게 타고난 강골이 아닌 사람이 스킬 근지구력 훈련만 줄

곧 하면 부상 및 오버트레이닝에 빠지는 경우가 종종 있다.

이를 방지하기 위해 일반 근지구력 훈련을 같이 해주는 게 현명하다. 종합격투기에서도 스파링이나 격투기 동작 연습만 하는 게 아니라 각종 맨몸 근지구력 훈련을 병행하듯.

———— 맨몸 근지구력 훈련

일반 근지구력도 일반 컨디셔닝 훈련과 마찬가지로 맨몸으로 하는 것과 외부 무게를 이용한 것 두 가지가 있는데 여기서는 맨몸으로 하는 것만 다룬다.

특수부대에서 하는 PT 동작 중에서 가장 기본적인 동작으로 구성된 MPT 5를 근지구력 훈련으로 사용할 수 있다.

여전히 유효하나 MPT 5와는 약간 차별화되면서 특별함을 더하는 운동이 있으니 힌두 스쾃트와 힌두 푸시업이다. 인도의 레슬러들이 고대부디 사용한 동직으로서, 근지구력을 기본으로 하는 데디 몸의 에너지 흐름까시 세산된 동작이라 진세적으로 건깅하고 에너제딕힌 몸을 민들이준다.

인도가 요가의 나라인 만큼 단순히 해부학적 근육 이상을 염두에 눈 동삭이니 MPT 5만 열심히 한 사람들은 꼭 이 운동 위주로 구성된 프로그램을 집중적으로 해보는 시기를 갖도록 한다.

다음 인도 레슬러 프로그램은 힌두 스쾃트와 힌두 푸시업이라는 2개의 운동을 중심으로 당기는 운동을 첨가해서 완전성을 더한 루틴이다.

프로그램 이름과 관계없이 일반적인 아마추어 레슬링 선수들이 사용해도 아주 좋다.

힌두 푸시업

인도 레슬러 프로그램 ONE

❶~❸ 번갈아가며 최대한 많이 반복하기(15분)

❶ 바디 로우 10회

❷ 힌두 푸시업 10회

❸ 힌두 스쿼트 20회

무게 바디 로우

먼저 앞의 루틴을 할 때는 자세에 신경 써야 한다. 부상 위험을 피하려는 목적도 없진 않지만, 그보다는 올바른 근육 자극을 위해서다. 동작 하나하나에 신경 쓰고 바른 자세를 유지하면서 이 프로그램을 하다 보면, 겉으로 보기보다 훨씬 더 어렵다는 걸 알게 된다. 가동 범위가 약간 변하는 것만으로도 강도의 차이는 아주 크다.

제대로 된 자세는 취하지 않으면서 횟수 채우는 데만 연연하는 것만큼 바보 같은 짓은 없다. 겨우 횟수를 채운다는 느낌이 들면 쪽팔려할 필요 없이 다음의 초보자 프로그램을 한동안 하고, 다시 오리지널 루틴으로 돌아간다.

인도 레슬러 프로그램 ONE(초급자)

❶~❸ 번갈아가며 최대한 많이 반복하기

❶ 바디 로우 5회

❷ 힌두 푸시업 5회
❸ 힌두 스쿼트 10회

반대로 오리지널 루틴이 너무 쉬운 사람은 다음과 같이 고급자 프로그램으로 변경해서 시도한다.

인도 레슬러 프로그램 ONE(고급자)

❶~❸ 번갈아가며 최대한 많이 반복하기

❶ 바디 로우 10회
❷ 힌두 푸시업 20회
❸ 힌두 스쿼트 30회

바디 로우와 힌두 스쿼트는 가능하지만 힌두 푸시업은 1회도 어려워하는 완전 초보자들이 있다. 그럴 때는 힘만 왔다 갔다 하는 팬더 푸시업(다음 그림 참조)을 하거나, 그냥 일반적인 팔굽혀펴기를 한다. 팬더 푸시업은 특별한 자세가 아니라 힌두 푸시업에서 팔을 굽히지 않고 요가의 뱀 자세와 다운도그 자세를 번갈아가며 하는 동작이다. 이 동작만 잘해도 몸 건강에 아주 좋다. 자칫 자세가 야해 보일 수도 있으니 자리 봐가면서 하시라.

팬더 푸시업

　필자는 일반적인 팔굽혀펴기와 맨몸 스쿼트를 좋아하며 특히 특수 부대에 가려는 사람들에게 이 두 운동을 필히 시키지만, 맨몸 근지구력 운동으로는 힌두 푸시업과 힌두 스쿼트를 더 좋아한다. 오랜 기간 운동들을 하다 보면 시간이 지날수록 진가를 발휘하는 운동들이 있으며, 당연히 이런 운동들은 하면 할수록 애착이 간다(반면에 처음엔 대단한 것 같았는데 나중에 보면 그 결과기 영 신통찮은 운동들도 있다).

─────────── **힌두 스쿼트의 장점**

힌두 푸시업과 힌두 스쿼트가 바로 하면 할수록 그 매력이 배어 나와 점

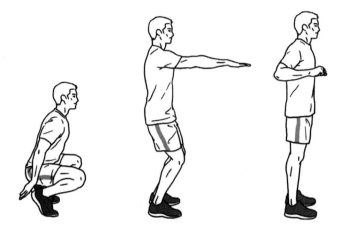

힌두 스콰트

점 더 빠져들게 만드는 운동이다. 이 두 가지 운동은 몇 마디 말로는 다 설명할 수 없을 정도로 특유의 장점이 있다. 이번에는 힌두 스콰트 장점에 대해서만 언급한다.

힌두 스콰트를 인도 레슬러들이 주로 사용했던 이유는 여러 가지 있겠지만, 필자가 생각하기에는 다음과 같이 크게 세 가지 정도로 살펴볼 수 있을 것 같다.

사람 둘이 선 상태에서 힘으로 서로 미는 동작에서는 대퇴사두근이 많이 사용된다. 즉 레슬링에서는 사람끼리 부딪히고 미는 동작들이 많이 발생하는데 여기서 필요한 근육들을 힌두 스콰트가 잘 발달시켜준다는 점이 그 첫째다.

두 번째는 몸 전신 에너지 시스템에 좋아서다. 유연성을 본격적으로 다루게 될 3권에서 자세히 살펴볼 터인데 여기서 간단하게만 말하자면,

기공에서는 기력 강화를 위해 발뒤꿈치를 드는 동작이 있다. 즉 발뒤꿈치를 드는 힌두 스콰트를 통해 단순히 근육 단련만이 아닌 신체 내실을 강화함으로써 퍼포먼스 향상을 배가하고자 함이다.

마지막으로 고반복에 좋기 때문이다. 힌두 스콰트는 상체가 수직이 되고 팔을 이용해서 리드미컬하게 진행할 수 있기에 고반복 근지구력 훈련으로는 안성맞춤이다.

맨몸 스콰트는 그렇지 않다. 횟수가 많아질수록 자연 허리가 굽게 되는데 이런 상태로 반복을 계속하게 되면 허리 통증이 오는 경우가 종종 있다. 물론 몸이 튼튼해서 탈 없는 사람들도 있으나, 그렇지 않은 사람들이 많기 때문에 우선은 고반복에 더 적합한 힌두 스콰트를 알아둘 필요가 있고, 또 문제가 없는 사람들이라도 **만약 바벨 스콰트를 병행하고 있다면 맨몸 고반복 운동은 힌두 스콰트에 맡겨서 두 가지 장점을 다 챙기는 게 좋다.** 과거에 힌두 스콰트를 했지만 중도에 포기하는 바람에 그 쫄깃한 맛을 아직 보지 못한 사람은 이번에 소개된 프로그램을 계기로 다시금 확인해보길 바란다.

참고로 당기는 운동으로 턱걸이 대신 바디 로우를 택한 이유는 오리지널 버전에서 그 횟수가 10회에 이르기 때문에, 여러 라운드가 진행되는 동안 이를 유지할 수 있을 만큼 근지구력이 뛰어난 사람이 많지 않아서다. **하지만 턱걸이에 아주 뛰어난 사람은 바디 로우 대신에 턱걸이로 대체할 수 있다.** 그리고 바디 로우조차 할 수 있는 여건이 안 된다면 (바디 로우는 턱걸이 바가 없더라도 여러 가지 사물을 응용하면 쉽게 가능하다) 수건을 문고리에 걸어서 몸을 당기거나, 레슬링이나 유도 선수처럼 고무 튜브 당기기로 대체한다. 고무 튜브 당기기를 한다면 횟수는 늘리도록 한다.

이 프로그램에 포함된 세 가지 동작들에는 자연스런 인간 움직임이 잘 담겨 있기 때문에 레슬링뿐만 아니라 다른 스포츠에도 효과적으로 적용된다. 바디 로우는 상체의 당기는 근지구력과 복근 근지구력을, 힌두 푸시업은 상체의 미는 근지구력을, 그리고 힌두 스콰트는 하체의 근지구력을 키워주기 때문에 전방위적으로 모든 근육 단련이 가능하다. 라운드마다 각 동작들에 주어진 횟수를 한꺼번에 다 성공할 수 없을 때는, 몸에 도움이 되는 동작을 유지하고 약간의 휴식을 취한 뒤 나머지 횟수를 채우도록 한다.

힌두 스콰트는 발뒤꿈치를 들고 서서 쉬면 좋고, 바디 로우는 몸을 일직선으로 해서 바텀 자세로 버티면서 쉬면 복근 및 악력 강화에 좋다(이조차 힘들어질 때는 그냥 쉬고 하는 편이 낫다). 힌두 푸시업은 다운도그 자세를 취해 후면근 전체를 스트레칭함으로써 몸에 활력을 불어넣는다.

그리고 고급자 버전을 하는 사람 중에서 힌두 스콰트 고반복이 여전히 쉬운 사람은 팔을 당기는 동작 없이 그냥 앞뒤로 흔들면서 속도를 높이는 '빠른 힌두 스콰트'로 바꾸면 좋다. 이 프로그램의 1차 목표는 한 번의 워크아웃에 15분이다(초보자는 5분부터 시작해도 된다). 쉬는 시간이 거의 없이 15분을 풀로 채운다면 1주일에 3번(월, 수, 금 또는 화, 목, 토)의 워크아웃만 하더라도 상당한 양이다.

올바른 자세로 사용해도 15분 동안 바디 로우와 힌두 푸시업은 각각 150회 이상 그리고 힌두 스콰트는 300회 이상을 할 수 있다. 1주일에 45분에 불과하지만 이 시간에만 충실하다면 당신의 삶의 질은 비약적으로 향상될 것이다. 나중에 시간을 늘리더라도 단기 지구력이 목표이기 때문에 30분을 최종으로 한다. 그 시간 안에서 더 많은 횟수를 하기 위해 노력하라.

만약 한 번의 워크아웃에 30분이 가능하게 되면 30분씩 1주일에 3번 하거나 아니면 15분씩 일요일을 제외하고 6일 동안 매일 할 수 있다.

CHAPTER 6

특수부대 PT로 지구력 키우기
충격 요법의 극단 '태풍 요법'

장기
지구력

특수부대 PT로
지구력 키우기

운동 종류 및 특싱 그리고 인터벌 휴식 길이 등 고려해야 할 다양한 요
소가 있기 때문에, 똑 부러지게 '몇 분 이하 단기 지구력' 또는 '몇 분 이
상 장기 지구력'이라고 단정하긴 쉽지 않다. 제대로 구분하려면 운동 및
훈련 방식에 따라 케이스 바이 케이스로 적용하는 게 맞다.

하지만 평균적인 기준이라도 명확하게 가져가야 피트니스 전반에
대한 이해도를 높이고 체력 훈련 목표도 올바르게 설정할 수 있다. 단기

지구력에서 설명했듯 30분 이상 걸리는 맨몸 고반복 혹은 달리기를 장기 지구력으로 이해한다.

이번 편에서는 '특수부대 PT', 그리고 다음 편에선 '웨이트와 달리기'를 통해 장기 지구력 쌓는 법을 알아보도록 하겠다.

'유연한 힘'은 장기 지구력을 쌓는 데 튼실한 기초다. 이게 잘되어야 부상 없이 지구력을 만들 수 있으며, 같은 시간 내에 더 많은 걸 해내는 실력자 위치에 더 빨리 오를 수 있다. 하지만 장기 지구력이 중심인 특수부대 훈련소를 통과해야 하는 훈련을 짧은 기간 안에 해야만 한다면 장기 지구력 훈련에 먼저 집중해야 한다.

이전부터 스트렝스를 잘 쌓아왔더라도 특수부대처럼 장기 지구력이 필요한 곳에서 뒤처지지 않으려면 그 체력 훈련에 특화하는 기간은 필수다.

특히 하루 종일 훈련을 하고 심한 경우 5일간 잠을 재우지 않는 '지옥주'까지 있는 특수부대라면 장기 지구력의 가치는 더 커지기 마련이다.

팔굽혀펴기

특수부대에서 가장 많이 사용하는 팔굽혀펴기 고반복만으로도 놀라운 성과를 이룰 수 있음을 여러 책들이 설파해왔다. 2001년 《아이언맨

(Iron Man)》이라는 잡지에서도 빌스타가 고반복 팔굽혀펴기만으로 훌륭한 성과를 보인 남자에 대한 예를 언급한 적이 있다. 그가 공군에 있을 때 본 젊은이 이야기였는데, 휴가를 앞두고 있던 그 군인은 결혼한 지 얼마 안 된 젊은 신부에게 잘 보이고 싶어 고반복 팔굽혀펴기를 시작했다고 한다. 살도 찌고 체력도 약해서 처음에는 15개도 겨우 할 수 있었으나, 다이어트도 하고, 조금씩 세트와 횟수를 늘려나감으로써, 결국 하루에 75회를 20세트까지 할 수 있게 되었다고 했다. 즉 하루 1,500회를 한 셈인데, 빌스타는 짧은 시간 내에 그렇게 빠르고 놀라운 육체 변화는 처음 봤다고 한다. 심지어 "한동안 그는 고급 보디빌더처럼 보였다"라고도 말했다.

물론 영양학이 기본적으로 병행되어야 하고, 개인적인 유전자와 뼈무게 등 여타 다른 요소들을 고려하지 않고 무조건적으로 일반화하기에는 무리가 있는 에피소드긴 하지만, 고반복 팔굽혀펴기로 인한 지구력 이상의 혜택을 제대로 보여준 예라 하겠다.

네이비실은 훈련 겸 기합으로 팔굽혀펴기를 무진장 시키는데 지옥주에선 하루 1,000개 이상도 거뜬히 넘어가게 시킨다. 그래서 특수부대를 꿈꾸는 사람은 몸만들기와 상관없이 고반복 팔굽혀펴기에 꼭 도전해야 한다.

특수부대는 스피드와 파워를 필요로 하는 때대러 자전은 제외하고, 장기 근지구력을 가장 많이 필요로 하는 곳이다. 달리기, 수영과 더불어 다음에 설명하는 운동을 집중적으로 해야 한다.

특수부대 PT로 장기 지구력을 훈련하고픈 사람에게 모티베이션을 주기 위해 숫자 하나를 들고 나왔다. 바로 '1,000'이다.

예부터 사람들은 숫자에 힘이 있다고 믿었다. 주술에서 특정 숫자를 이용하기도 하고, 중국에서는 8을 좋아한다든지, 서양에서는 행운의 상징으로 7을 애용한다든지 하는 여러 예가 있다. 단순히 미신으로 치부할 수도 있으나 몸과 마음은 긴밀히 연결되어 있어, 믿음이 강하게 존재하는 한 실제 결과는 크게 달라질 수 있다. 마이클 조던이 야구에서 농구로 복귀하고 한동안 다른 번호를 달고 경기를 하다 다시 23번을 달고 나왔을 때 성적이 상승했던 것도 이유야 무엇이든 본인이 즐거워 힘이 솟았기 때문이다.

하루 팔굽혀펴기를 999회 하든 1,000회 하든 육체적 차이가 없는 건 다들 알고 있지만 심리적으로 후자의 숫자까지 채우고 싶어 한다. 처음으로 네 자리가 되는 숫자이기도 하고, 어쨌든 많아 보이는 느낌을 확실히 주기 때문이다.

(정확한 얘기인지는 모르겠으나) 고등학교 때 국사 선생님이 역사 속에서 몇천 명, 혹은 몇만 명의 군사를 동원해서 원정을 갔다는 말은, 실제 그 숫자만큼의 병사를 뜻하는 것이 아니며 '천', '만'이라는 단어는 그냥 많다는 의미를 지닌다고 말씀하셨던 것이 기억난다. 〈천일 동안〉이라는 노래나 '천 마리 학 접기' 등이 괜히 있는 게 아니다.

speedandpower.co.kr에서도 한때 하루에 턱걸이 1,000개를 두전한다든지, 한 워크아웃에 케틀벨 스내치 1,000개를 성공하는 사람들이 있었을 정도로 1,000이라는 숫자가 주는 공명은 크다.

1,000이라는 숫자가 커 보인다고 쫄 필요는 없다. 실제 했을 때 걸리는 시간은 사실 많지 않다. 힌두 스쿼트 1,000개를 할 때도 연속적으로만 한다면 30분 정도면 한다. 중간에 텀을 두더라도 1시간은 넘어가지 않는다. 처음부터 너무 무리하지 말고 천천히 양을 증가시켜 나가기만 한다면, 일정 실력까지는 누구든지 부상 없이 올라갈 수 있다.

특수부대 PT를 잘할 수 있는 두 가지 방법

그럼 특수부대 PT를 잘할 수 있는 방법을 알아보자. 크게 두 가지가 될 텐데, 재밌게도 완전히 반대되는 방법이다. 하나는 '실패 지점 피하기'고 또 하나는 '실패 지점 적극 만나기'다.

외관적으론 100% 다른 방식이지만 그 내재된 원리를 잘 살펴보면 지구력 향상에 필요한 공통분모를 만날 수 있다. 상황에 맞게 두 가지를 잘 활용한다.

❶ 실패 지점을 피하면서 사수 하는 방법

"맨몸 운동을 매일 할 수 있느냐?"고 묻는 분들이 많다. **정답은 "강도에 따라 다르다"이다.** 턱걸이를 3회밖에 못 하는 사람이, 매일 그리고 자주 3회를 하는 것은 좋지 않다. 지구력 훈련과 스트렝스 훈련은 다른데, 턱걸이 최대 횟수(맥스)가 3회인 사람이 3회를 한다면, 그것은 지구력 훈련이 아닌 스트렝스 훈련이 되기 때문이다. 그걸 자주 하면 몸에 무리가 가는 건 당연하다(예외의 경우도 있지만, 일단 이런 생각을 기본으로 삼는다).

실패 지점을 피하면서 자주 하는 방법으로 대표적인 게 OAOA(over and over again)다. 지구력 관점에서 보면 너무나 당연한 방법인데도, 분석만을 위한 분석에만 전념하다 보면 망각하기 쉬운 훈련법이다.

OAOA는 한 번 하는 양을 실패 지점에서 현저히 멀 때까지만 하고, 그걸 하루에 걸쳐 자주 하는 것이다. 보조 기구를 이용해서 강도를 낮출 수도 있다.

팔굽혀펴기로 간단한 예를 들어보자.

쉬지 않고 100회를 할 수 있다면, 한 번에 50회 정도만 한다. 대신 하루를 크게 아침, 점심, 저녁으로 구분해서 50회를 두세 번 반복한다. 그리고 실력이 쌓여갈수록, 운동 인터벌 시간(팔굽혀펴기 시행 시간 사이의 간격)을 점점 줄여나가서, 하루에 2~3회 했던 것을 4회, 5회로 늘리다가, 나중에는 한 시간마다 한 번씩까지도 할 수 있게 한다. 꾸준히 반복 횟수를 늘려나가 하루에 매 30분마다 50개씩 10시간 동안 하게 되었다고 가정하면 1,000회까지 할 수 있다.

그렇게 고볼륨에 익숙해지고 나면 이제 체계적인 훈련 프로그램을 거쳐, 나중에 쉬는 시간 없이 1,000회 하는 걸 도전해볼 수도 있다. 시간이 지나면서 늘어나는 지구력과 오버트레이닝 여부 그리고 크로스 훈련 같은 요소를 제외하고 산술적으로 단순화한 내용이긴 하다. 하지만 실패 지점과 거리가 먼 적은 횟수를 실행하면서(앞에서처럼 최대 횟수의 50%) 자주 반복하게 되면 비교적 어려움이 덜하면서도 부상 위험 없이 볼륨을 늘려나갈 수 있다는 의미를 이해하는 건 아주 중요하다.

❷ 실패 지점까지 밀어붙이기

단 1회도 더 못 할 때까지 횟수를 쥐어짜는 가장 일반적인 지구력 훈련법이다.

앞서 설명한 첫 번째 방식이 심적 부담 없이 자주 할 수 있는 게 장점이라면, 이것은 끝까지 목표 횟수를 밀어붙일 때 나오는 '정신력', 그리고 매 세션마다 과거 기록을 극복해가면서 맛볼 수 있는 '모티베이션', 이 두 가지를 향상시킬 수 있다는 장점이 있다.

이와 관련된 루틴 하나 소개한다.

특수부대에 가려는 사람에게 굉장히 좋은 프로그램으로 — 달리기와 수영을 제외한 — PT 에 있어서는 이것 하나만 제대로 파면 끝난다.

슈퍼 MPT 5

❶~❺ 번갈아가며 최대한 많은 횟수 반복하기(목표 : 토털 횟수 1,000회)

❶ 턱걸이 90초—60초—45초—30초—15초
❷ 맨몸 스쿼트 90초—60초—45초—30초—15초
❸ 딥 90초—60초—45초—30초—15초
❹ 윗몸일으키기 90초—60초—45초—30초—15초
❺ 팔굽혀펴기 90초—60초—45초—30초—15초

'슈퍼 MPT 5' 프로그램에서 MPT 5(밀리터리 PT 5대 운동)는 '턱걸이, 맨몸 스쿼트, 딥, 윗몸일으키기, 팔굽혀펴기' 5개 운동을 의미한다.

맨몸 운동 근지구력을 향상시킬 수 있는 아주 효과적인 프로그램이며, 또한 각자의 고반복 맨몸 운동 능력 향상을 확인해볼 수 있는 총체적인 테스트다. 만약 5개 운동을 모든 횟수 합해서 1,000회까지 할 수 있다면, 고반복 맨몸 운동에서는 본좌급이라고 볼 수 있다.

정말 터프한 테스트다. 목표가 1,000회인 거지, 초보자라도 주어진 시간 그리고 자기 능력 안에서 최선을 다하면 되고, 고수는 고수대로 그

턱걸이

특정 목표 숫자(1,000회)를 주어진 시간 안에 빨리 해치우는 걸 목표로 할 수 있어서 어떤 레벨의 사람이든 잘 활용할 수 있다. 처음에는 500회를 목표로 잡는다.

목표 횟수가 있다는 것은 아주 중요하다. 심리학에 나오는 이야긴데, 어떤 교수가 학생들에게 특정 과제를 던지고 최대한 많은 예를 답해오라고 시켰더니 대부분 10개 미만으로 가져왔다고 한다. 그러나 그다음 해에 똑같은 문제를 주고 20개 이상의 예를 뽑아오라고 시켰더니, 대부분의 학생들은 20~25개 정도의 예를 가져왔다고 했다. 무한정 많이 하라고 하는 것보다, 숫자를 정해주면 확실한 목표가 생겨서 더 열심히 할 수 있기 때문이다.

하는 방법은 간단하다. 턱걸이 90초—맨몸 스쿼트 90초—딥 90초—윗몸일으키기 90초—팔굽혀펴기 90초까지가 1라운드, 그리고 다시 턱걸이 60초로 돌아가서 휴식 없이 2라운드가 바로 이어진다. 처음 90초에서 많은 힘이 빠지기 때문에, 두 번째 라운드부터는 30초로 다소 많은 시간을 한꺼번에 줄였고, 그다음부터는 15초씩 줄여나가면서 다이내믹함을 더했다.

하나의 운동만 체크하고 끝내는 것이 아니라 몸 전체 근지구력을 테스트하기 때문에, 어디가 강하고 어디가 약한지를 비교할 수도 있다.

특수부대 훈련도 한꺼번에 다양한 부위를 조지기 때문에, 실제 특수부대 현실을 반영한다. 상황에 맞게 운동 순서를 다르게 할 수도 있지만, 우선은 프로그램 순서 그대로를 따른다.

앞의 5개 운동을 골고루 잘하는 것이 장기적인 목표고 또 그래야만 1,000회를 채울 수 있지만, 팔굽혀펴기가 상대적으로 1회당 걸리는 시간과 힘이 가장 적게 들기 때문에 거기서 많은 횟수를 뽑아야 유리하다.

특히 특수부대는 팔굽혀펴기의 고반복이 중요하고 또 팔굽혀펴기는 몸통 강화 훈련이 포함된 것이기 때문에 팔굽혀펴기 능력 향상은 여러모로 도움이 된다.

윗몸일으키기는 처음 30초 동안 너무 빨리 반복하면, 피로가 빨리 와서 나머지 시간 동안 몇 개 못 하고 끝낼 수 있으므로 주의한다. 처음에는 30초에 25~30개 정도의 페이스로 맞추는 것이 나중에 더 유리하다.

반면 팔굽혀펴기와 턱걸이는 한 번에 최대한 많이 하고 나머지 시간은 쉬어가면서 하는 게 더 좋다.

영국 특수부대 SAS의 경우 빡셀 땐 선발 테스트에서 지원자 중 단 5%만 남는다고 한다. 물론 서류전형까지 포함된 내용이라 실제 육체적 테스트 통과율은 더 높을 수 있다지만 상관없다. 아무리 어려워도 지원자 중에서 5% 안에만 들면 되니까.

윗몸일으키기

군에서 정신적으로 좌절케 만드는 기합도 마찬가지, 다른 지원자들이 지치기 전까지만 버텨주면 된다.

장담컨대 앞의 슈퍼 MPT 5 프로그램의 전체 횟수를 1,000회까지 올릴 수 있다면, 달리기/수영을 제외하고 어떠한 육체 테스트와 기합에서도 무난히 5% 안에 들 수 있게 될 것이다.

충격 요법의
극단 '태풍 요법'

충격 요법은 웨이트 훈련의 트레이드 마크다. 지속적인 자극만이 관성을 깰 수 있게 해준다. 발달이 더디다고 판단될 때 먼저 살펴봐야 하는 건 휴식이다. 그 부분에 문제가 없을 땐 충격 요법을 사용한다.

충격 요법이 웨이트 훈련만의 선유물은 아니다. 장기 지구력 훈련에서도 필요하다. 장기 지구력 상승에 정체기가 왔을 때 제대로 된 충격 요법을 사용하면, 지금껏 한계라고 생각했던 틀을 부수고 한참을 더 나아가게 만든다.

충격 요법을 쓰기 전에는 다음 두 가지 포인트에 유의해야 한다.

포인트 1: 새로운 자극이 훈련 전반에서 메인이 되면 안 된다.

포인트 2: 자극이 크면 클수록 그 사용 빈도는 더 적어야 한다.

기본이 먼저 있고 그다음이 충격 요법이다. 계획적이지 않고 '새로움만을 위한 새로운 자극법'을 자주 사용하면 부상 위험은 물론 만성적 오버트레이닝과 무질서로 인해 오히려 발전을 더디게 만들 가능성이 있다.

충격 요법을 다방면으로 공부하기 위해, 우선은 웨이트 트레이닝을 지구력 방식으로 활용해서 새로운 자극을 주는 '30—100—100'과 '10—100—100'을 알아보고(두 시스템은 단기 지구력 프로그램이다. 충격 요법을 설명하기 위해 예로 가져옴), 그다음 장거리 달리기와 맨몸 지구력 능력을 극대치로 올려주는 장기 지구력 충격 요법인 '태풍 충격'으로 넘어가자.

━━━━━ 30—100—100 시스템

먼저 1권에서 소개한 '30—100—100 시스템'이다.

30—100—100은 30분 동안 턱걸이 100회와 딥 100회를 완료하는 프로그램인데, 이걸 하고 나서 만족하는 결과를 얻었다는 피드백들을 많이 받았다. 처음 소개할 때만 히더리도 감히 못 넘을 넘사벽으로 보는 사람들이 대부분이었는데, 점차 실력이 늘어나면서 반땅인 15분도 안 걸리는 사람들도 제법 생겨났다. 이런 사람들은 아래와 같은 변형을 통해 충격 요법을 치방해본다.

30-100-100 시스템 변형 루틴

❶ 중량을 달아서 '무게 턱걸이 100회+무게 딥 100회'로 변모해서

30분 하기
❷ 맨몸 턱걸이 100회 + 맨몸 딥 100회를 느린 템포로 30분 채우기

❶의 방법은 무게 턱걸이 100회와 무게 딥 100회를 하되, 30분을 기준으로 중량을 고른다는 의미다. 즉 각각 100회(합계 200회) 운동을 다 끝마쳤을 때 걸리는 시간이 30분에 가깝게 무게를 맞춘다. 30분 미만으로 끝나면 무게를 더 올리고, 30분을 훌쩍 넘으면 무게를 더 낮추면 된다.

두 가지 운동에서 능력 차이가 나기 때문에 서로 다른 무게를 달고 해야 하나, 복잡한 것 싫어하는 사람들은 처음엔 같은 무게를 가지고 한다. 몇 번의 워크아웃을 통해 실험 끝에 알맞은 무게를 찾아낼 수 있나 당연한 얘기지만 처음에 30분 걸렸던 중량도 실력이 늘어서 30분에 한참 못 미치게 되면 무게를 조금씩 더 올려나간다.

❷는 중량을 제외한 맨몸으로 하되 동작의 템포를 느리게 하는 방법이다. HIT에는 하나의 동작을 1분까지 늘려주는, 초절정 느려 터진 반복 방법도 있나(예. 턱걸이 1회를 1분 동안 하기).

여기서는 그 정도는 아니고 30분에 턱걸이 100회와 딥 100회를 할 수 있는 수준까지 템포를 늘린다. 턱걸이 1회를 2초에 해서 전체 운동을 15분 정도에 끝냈다면 1회를 4초 정도로 늘리는 것이다.

처음에 익숙하지 않을 때는 1회 템포를 두 배까지 늘리면 30분 이상 걸릴 수 있으니, 좀 덜 느린 템포(예:3초)로 시작하고, 서서히 늘려 나가도록 한다.

기존의 방법으로 별 자극을 늘릴 수 없었던 사람들은, 이러한 변형 운동 후에 심한 근육통을 느끼게 된다. 근육통이 꼭 수반되어야 좋은 운동인 것도 아니고 거기에 집착하면 더 큰 문제가 생기기도 하지만, 그만큼 새로운 자극에 노출되었다는 의미다.

앞의 두 가지 방법을 잘 활용하면 근지구력은 기본이고 근육 발달에도 아주 좋은 결과를 얻을 수 있으며 또 다른 익숙한 프로그램을 어떻게 응용할지도 배우게 될 것이다.

——————— 10—100—100 시스템

지금껏 설명한 적 없는 웨이트 충격 요법 하나를 알려주겠다. 고반복 프로그램으로써 저반복만 하던 몸에 강한 자극을 줘서 새로운 성장을 이끌어내고 싶을 때 사용할 수 있고 주기적인 테스트 및 지구력 향상을 위해서도 사용할 수 있다. 단시간 내에 사람 죽이는 프로그램으로 이만한 것이 없다. 충격 오브 충격 요법으로 지구력 및 정신력 향상에 좋음은 물론이요, 웨이트 훈련 시간 개념에 대한 허상도 철저히 깨부숴준다. 바로 '10—100—100 시스템'이다.

내용을 풀이해보면 다음과 같다. 10분 안에 100kg의 바벨을 지고 백 스콰트 100회 하기.

잘 알다시피 100kg이라는 무게로 스콰트 고반복을 한다는 것은 웬만한 스트렝스를 가진 사람이 아니고서는 엄두도 내기 힘들고, 특히 10분 안에 100회를 하려면 근력과 더불어 컨디셔닝 능력과 근지구력 능력이 한껏 뒷받침돼줘야 한다.

처음부터 100kg을 가지고 고반복을 할 수 있는 사람은 많지 않으니, 10분에 100회를 할 수 있는 무게를 골라서 가볍게 시작하고 서서히

100kg까지 올려나가야 한다.

　이 운동을 할 때는 자세에 더욱 유의할 필요가 있다. 적지 않은 무게로 고반복하게 되면 작은 충격이 몸에 누적되기 때문에 집중하지 않으면 부상을 입기 쉽다.

　특히 골반이 틀어진 사람은 주의해야 한다. 골반이 틀어진 채 고반복을 하다 보면 한쪽 허리만 아플 수 있는데 그런 느낌이 오면 그만두는 것이 좋다.

　10—100—100 시스템으로 할 때는 슈퍼 스콰트와는 달리 힘들면 언제든지 바를 랙에 걸고 쉬다가 다시 운동할 수 있다. 그러므로 스콰트를 하다가 허리가 뻐근하면 지체 없이 바벨을 내려놓고 봄을 풀어준 뒤 곤바로 다시 하는 것이 좋고, 만약 증세가 더 심해지면 욕심내지 말고 중간에 그만둔다.

　참고로 필자가 과거에 외국에서 운동할 때, 10분 안에 100kg을 가지고 153회 스콰트를 해내는 놈을 본 적도 있다. 근육으로 보나 체력으로 보나 거의 엘리트급 선수였다. 여러분은 150회까지는 장기적 목표로만 잡으시고 100회도 충분히 어려운 목표니 이 기록에 먼저 도전해보기 바란다.

———— **태풍 요법**

이제 '태풍 요법'에 대해 알아보자.

　이는 충격 요법의 극단이다. 일정 기간 동안 몸을 아주 빡세게 조저놓고 양질의 휴식을 취하는 방법인데, 이런 프로그램과 관련된 효과를 필자는 특별히 태풍 요법이라고 부른다.

태풍이 무섭지만 어부들에게는 많은 도움이 된다. 오히려 태풍을 기다리기도 한다. 바다에 산소를 공급하고 바다 생태계를 활성화시켜서 어획량 증가에 좋기 때문이다. 특히 적조 현상이 있을 땐 큰 도움이 된다고 한다.

태풍 요법은 이러한 개념을 운동에 접목한 것으로 **일정 기간 동안 일부러 오버트레이닝을 유발해서 몸을 아주 힘들게 몰아붙이고, 그 이후 충분히 쉬어줌으로써 단기간에 체력을 급작스럽게 올리는 방법이다.**

태풍 요법은 짧게는 1~3일, 보통 1~2주, 그리고 최대 3주 이하로만 된 프로그램이다. 네이비실과 해병 특수수색대의 지옥 주(1주 정도)라든지 각종 어드벤처 레이스(2주 정도)가 여기에 해당한다고 볼 수 있다. 더 힘든 프로그램일수록 기간은 짧아진다.

첫 번째는 특수부대 PT를 이용한 태풍 요법이다.

www.speedandpower.co.kr 인기 기사에 있는 '턱걸이 개수 두 배 올리기' 루틴을 읽어보라. 2주 동안 기존의 턱걸이 개수 기록을 두 배 올린다는 내용인데, 시도해본 많은 사람들이 턱걸이 개수를 두 배 혹은 그 이상으로 올리는 성과를 얻었다고 하나같이 입을 모았다.

열매가 단 만큼 그 과정은 쓰다. 10일 동안 오버트레이닝을 겪으면서도 꾸준히 한계치까지 밀어붙여야 하고, 그 후 3일 동안은 아무것도 안 하고 쉬어줘야 한다. 잘 계획된 오버트레이닝과 이후 그에 맞는 질 높은 휴식의 합작품으로 실력 급상승이라는 결과를 가져온다.

힘든 프로그램인 만큼 자세와 몸의 상태를 잘 봐가며 도전해야 한다. 횟수만 바꿔준다면 다른 맨몸 운동에도 적용 가능하다.

두 번째는 달리기를 이용한 태풍 요법이다.

개인적인 경험담에서 나온 것으로 아마존 정글 마라톤과 관련된 프로그램이다.

주말 이틀을 하고 며칠 쉬거나 너무 힘들면 하루만 해도 효과는 크다.

피트니스 지식이 쌓이고부터는 시간을 많이 줄였지만 과거엔 장거리 달리기 훈련 시간이 아주 많았었다. 한창일 땐 시간만 나면 학교 운동장을 다섯 시간 이상씩 달리고, 주말만 되면 각종 산을 뛰고 걸으며 헤매고 다녔다.

외국으로부터 다양한 책들은 물론 고가의 개인 레슨 프로그램도 인터넷으로 수문해서 받아볼 정노로 달리기 훈련에 대한 공부량도 만만치 않았다.

아이러니하게도 그때 장거리 달리기를 위해 공부했던 것들을 나중에 웨이트 트레이닝에 적용하면서 효과를 많이 봤다(반대로 웨이트 트레이닝 이론을 지구력에 적용해서 덕 좀 봤나).

OAOA도 울트라 마라톤 연습 중 이용한 방법을 웨이트와 맨몸 운동에 적용한 예다.

운동생을 30km 달리겠다고 마음먹었을 때 지치지 않고 좀 더 편안하게 달리기 위해 고안된 방법으로 훈련 시간을 하루 안에 몇 회로 나눠 지침을 최소화하는 것이다.

예를 들어 10km를 무리 없이 달릴 수 있는 사람이 갑자기 20km를 달리려고 하면 어떻게든 끝마칠 수는 있어도 아주 힘들다. 그러나 아침에 10km 뛰고 중간에 휴식과 더불어 충분히 영양을 섭취하고 난 뒤 저녁에 또다시 10km를 뛰면, 한꺼번에 20km를 뛰는 방법에 비해 훨씬 쉽다. 피곤함을 적게 하면서 볼륨을 높일 수 있는 것이다.

마찬가지로 필자도 한꺼번에 30km를 뛰지 않고, 하루 두 번 아침저녁으로 15km씩 나누어 (주말엔 서너 번으로도 나눔) 뛰니 심적으로도 편안하고 육체적으로도 무리가 덜 가서 좋았다.

이런 방법을 꾸준히 이용하면서 볼륨을 올리다 보면 중간 휴식 없이 30km 이상을 뛰는 것도 가능해진다.

만약 중간에 멈추지 않다가 실패 지점에 도달해버리면 그 이후로 몸이 쉽게 회복되지 않는다. 반대로 실패 지점을 겪기 전에 운동을 끝낸다면 몸 회복이 쉬워져서 일정 시간 동안 몸을 추스른 후 다시 운동할 때 상대적으로 가뿐함을 가질 수 있다.

한꺼번에 너무 많은 걸 하려 하면 몸이 지쳐서 자세도 흐트러지고 훈련의 질도 떨어지게 된다. 시간이 되는 사람이라면 체력 훈련을 할 때 한 방에 모든 운동을 하려 하기보다는 하루를 몇 개로 나눠서 운동하는 것이 좋다. 집중력을 높일 수도 있고 더 많은 볼륨임에도 강도 하락이 크지 않기 때문이다.

장거리 달리기에 관련된 태풍 요법도 이처럼 직접적인 경험을 통해 만들어진 프로그램이다. 약 200km를 뛰는 아마존 정글 마라톤 경기 중에서 롱데이를 제외하고 개인적으로 가장 힘든 날은 셋째 날이었다. 30km가 넘는 거리도 거리려니와 수많은 산과 들로 이루어진 정글을 헤치며 가아 하기에 험하기 그지없다. 그중 마지막 체크포인트 4에서 피니쉬라인까지 5.6km는 정글을 잠시 벗어나서 흙길 평지로 되어 있다.

역설적이게 셋째 날에서도 가장 힘들었던 구간은 산길로 가득 찬 앞부분이 아니라 흙길 평지였다. 당일 태양은 유난히 강렬했고, 주최 측의 실수로 필자와 톱 그룹에 있던 두 명은 잘못된 길로 들어서서 30분 이상을 낭비했다. 화도 나고 허비한 시간을 따라잡아야겠다는 부담감에, 마지막 체크포인트에서 물을 공급받을 때 나머지 평지에서는 전력 질주를 하기로 마음먹었다. 그전에 정글을 몇 시간 동안 달려온 뒤라 몸 상태가 좋지 않았지만 5km 전력 질주는 그동안 많이 해왔기 때문에 나름 자신이 있었다.

그 끝도 보이지 않는 처절한 5km에 대해 자세히 설명하고 싶지 않다. 여러 명을 따라잡는 기쁨도 잠시, 인생에서 가장 힘들고 고통스런 5km로 확실하게 자리매김했다.

피니쉬라인을 지난 뒤 곧바로 그 자리에 누워 10분 이상 숨을 고르고 있었다. 그 모습이 안타까운지 자원봉사자로 온 나이 지긋한 영국 의사분이 나와서는 신발을 손수 벗겨주었다. 만류는 고마움을 표시했지만 낭상은 일어나지 못해 몇 분을 더 누워 있다가 근처에 있는 강가로 간신히 걸어가서는 물 위에 몸을 띄운 채 또 한동안 누워 있어야만 했다.

그날은 많은 사람들이 탈락했고, 낮의 태양을 피해 저녁 늦게 들어온 사람들은 시간제한을 겨우 모면했다. 대회가 끝난 뒤 나눈 대화에서 롱데이를 하루가 아닌 이틀 동안 나누어 뛴 사람들은 그날이 가장 힘들었다는 데 다들 동의했다.

이 경험은 큰 인상으로 남아 이후 비슷한 환경을 조성해보고자 만든 것이 바로 정글 달리기 프로그램이다.

정글 달리기 프로그램

지칠 때까지 조깅(or 두 시간 조깅)+5km 최대한 빨리 달리기

정글만큼의 하드 워크는 기대하기 힘든 소프트 버전이지만, 집 근처 운동장 어디서든 해볼 수 있다는 장점이 있다.

지칠 때까지 달린다는 의미는 많은 사람들이 알고 있는 마라톤 벽과는 좀 다르다. 엄청 지쳐서 속도는 떨어졌으되 저강도의 속도로만 유지한다면 어느 정도는 달릴 수 있는 힘이 남아 있는 상태를 말한다.

당연히 사람마다 달리는 능력이 다르기 때문에 '지칠 때까지 조깅'이라는 느낌을 이해하기 힘들 수 있다. 이런 사람들 그리고 단순하고 확실한 기준점이 필요한 사람들은 '지칠 때까지 조깅'을 '두 시간 조깅'으로 대체한다.

이 프로그램의 효과 극대화는 조깅 이후 이어지는 '5km 최대한 빨리 달리기'를 얼마나 열심히 하는가에 달려 있다. 평소 단련된 의지와 정신력에 의해 훈련의 질이 판가름 나며, 최고의 효과를 얻기 위해선 정말 목숨을 걸어야 한다.

그렇게만 한다면 육체 및 정신력 상승에 있어 그 효과는 믿을 수 없을 만큼 클 테니 한 번쯤은 사용해서 그 결과를 만끽해보시라.

─────── **마무리하며**

이상으로 태풍 효과와 관련된 프로그램을 알아봤다.

이것들을 다양하게 알고 있으면 각 개인 및 스포츠 종류에 맞게 적절한 포지티브 충격을 줄 수 있어 정체기를 타파하고 실력을 향상시키는 데 큰 도움이 된다.

태풍은 가끔 와야 도움이 되며 자주 오면 오히려 피해만 커질 뿐임을 명심하고 효과가 좋더라도 너무 자주 사용하지는 않게 조심하도록 한다.

CHAPTER 7

애슬릿 3대 운동

애슬릿

애슬릿 3대 운동

1권에서 애슬릿 프로그램에 대해 소개했다. '빌스타 빅 3'와 필자가 그에 대한 오마주로 만든 '빅 3 플러스'가 그것이다.

애슬릿이 되는 데 프로그램을 많이 사용할 필요는 없다. **하나를 하더라도 하드 위크하면서 꾸준히 오버로드하는 게 더 중요하다.** 이 원칙들을 잘 지킨다면 위 두 가지 프로그램만 잘해도 되고 복잡하면 빌스타 빅 3 하나만 잘해도 된다.

1권이 처음 나온 게 7년 전이니 그 이후로 위의 프로그램 중 하나라도 꾸준히 해서 중량을 계속 올려왔다면 지금쯤 당신은 전혀 다른 사람으로 바뀌어 있을 것이다. 더 이상 복잡하고 화려한 루틴에 대한 기대치도 없을 것이며, 단순함의 위대함에 흠뻑 빠져서 진작에 시작하지 못했음을 후회했을 수도 있다.

　하지만 안타깝게도 대부분의 사람들은 그 루틴들을 단지 눈으로만 보고 고개 몇 번 끄덕이고 넘어가거나, 처음 몇 번은 해봤어도 또다시 외국 사이트에 매일같이 올라오는 최신식 루틴과 매월 새롭게 나오는 머슬지 기사에 혹해서 5년이 지난 지금도 그저 그런 자리에 머물러 있을 것으로 안다.

스쾃

　좋은 프로그램은 100년이 지나도 좋은 프로그램이다. 수천년 동안 별로 진화하지도 않은 인간의 몸을 두고, 굉장한 최신 과학을 적용한 듯 선전하는 현대 프로그램을 하느니, 예전부터 좋은 결과를 가져온 **레전드 루틴을 따라 하는 게 낫다.**

　이런 의미에서 빌스타 빅 3는 여전히 유효하다. 1권의 내용 그대로만 해도 좋고, 각자의 스포츠 특성에 맞는 보조 운동 몇 개(많이는 말고)

더 추가해도 좋다.

그럼에도 여기서 새로운 프로그램인 '애슬릿 3대 운동'을 소개하는 이유가 있다. 빌스타 빅 3를 하더라도 어차피 필드에서의 훈련이 필요하기 때문이다. 체육관에서 빅스타 빅 3를, 필드로 나가서는 다양한 스피드 및 컨디셔닝 훈련을 해야 한다.

빌스타 빅 3가 체육관에 한정됐다면 여기서 소개하는 애슬릿 3대 운동은 아예 필드 운동까지 포함한다. **체육관과 필드를 포함한 진정한 애슬릿 3대 운동인 것이다.**

각자의 약점이 다르고, 각자가 추구하는 목표가 다르고, 각자가 훈련하는 환경이 달라서 모든 사람에 적용되는 최고의 운동 타이틀은 존재하지 않는다. **하지만 특수성을 제외하고 일반적인 관점에서 볼 때, 애슬릿 3대 운동은 최고라는 타이틀을 붙여도 무리가 없을 만큼 베스트 운동 조합이다.**

체육관 훈련은 하나를 줄였다. 운동량이 적다는 건 단순히 시간을 아끼는 것에서 끝나지 않는다. 사람의 에너지는 한정되어 있고, 그 제한성으로 더 큰 퍼포먼스를 하기 위해서는 운동 개수가 적을수록 좋다. 한 운동의 무게를 올리는 것과, 두 개 이상 운동의 무게를 올리는 것, 완전히 다른 게임이다.

물론 무조건 적게 하는 것만이 능사는 아니다. 뺄 것을 다 빼더라도 그 원래 취지에 여전히 부합하느냐를 봐야 한다.

애슬릿 3대 운동은 애슬릿 능력 배양이 목적인데, 거기에 가슴 근육이 큰 영향을 발휘하지는 않는다. 빌스타 빅 3는 다분히 풋볼에 편향되었고 풋볼 테스트에는 여전히 벤치 프레스가 있기에 그렇게 하는 게 맞다. 그러나 풋볼에 제한되지 않고 전체적인 애슬릿의 퍼포먼스 그 자체만 주목한다면 굳이 벤치 프레스는 필요 없다. 오히려 다른 운동으로 필요한 걸 보충하는 게 낫다.

"같은 능력을 배양할 수 있는 전제라면, 무조건 더 적은 것이 옳다."

생택쥐페리의 완전에 대한 정의를 기억한다면 이해 가능할 것이다.

애슬릿 3대 운동

❶ **스콰트**
❷ **스프린트**
❸ **스내치**

모든 운동이 '스스스'로 시작해서 라임도 좋은 애슬릿 3대 운동은 체육관과 필드를 합했을 때, 뺄 것 다 빼고 더 이상 뺄 것이 없는 정수다. **체육관+필드에서 순도 100%만 남은 운동들이다.** 이 세 가지 운동의 베리에이션 및 훈련 방식을 다양화하면 MAD 5대 체력을 다 훈련할 수 있다. 스프린트 하나만 하더라도 스피드, 단기 지구력에다, 인터벌 훈련을 잘 구성하면 장기 지구력까지 기운다.

솔직히 각 운동 하나가 책 한 권 이상 가는 빅 사이즈들이라 여기서 자세히 다룰 수는 없지만, 앞으로 이 책 시리즈가 계속될 때마다 영원히 언급될 운동들이니 이번엔 개념만 잡고 계속 업데이트 해나가도록 한다.

각 운동의 위대성을 개략적으로 설명한 뒤 기초적인 프로그램을 하나 제시하도록 하겠다.

스콰트

'스콰트vs역도'에서 심지어 역도를 제쳤다(?). 이것으로 더 이상의 설명은 필요 없지 않나 싶다. '모든 운동의 왕'이라는 타이틀이 부끄럽지 않은 운동 중의 운동이다. 이 운동이 나머지 다른 2개 운동의 근간을 책임진다.

스프린트

빠른 달리기가 사람들 머리에 쉽게 들이지 않는 것 같아 스프린트로 명시했다. 여기선 초단거리에서 통상 무산소가 유산소보다 앞서는 400m까지 달리는 걸 의미한다. 직선으로 달리는 것뿐만 아니라 지그재그 달리기, 각종 형태의 달리기를 다 포함하나 직선으로 빨리 달리기만 해도 그 운동이 가지는 의미는 충분하다. **별로 특별해 보이지 않는 빠른 달리기가 실상은 스콰트와 필적할 만큼 대단한 능력을 지녔다.**

스프린트는 인간 본연의 움직임 중 가장 많이 나타나는 자연스러운 동작으로서 스콰트로 효과적인 훈련이 쉽지 않은 부분까지 척척 해내는 만능 전사다. **스콰트가 '모든 운동의 왕'이라면 스프린트는 '맨몸 운동의 왕'이라고 불러도 손색이 없다.**

사실 스프린트가 할 수 없는 일을 스콰트가 하고 스콰트가 할 수 없는 일을 스프린트가 하기에 우선순위를 다투기가 어려울 수도 있다. 굳이 스콰트가 더 앞서는 이유라면 '스콰트vs역도'에서 봤듯 스콰트가 다른 운동의 근간이 되는 운동이기 때문이다. 즉 스콰트 무게가 올라가면 스프린트 실력도 올라가지만, 그 반대는 아니다. 달리기만 했던 사람이라면 스쾃트에도 눈을 돌리도록 한다.

————— 스내치

애슬릿 3대 운동 세 번째로는 역도에서 하나 가져오는 게 맞다. 한 가지 운동으로 이처럼 다방면으로 몸 전체를 자극하는 운동도 없으니.

역도는 크게 클린 앤 저크와 스내치가 있다. 챕터 1 '위대한 운동'에서 설명했듯 클린 앤 저크는 두 개 운동의 콤비네이션이다. 즉 역도 중에서 하나의 운동만 선택해야 한다면 클린, 저크, 스내치 세 가지 운동 중 하나를 골라야 한다. 클린 앤 저크를 고르면 두 개의 운동을 고른 것이다.

그렇다면 스내치와 클린 두 개의 선택지가 남는데, 만약 다른 운동은 전혀 하지 않는다는 전제라면 선택이 어려울 수 있으나 **스쾃트를 하는 조건이라면 무조건 스내치다.** 스내치의 장점과 클린의 장점을 비교했을 때 스쾃트 하나만 있으면 클린의 장점을 다 가져올 수 있지만 그 반대는 안 되기 때문이다.

클린이 가지지 못하는 스내치의 장점은 첫 번째 빠른 스피드다. 챕터 1 '스피드 앤 파워'에서 말했듯이 빠른 운동은 스피드 운동이고 스내치를 통해 온몸의 스피디한 반사 운동을 연습할 수 있다.

두 번째 장점은 상체의 전반적인 자극이다. 위로 뻗는 동작이 가능하기 때문에 당기는 동작에서 끝나지 않고 미는 동작까지 다 가지고 있다. 벤치 프레스를 빼더라도 문제가 없는 이유다.

스콰트를 꾸준히 함과 동시에 스내치 무게를 올리는 즐거움을 키워 나간다면 평생을 해도 질리지 않게 될 것이다.

스내치

마지막으로 이 애슬릿 3대 운동을 가지고 할 수 있는 기본적인 프로 그램 하나를 소개하겠다.

각각의 운동에 대한 프로그램도 수없이 많아서 딱 꼬집어 하나만 소 개하는 건 말이 안 된다. 그 기본 동작 하나로도 수많은 훈련이 가능하

chapter 7   애슬릿

고, 조금만 변형하거나 도구를 약간 추가하기만 하면 3개 동작에서 끝없는 동작들이 만들어지기에 이 세 가지 운동으로 할 수 있는 프로그램도 풍성할 수밖에 없다.

여기선 초보들이 시작하면 좋은 (그러나 강도를 올리면 고급자에게도 좋은) 기본적인 루틴 하나를 알려주겠다.

애슬릿 3대 운동 초급자 프로그램

❶ 스내치 3세트×3회, 2세트×2회, 1세트×1회
❷ 스쿼트 5세트×5회
❸ 스프린트 8세트×200m

훈련법 및 유의 사항은 아래와 같다.

— 신경 시스템이 많이 개입하는 스내치를 먼저 훈련하는 게 좋다.
— 하지만 계속 스내치만 먼저 훈련하다 보면 스트렝스를 향상시킬 가능성을 놓칠 수 있기 때문에 ❶과 ❷는 주기화에 따라 순서가 바뀔 수 있다.
— 스내치는 하이 스킬 운동이기에 이에 능숙치 않은 사람은 우선 '파워 스내치'를 연습해서 체력 훈련으로 이용할 수 있다.
— 초급자 프로그램임을 감안해 ❸ 스프린트는 너무 짧은 거리 (또는 반대로 다소 먼 거리가) 아닌 중간 거리인 200m로 설정했다.

스프린트

마무리하며

이상으로 애슬릿 3대 운동가 그 프로그램에 대해 알아봤다.

애슬릿 3대 운동은 가장 좋은 운동만 모아놓은 엑기스 중 엑기스다. 애슬릿의 탄탄한 말 근육에 만능 체력인이 되길 원한다면 여기서부터 시작하라.

이 3개 운동만으로 끝나는 스포츠도 즐비하나, 혹시 특수성을 가지는 스포츠에 맞는 보조 운동을 덧붙이더라도 이 3개 운동으로 기본 틀을 만드는 것이 선행되어야 한다.

올바른 자세, 히프 워그, 오버로드, 이 세 가지를 힘신 베이스에 두고 열심히 하라. **애슬릿 3대 운동에 올인한다면, 강력한 무적 바디와 체력을 얻게 될 것이다.**

그런 애슬릿의 몸과 건강함으로 '남자는 힘이다' 시리즈의 3권을 읽고 있을 당신을 기대하겠다.

그때까지, **포스가 그대와 함께하기를.**

감사의 말

항상 필자에게 힘을 주는 박 여사, 찬, 젠, 루미, 선에게
먼저 감사의 말을 전한다.
호석, 정환, 세무사, 그리고 그날의 친구들 고마웠다.
마지믹으로 유, 승, 전, 수, 한, 소 진심으로 땡스.